Leslie Cameron-Bandler, Michael Lebeau
Die Intelligenz der Gefühle
Grundlagen der „Imperative Self Analysis" I

39,80

Reihe
Pragmatismus & Tradition
Band 6
Herausgegeben von
Thies Stahl

Leslie Cameron-Bandler, Michael Lebeau

Die Intelligenz der Gefühle

Grundlagen der „Imperative Self Analysis" I

Aus dem Amerikanischen
von Vukadin Milojevic

Junfermann Verlag · Paderborn
1990

© der deutschen Ausgabe: Junfermannsche Verlagsbuchhandlung, Paderborn 1990
Copyright © 1988 by Real People Press, Box F, Moab, UT 84532
Originaltitel: „The Emotional Hostage – Rescuing Your Emotional Life"
Übersetzung aus dem Amerikanischen: Vukadin Milojevic
Cover-Illustration: Michael Ryba

Satz: adrupa Paderborn
Druck: PDC – Paderborner Druck Centrum

CIP-Titelaufnahme der Deutschen Bibliothek
Cameron-Bandler, Leslie:
Die Intelligenz der Gefühle: Grundlagen der „Imperative Self Analysis" I / L. Cameron-Bandler; M. Lebeau. Aus d. Amerikan. von Vukadin Milojevic. – Paderborn: Junfermann, 1990
(Reihe Pragmatismus & [und] Tradition; Bd. 6)
Einheitssacht.: The emotional hostage <dt.>
ISBN 3-87387-014-2
NE: Lebeau, Michael:; GT

ISBN 3-87387-014-2

Inhaltsverzeichnis

Dieses Buch widmen wir voller Hochachtung und Zuneigung Wally Aron, Jessie Wood, Dan Chabot, Becky Pigott und Howard („Nemo") Nemerovski.

VORWORT

„Intelligenz der Gefühle" ist ein Handbuch für den intelligenten Gebrauch von Gefühlen.

Der Anspruch des Buches ist provokant optimistisch: Es verspricht nicht weniger als die Alchemie innerer Zustände, die Verwandlung von Langeweile in Vorfreude, von Angst in Zuversicht, von Leid in Verständnis. Es verspricht den Schlüssel zu der gezielten Beeinflussung der eigenen Gefühle.

Die gesunde Skepsis gegenüber der Flut von „neuen", einfachen Lösungen für komplexe Probleme ist berechtigt, solange sie nicht die Möglichkeit leugnet, daß manchmal komplexe Phänomene aus einer anderen Perspektive und mit anderen Unterscheidungen betrachtet, tatsächlich vereinfacht werden können.

Es ist Leslie Cameron-Bandler und Michael Lebeau gelungen, einen Zugang zu dem Phänomen menschlicher Emotionen zu finden, der die Schwierigkeiten und Sackgassen früherer Zugänge vermeidet und Möglichkeiten eröffnet, die bisher nicht bestanden haben.

Wer bereit ist, seine gewohnten Denkmuster lange genug zurückzustellen, um die Wirkung des hier vorgestellten Modells zu erfahren, wird den Anspruch des Buches eingelöst finden.

Einer der in unseren Augen größten Verdienste der Autoren besteht darin, daß sie ausgehend von der Alltagserfahrung des Lesers durch eine einfache und klar verständliche Argumentation eine Veränderung seiner privaten impliziten Gefühlstheorie erreichen. Er hat nach der Lektüre des Buches nicht nur eine vage Vorstellung von der Möglichkeit von Veränderungen, sondern er hat mehrfach die konkrete Erfahrung gemacht, daß er jetzt an den Stellen frei entscheiden kann, wo er früher keine Wahl hatte. Gefühle erscheinen nicht mehr als unwillkürliche, unveränderbare Reaktion auf bestimmte äußere Reize oder als Ausdruck angeborener persönlicher Merkmale, sondern werden als Resultat der Wechselwirkung zwischen äußerer Welt und dem eigenen Modell der Welt erkannt und können so als Ressourcen genutzt werden, um die Übereinstimmung zwischen

7

beiden zu vergrößern, sei es durch Veränderung der äußeren Umstände oder durch Anpassung des Modells.

Dieser Zugang zeigte in der Praxis bald, welche entscheidende Bedeutung Gefühle für die gesamte persönliche Organisation haben. Sie wurden der Schlüssel zum Verständnis der Persönlichkeit.

Die wichtigste Beobachtung in diesem Zusammenhang war, daß es eine individuell jeweils typische Reihe von Gefühlen gibt, die jemand regelmäßig erlebt. Andere Gefühle sind nur schwer zugänglich oder können nicht aufrechterhalten werden. Das tatsächliche emotionale Repertoire ist also nur ein kleiner Ausschnitt der prinzipiell erlebbaren Emotionen. Dieser Ausschnitt stellt die Summe der emotionalen Reaktionsmöglichkeiten einer Person auf die Gesamtheit ihrer Lebenskontexte dar. Wenn jemand in verschiedensten Situationen mit einer begrenzten, für ihn typischen Auswahl von Emotionen reagiert, so muß das bedeuten, daß er die Komplexität dieser Situationen durch die Art seiner inneren Verarbeitung auf eine begrenzte Zahl von konstanten Merkmalen oder Unterscheidungen reduziert, durch die dann eine der habituell erlebten Emotionen ausgelöst wird. Wie bereits erwähnt, wird ein Gefühl als Ergebnis der Wechselwirkung zwischen äußerer Welt und dem Modell der Welt einer Person verstanden. Art und Ausmaß der Übereinstimmung bzw. Abweichung zwischen beiden entscheiden darüber, welches Gefühl sie erleben wird. Dieses Gefühl ist zugleich ein Hinweis darauf, welche Art adaptiven Verhaltens notwendig ist, um das Maß an Übereinstimmung zu bewahren oder zu erhöhen. Das Gefühl, das jemand in einem gegebenen Kontext erlebt, läßt somit darauf schließen, auf welchen Aspekt des Kontexts er mit welchen Unterscheidungen reagiert, um genau diese emotionale Reaktion zu erzeugen.

Wenn diese Analyse für jedes Gefühl durchgeführt würde, das jemand regelmäßig erlebt, ließe sich so die Gesamtheit der Unterscheidungen und Prozesse erfassen, die ausgehend von diesen Unterscheidungen zu der betreffenden Auswahl an emotionalen Reaktionen führen. Wenn ein Gefühl das Ergebnis der Wechselwirkung zwischen äußerer Welt und individuellem Modell der Welt ist, mußte man ausgehend von dem emotionalen Repertoire einer Person zu einer umfassenden Beschreibung dieses Modells gelangen können. Diese Überlegung führte die Autoren, parallel zu der Arbeit an „Intelligenz der Gefühle", zur Entwicklung der „Imperative Self Analysis", die bisher nicht in schriftlicher Form veröffentlicht ist.

Ziel der „Imperative Self Analysis" ist das Herausarbeiten (elicitation) und die Darstellung der Muster persönlicher Organisation, die für das Erleben und Verhalten einer Person entscheidend sind und zur Erklärung ihres Erlebens und Verhaltens ausreichen*.

Die „Imperative Self Analysis" beginnt mit der Elizitation aller regelmäßig erlebte Gefühle mit Hilfe des im Buch dargestellten Strukturmodells. Diese Struktur besteht aus acht Unterscheidungen, die als Komponenten jeder emotionalen Erfahrung aufgefaßt werden können. Jedes Gefühl läßt sich als eine charakteristische Kombination dieser Komponenten darstellen. Die Kenntnis dieser charakteristischen Kombination oder Struktur verschiedener Gefühle ermöglicht es, durch gezielte Variation einzelner Komponenten Gefühle zu verändern oder neu zu bilden. Diese Struktur erlaubt es auch, die individuellen Unterschiede und Besonderheiten im Erleben eines Gefühls detailliert abzubilden und auslösende sowie aufrechterhaltende Faktoren zu bestimmen. Die durch die Elizitation der verschiedenen Gefühle gewonnenen Informationen werden dann in den drei Elementen des „Imperative Self" zusammenfassend dargestellt.

Diese drei Elemente sind:

– der *Wahrnehmungsfilter* (perceptual bias)
Er bestimmt, welche Kategorie von Informationen jemand hauptsächlich wahrnehmen, worauf er also seine Aufmerksamkeit richten wird;

– die *Virtuelle Frage* oder (seltener) Aussage (virtual question/statement)**

---

*   „Imperative" verdeutlicht, daß diese Muster zwingend und unwiderstehlich wirken.
** „Virtuell", da sie so wirkt, als ob sich der Betreffende beständig diese Frage stellen und sie zur Grundlage jeder seiner Entscheidungen machen würde.

Sie bestimmt die Verwendung der durch den Wahrnehmungsfilter ausgewählten Informationen. Die virtuelle Frage ist die
Zusammenfassung der Glaubenssätze und Annahmen über
Ursache-Wirkungszusammenhänge. Sie formuliert die Überzeugung der Person darüber, was sie tun muß, um die Erfüllung der für sie wichtigsten, bzw. die Abwendung der für sie
bedrohlichsten emotionalen Erfahrungen zu erreichen;
- die *Kernmotive* (obsessions)
  Das sind die für die Person entscheidenden emotionalen
  Erfahrungen. Sie sind in der Regel nur teilweise bewußt und
  stellen die treibende Kraft in der Organisation der Persönlichkeit dar. Der unwiderstehliche, soghafte Charakter dieser
  Erfahrungen ist in der von Cameron-Bandler und Lebeau
  gewählten Bezeichnung „obsession" wiedergegeben. Die Erfüllung der Kernmotive ist in der subjektiven Erfahrung der
  Person das, „worum es im Leben geht", etwas, das in ihrem
  Verständnis evident und ohne vorstellbare Alternative ist.

Diese drei Elemente Wahrnehmungsfilter, Virtuelle Frage und
Kernmotive stehen in einem engen funktionalen Zusammenhang. Der Wahrnehmungsfilter wird nur die Informationen durch-
lassen, die für die Kernmotive relevant sind und andere Informationen tilgen. Die Kernmotive können ihrerseits als Gesamtheit
der potentiell möglichen Antworten auf die Virtuelle Frage aufgefaßt werden und sind somit durch die Virtuelle Frage festge-
legt, die wiederum nur die Informationen verwenden kann, die
durch den Wahrnehmungsfilter ausgewählt worden sind. Wahrnehmungsfilter, Virtuelle Frage und Kernmotive zusammen bestimmen das Erleben und Verhalten einer Person.
  Die „Imperative Self Analysis" ist unseres Wissens das erste
Modell, das eine individualisierte Beschreibung der Persönlichkeit ermöglicht und eine Form bietet, um die Aspekte persönlicher Organisation, die die Einzigartigkeit eines Menschen ausmachen und ihn von anderen unterscheiden, in ihrem Zusammenwirken darzustellen.
  Der Betreffende selbst erkennt durch die „Imperative Self
Analysis" bis dahin außerhalb seines Bewußtseins wirkende

handlungsleitende Prozesse und gewinnt ein tieferes Verständnis seiner selbst. Er sieht zum ersten Mal eine vollständige Darstellung der Muster und Vorannahmen nach denen er bisher gehandelt hat. Das Bewußtwerden dieser Muster, und die nun durch ihre Darstellung zum ersten Mal möglich gewordene Dissoziierung von ihnen, führen zu einer Veränderung der persönlichen Epistemologie und zu einer Neubewertung der eigenen Biographie: Was bisher als Wirklichkeit erschien, wird jetzt als ein Modell der Wirklichkeit erkannt, das auf der Grundlage früher Erfahrungen und Generalisierungen formuliert worden ist und im Kontext seiner Entstehung eine adaptive Funktion hatte.

Dieses Verständnis schafft die Voraussetzung, um das Modell nach seinem aktuellen adaptiven Wert zu beurteilen und einzelne Elemente des Modells gezielt so neu zu formulieren, daß sie den besten Gebrauch der eigenen Ressourcen erlauben.

Wir hoffen, daß dieser kurze Ausblick auf die Entwicklung, die durch „Intelligenz der Gefühle" ausgelöst worden ist, dem Leser einen zusätzlichen Anreiz für die Auseinandersetzung mit den hier vorgestellten Methoden bietet.*

Helmut Broichhagen, Vukadin Milojevic
Würzburg und Mill Valley, 1990

---

* Ein Video zur „Imperative Self Analysis" ist erhältlich über Future Pace Inc., POB 1173, San Rafael, CA. 94915, U.S.A.

1 The emotional Hostage
(Opfer der Gefühle)

Wir führten ein Leben wie aus dem Bilderbuch. Wenigstens sah es für unsere Angehörigen, Freunde, Kollegen und Schüler so aus. Unser beruflicher Erfolg, unser schönes Haus, unser glückliches Kind und unsere romantische, tiefe Liebe zueinander waren für sie Beweise dafür. Doch hinter den Zeichen beruflichen Erfolgs lag, für die anderen nicht erkennbar, ein Leben häufig wiederkehrenden Leidens. Wir waren Opfer einer starken, aber bisher noch wenig verstandenen Macht: unserer eigenen Gefühle. Bei unseren ersten Versuchen, uns aus der Gewalt unserer Gefühle zu befreien, begriffen wir, wie ernst unsere Lage war. Wir erkannten auch, daß wir in unserer Not nicht allein waren.

Wir sind alle auf die eine oder andere Weise Opfer unserer Gefühle. Manche werden durch ihre Furcht vor der Intensität unangenehmer Gefühle wie Trauer, Gefühle von Inadäquatheit, Verletztheit und Zurückgewiesensein gehemmt und eingeschränkt. Für sie sind Gefühle wie Tretminen; sie gehen auf Zehenspitzen durchs Leben und versuchen, gefährlichen Gefühlen auszuweichen. Beim ersten Anzeichen auf eine starke emotionale Reaktion ziehen sie sich zurück. Sie vermeiden Situationen, die emotional intensiv erscheinen, wie z.b. eine Auseinandersetzung mit jemandem, der ihnen nahesteht, einen Besuch bei einem krebskranken Bekannten oder eine Unterhaltung mit einem niedergeschlagenen Freund. Sie gehen anderen aus dem Weg, um sich den Schmerz einer Kränkung oder Zurückweisung zu ersparen. In gleicher Weise entziehen sie sich beruflichen Herausforderungen. So können sie es vermeiden, unangenehme Überraschungen zu erleben und sich möglicherweise unzulänglich fühlen zu müssen. Sie meiden große Bereiche des Lebens, so wie andere es vermeiden, sich Horrorfilme anzusehen. Die Folge davon ist, daß sie sich um viele der wirklich lohnenswerten Erfahrungen im Leben bringen.

Andere können ihre Möglichkeiten nie verwirklichen, weil Furcht, Unzulänglichkeit, Zweifel oder andere Gefühle sie daran hindern, ein Risiko einzugehen oder auch nur zu handeln. Es ist so, als litten sie an einer emotionalen Lähmung. Selbst wenn sie einsam sind, trauen sie sich wegen ihrer Schüchternheit nicht, mit jemandem ein Gespräch anzufangen. Selbst wenn sie sehr intelligent sind, verhalten sie sich oft ungeschickt, weil sie sich unzulänglich fühlen. Sie lernen keine neuen Fertigkeiten wie z.B. tanzen, vor einer Gruppe sprechen oder zeichnen, weil sie Angst haben, einen Fehler zu machen oder lächerlich zu wirken. Sie fühlen sich zu unsicher, um einen Schritt außerhalb des ihnen vertrauten Rahmens zu machen, auch wenn sie sich darin langweilen und unzufrieden sind.

Viele werden von ihren Gefühlen immer wieder regelrecht überfallen. Mitten in einem Gedanken oder einer Beschäftigung werden sie von starken Gefühlen wie von einer Flutwelle erfaßt und fortgerissen. Sie verlieren schließlich den Glauben daran, daß es ihnen je gelingen wird, ein Ziel zu erreichen. Wieder andere erliegen der Annehmlichkeit, die sie durch die Beschränkung auf eine Handvoll Gefühle erreichen. Sie werden blind für die unglaubliche Vielfalt an Farben, Schattierungen und Nuancen, die es auf der vollen Palette der Gefühle gibt und die zu genießen das angestammte Recht jedes Menschen ist. Der Preis für ihre Annehmlichkeit ist ein drastisch eingeschränktes Leben.

Manche Menschen sind Sklaven fremder Gefühle. Eine unserer Klientinnen gehörte in diese Kategorie. Wenn ihr Mann sich über einen bevorstehenden Geschäftsabschluß freute, war sie beruhigt. Solange ihr Kind glücklich war, konnte sie zufrieden sein. Wenn ihre beste Freundin zuversichtlich war, ihre gefährdete Ehe doch noch retten zu können, war unsere Klientin einen Augenblick lang erleichtert. Ihre Fähigkeit, angenehme Gefühle zu erleben, hing vollständig von den Reaktionen der Menschen um sie herum ab. Ihre gefühlsmäßige Verfassung gründete sich auf die Stimmungen anderer. Jedesmal, wenn sich deren Stimmung änderte, was natürlich häufig geschah, war es für sie, als würde ihr der Teppich unter den Füßen weggezogen. Einen großen Teil ihrer Zeit verbrachte sie damit, andere bei Laune zu halten, damit sie selbst einen Moment der Freude erleben konnte. Sie erinnerte an einen Jongleur, der versucht, fünfzehn Teller gleichzeitig auf Stäben zu balancieren und das den ganzen Tag, tagaus, tagein. Es ist daher nicht überraschend, daß sie sich selbst als jemanden beschrieb, der ständig um sein Gleichgewicht kämpfen müsse.

In dem Bemühen, unangenehme Gefühle abzuschwächen oder angenehme Zustände hervorzurufen, werden manche von Suchtmitteln abhängig. Heroin, Kokain, Marihuana, Alkohol, Zucker, Aufputsch- und Beruhigungsmittel, Nikotin und Kaffee sind allesamt stimmungsverändernde Mittel. Wer sie einsetzt, versucht Gefühle nach Wahl zu verändern oder hervorzurufen. In der Folge wird er zu einem Opfer der Droge. Die Möglichkeit der Wahl und Kontrolle wird gegen Abhängigkeit eingetauscht.

Es gibt noch einen anderen Preis, den viele von uns für die unangenehmen Gefühle zahlen, die sie erdulden. In klinischen Untersuchungen ist nachgewiesen worden, daß Gefühle wie Angst, Erniedrigung, Sorge, Überlastung, Wut, Zweifel, Hilflosigkeit u.ä. zu körperlichen Erkrankungen führen, wenn sie über lange Zeit andauern. Diese Gefühle können auf die Dauer ein gefährliches Streßniveau erzeugen, das Bluthochdruck, Geschwüre, Herzkrankheiten und andere degenerative Erkrankungen hervorrufen kann.

In seinem Buch „Is it worth dying for?" beschreibt Robert S. Eliot die Ergebnisse seiner Untersuchungen, die er als fachärztlicher Berater für kardiovaskuläre Erkrankungen an Beschäftigten des Raumfahrtzentrums Cape Canaveral durchführte. Ziel der Untersuchung war es, die Ursachen für die ungewöhnliche Häufigkeit und Schwere von Herzanfällen in der Belegschaft zu finden.

Das Problem lag, wie ich fand, nicht im Abfeuern der Raketen, sondern im Feuern der Angestellten. Die Regierung hatte begonnen, die staatliche Förderung für das Weltraumprogramm zu kürzen, und nach jedem erfolgreichen Start wurden 15% der Belegschaft entlassen ... Weder die ärztlichen noch die labormedizinischen Untersuchungen der Ingenieure am Cape ergaben ungewöhnliche Werte für die üblichen Herz-Kreislauf-Risikofaktoren. Statt dessen fand ich Angst, Niedergeschlagenheit und ein allgemeines, durchdringendes Gefühl der Hoffnungslosigkeit und Hilflosigkeit.

Der Streß der ständigen Angst vor Arbeitsplatzverlust – und der Sicherheit und des Prestiges, die damit verbunden waren – hatte dazu geführt, daß diese Berufsgruppe „landesweit den höchsten Alkohol- und Drogenkonsum, die höchste Scheidungsrate und die meisten Infarkttoten hatte". Eliot führt im weiteren Laboruntersuchungen an, die an verschiedenen Tiergattungen durchgeführt wurden und ausnahmslos einen eindeutigen und signifikanten Zusammenhang zwischen emotionalem Streß und körperlicher Gesundheit aufweisen.

Eines der eindrücklichsten Beispiele für die schädliche Wirkung von langanhaltendem Streß ist das, was ich den ‚14-Fuß-Faktor' für Herzerkrankungen nenne. Die Hamadryaden-Paviane entwickeln eine sehr starke, lebenslange Bindung an ihren Partner. Russische Forscher trennten ein Pavianpärchen und stellten den Käfig des Männchens und mit Blick auf den Käfig des Weibchens in 14 Fuß Entfernung auf. Dann wurde ein anderes Männchen in den Käfig zu dem Weibchen gesetzt. Das verschleppte Pavianmännchen mußte nun seine langjährige Gefährtin mit einem neuen Partner beobachten. Es war gezwungen, die Situation zu erdulden, ohne etwas daran ändern zu können. Bei gleicher Ernährung und ohne Veränderung anderer Faktoren durchlebten die dieser Behandlung ausgesetzten Pavianmännchen in sechs Monaten das gesamte Spektrum der Herzerkrankungen in einer modernen Industriegesellschaft; einige entwickelten Bluthochdruck, einige erlitten Herzanfälle und einige starben an plötzlichem Herztod.

Natürlich gibt es Unterschiede zwischen Tieren und Menschen, aber es erscheint doch sehr wahrscheinlich, daß ein Gefühl von Hilflosigkeit und Hoffnungslosigkeit auch beim Menschen Streßhormone freisetzen kann, die die Widerstandsfähigkeit des Körpers übersteigen, wie es im Fall der Ingenieure des Cape Canaveral Raumfahrtzentrums geschehen ist.

Es gibt viele Möglichkeiten, wie man zu einem Opfer seiner Gefühle werden, durch sie eingeschränkt und geschädigt werden kann, doch das Ergebnis ist in allen Fällen das gleiche: Ein großer Teil des Lebens steht unter dem Diktat der Gefühle, wird ihnen sogar geopfert, anstatt, daß die Gefühle den eigenen Lebenszielen untergeordnet werden. Sie werden erfahren, daß wir, die Verfasser dieses Buches, auf verschiedene Weise durch unsere Gefühle eingeschränkt wurden. Leslie hatte wenig Einfluß darauf, wie sich ihre Gefühle von einem Augenblick auf den nächsten veränderten, sie wußte nie im voraus, was als nächstes kommen würde und hatte daher keine Möglichkeit, sich vor dem Ansturm ihrer eigenen Gefühle zu schützen. Ihre emotionale Realität war ebenso intensiv wie diktatorisch. Michael hatte aus Angst vor unangenehmen Gefühlen eine energische und zuweilen stürmische Persönlichkeit entwickelt, war ansonsten aber zögerlich und introvertiert geblieben. Wenn er wütend war, sich verletzt oder zurückgewiesen fühlte, geriet er in einen immer stärker werdenden Sog, der ihn Wochen oder sogar Monate in seiner Gewalt hielt. Er war darüber verzweifelt, fühlte sich hilflos und gequält.

Dieses Buch ist das Ergebnis der Bemühungen, die wir nach Jahren des unfreiwilligen Opferseins unternommen haben, um uns von der Willkür und den Launen unserer Gefühle zu befreien. Zunächst haben wir erkannt, wie Gefühle dazu führen können, daß wir Ziele verfolgen, die unserem Wohlbefinden abträglich sind. Nachdem wir ein neues Verständnis darüber erlangt hatten, wie und warum Emotionen entstehen, war es uns möglich, unsere persönliche Kompetenz in Auswahl, Ausdruck und Gebrauch von Emotionen zu erhöhen und schließlich eine Zukunft zu gewinnen, in der jeder die Freiheit und Power hat, seine Emotionen frei zu wählen.

Unsere Absicht mit diesem Buch ist es, Sie auf den Weg in diese Zukunft zu bringen, indem wir Ihnen zeigen, wie Sie Ihr eigenes Gefühlsleben schützen können. Auf den folgenden Seiten werden wir darstellen, welchen Wert Gefühle haben und wieviel Nutzen wir aus ihrem richtigen Gebrauch ziehen können, aber auch, wie hoch der Tribut sein kann, den unangemessene, unkontrollierte Emotionen fordern. Jedes Kapitel enthält Tips, Richtlinien und Techniken, die Sie benutzen können, um unmittelbar eine Veränderung in Ihrem Leben zu bewirken. Wenn Sie das letzte Kapitel in diesem Buch gelesen haben, werden Sie wissen, wie Sie sich von emotionalen Einschränkungen befreien können, die jetzt in Ihrem Leben bestehen. Ob Sie von diesem Wissen Gebrauch machen oder nicht, liegt allein an Ihnen. Wir können Ihnen den Weg zeigen und Ihnen alles an Landkarten, Instruktionen und Ausrüstung geben, was Sie brauchen, um Ihr Ziel zu erreichen, doch zu wissen, daß Sie Freiheit und Power erreichen können, wenn Sie lernen, Ihre Gefühle frei zu wählen, ist nicht das Gleiche, wie diese Fähigkeit auch tatsächlich zu haben. Es ist an Ihnen, das bereitgestellte Material anzunehmen und dann einen Fuß vor den anderen zu setzen. Wenn Sie es tun, werden Sie nicht länger ein Werkzeug Ihrer Gefühle sein, sondern Sie werden selbst die Werkzeuge haben, die Sie brauchen, um Ihre Gefühle in den Dienst Ihrer persönlichen und beruflichen Ziele zu stellen.

Doch bevor wir Sie auf Ihrer Reise weiterführen, möchten wir Ihnen zunächst mehr darüber erzählen, wie es uns auf unserer eigenen erging. (Im dritten Kapitel werden wir ausführlicher erklären, was wir unter dem Begriff „Emotion" verstehen. Im Augenblick, solange wir Ihnen noch etwas mehr über uns erzählen und einige der Konzepte vorstellen, die wir in dem Buch benutzen werden, gilt als Arbeitsdefinition von „Emotion" *Ihre allgemeine subjektive Erfahrung zu einem beliebigen Zeitpunkt.*)

1.1 Micheal stellt Leslie vor

Leslie war 1982, im Alter von 32 Jahren, bereits eine erfolgreiche Forscherin, Therapeutin, Lehrerin und Autorin. Ihr Forschungsbereich war menschliche Kommunikation und Veränderung.

Zehntausende von Psychologen und Beratern verwendeten die Kommunikations- und Veränderungstechniken, die sie mitentwickelt hatte. Sie war beim Aufbau eines internationalen Netzes von Trainingsinstituten beteiligt, ihre Bücher wurden in der Ausbildung von Therapeuten eingesetzt und steigerten deutlich die Erfolge, die sie mit ihren Klienten erzielten. Pädagogen und Geschäftsleute zeigten ein zunehmendes Interesse daran, die von ihr entwickelten Methoden in ihrem Bereich anzuwenden. Tausende von Menschen freuten sich jedes Jahr über die positiven Folgen ihrer persönlichen Veränderung, die ein Ergebnis von Leslies Arbeit war. Beruflich und privat lernten viele Leslies Intelligenz, Anteilnahme und Mitgefühl zu schätzen.

Sie war umgeben von den Zeichen beruflichen Erfolgs. Sie wurde bewundert und respektiert, nicht nur für ihre Arbeit, sondern auch dafür, wie sie die Prinzipien ihrer Arbeit in den Begegnungen mit anderen beispielhaft lebte. Für viele ihrer Schüler, Freunde und Kollegen war sie ein Vorbild. Doch Leslie wußte etwas, was die anderen nicht wußten: ihr Gefühlsleben war ein Mahlstrom.

Die meisten erleben vielleicht eine Handvoll verschiedener Gefühle jeden Tag. Einige erleben ein Dutzend oder mehr Gefühlsveränderungen täglich. Leslie wurde manchmal von einem Dutzend solcher Veränderungen innerhalb einer Stunde heimgesucht. Jedem dieser emotionalen Umschwünge folgte eine entsprechende Veränderung in ihrem Verhalten. Das führte manchmal dazu, daß sie sich in gleichen Situationen sehr unterschiedlich verhielt. Wenn sie z.b. merkte, daß Mark, unser dreizehnjähriger Sohn, einer Verpflichtung nicht nachgekommen war – was bei den meisten Dreizehnjährigen recht häufig vorkommt – konnte ihre Reaktion, je nachdem wie sie sich gerade fühlte, ganz verschieden ausfallen. War sie nach einem langen, anstrengenden Tag erschöpft, schimpfte sie ihn wegen seines unverantwortlichen und rücksichtslosen Benehmens aus – nur, um sich Minuten später bei ihm zu entschuldigen. War sie gerade großzügiger Stimmung, ging sie verständnisvoll und mitfühlend auf seine Notlage ein, fand Entschuldigungen für ihn und erledigte die betreffende Angelegenheit am Ende selbst.

Bei der Arbeit erlebte sie ähnliche Anforderungen und Ereignisse zu verschiedenen Zeitpunkten entweder als Unannehmlichkeit, Gelegenheit, Krise, Verpflichtung oder Belastung, je nachdem ob sie sich gerade besorgt, interessiert, ängstlich, verantwortungsbewußt oder entmutigt fühlte. Für ihre Mitarbeiter war es schwierig, die richtige Einstellung ihr gegenüber zu finden oder sich sinnvoll vorzubereiten, weil sie nicht wußten, welche Stimmung an diesem Tag oder zu dieser Stunde vorherrschen würde. Mark lernte nicht, wie wir es eigentlich wollten, den Zusammenhang zwischen seinem jetzigen Verhalten und späteren Konsequenzen zu erkennen. Wie sollte er das auch angesichts der verschiedenartigen und widersprüchlichen Reaktionen seiner Mutter? In fast allen Bereichen ihres Lebens war Leslies Verhalten durch schnell wechselnde Gefühle bestimmt und nicht durch das, was sie wirklich wollte.

Andererseits gab es nie einen langweiligen Augenblick, wenn man mit Leslie zusammen war. Mit ihr zusammenzuleben war zwar teilweise so, als wolle man in der Achterbahn eine Mahlzeit zu sich nehmen, aber ich wußte immer, daß sich ihre Stimmungen so schnell änderten wie das Wetter in den Rocky Mountains, und wenn ihre Stimmung gerade düster war, brauchte ich nur einen Augenblick zu warten, bis sie wieder aufklarte.

Ein Aspekt von Leslies Gefühlsleben war jedoch immerhin beständig. Unabhängig von der Situation, unabhängig davon, wie sie sich gerade fühlte, unabhängig davon, welches Gefühl in der Situation zu dem angemessensten Verhalten geführt hätte, sie versuchte immer, sich nützlich zu fühlen. Unglücklicherweise hing ihre Fähigkeit, sich nützlich zu fühlen, in hohem Maße davon ab, alle um sich herum glücklich und zufrieden zu machen – ob es nun gerade sinnvoll und angebracht war oder nicht. Wenn ein Mitarbeiter einen Fehler begangen hatte, stand Leslie wie unter einem Zwang, alles zu tun, damit er sich wieder gut fühlte – auch wenn ein Gefühl der Sicherheit, Neugier, Verantwortlichkeit oder Entschlossenheit angebrachter gewesen wäre, um den Fehler zu erörtern, zu beheben und ähnliche Probleme in Zukunft zu vermeiden. Wenn Seminarteilnehmer, Freunde oder Kollegen sie um etwas baten, tat Leslie alles, was in ihrer Macht stand, um es ihnen zu geben, ganz gleich, ob es mit ihren eigenen Neigungen und ursprünglichen Absichten in Einklang stand oder nicht. Wenn andere etwas wollten und sie es ihnen geben konnte, war sie glücklich, denn dann konnte sie sich nützlich fühlen. Wenn Mark keine Lust hatte, Hausarbeiten zu machen, verbrachte sie Stunden damit, die Situation so zu verändern, daß er mit Freude an seine Arbeit gehen konnte, anstatt ihn dazu zu bringen, ein Gefühl der Verantwortung oder Verpflichtung zu entwickeln oder sich mit seinem Schicksal abzufinden. Blieb sie erfolglos, löste sie ihre Unzufriedenheit dadurch auf, daß sie ihn von seinen Pflichten entband und Spielen schickte. Mark war natürlich froh über diese Lösung, denn das war genau was er wollte. Leslie war auch zufrieden, wenigstens bis zum nächsten Mal. In der Zwischenzeit wurde Mark immer geübter darin, keine angenehmen Gefühle im Zusammenhang mit Arbeit aufkommen zu lassen.

Leslies Zwang, alle um sie herum glücklich zu machen – und die Meisterschaft, die sie mit der Zeit darin erwarb – leisteten ihr als Therapeutin gute Dienste, gaben ihr ein klares Ziel in ihren Seminaren und waren eine Stärke in vielen sozialen Situationen. Doch bei anderen Gelegenheiten, geschäftlichen Besprechungen z.B., in denen andere Kriterien häufig für die zu lösenden Aufgaben relevanter sind, führte es zu viel unnötigem Aufwand und einem Verlust an Produktivität. Einen größeren Verlust stellten jedoch die häufigen Enttäuschungen in persönlichen Beziehungen dar. Im Umgang mit Mitarbeitern wie auch im Kontakt mit Freunden lautete ihre einzige Sorge: „Kann ich sie glücklich machen?" Wenn ja, war die Welt in Ordnung. Wenn nicht, fühlte sie sich als Versager. Das Gefühl versagt zu haben ging schnell in Hoffnungslosigkeit über, was für sie ein unerträglicher Zustand ist. Leslie erweckte natürlich auch in anderen die Erwartung, daß sie ihnen Glück bringen werde, zusammen mit fast allem anderen, was sie sich wünschten. Die Enttäuschung, die eintrat, wenn diese Erwartungen nicht erfüllt wurden, ergab, in Verbindung mit Leslies Gefühl versagt zu haben, häufig unlösbare Konflikte. Diese Konflikte führten zwangsläufig dazu, daß viele ihrer Beziehungen belastet oder sogar zerstört wurden. Menschen sind nun einmal nicht immer glücklich. Man sollte es auch nicht von ihnen verlangen. Leslie war in Verhaltensmustern gefangen, die durch ihre Gefühle bestimmt wurden. Es ist ihrem Talent, ihrer Energie und ihrer Verbindlichkeit zuzuschreiben, daß sie trotz dieser Einbußen an Effektivität, in der Lage war, so viel zu erreichen. Möglicherweise hätte sie ihr Leben unverändert weitergeführt, wenn die Konflikte wegen unserer Freunde, Angestellten, unserer geschäftlichen Unternehmungen und der Erziehung von Mark nicht einen Siedepunkt erreicht hätten. Die Zeit und ständig zunehmende Verärgerung hatten ihren Tribut gefordert und die Nachteile ihrer Haltung waren für mich unerträglich geworden. Ihr Verhalten stand oft in Widerspruch zu meinen Normen für Verantwortungsbewußtsein und schuf ständig Verwirrung und Durcheinander in unserem Leben – und meistens war ich es, der diese Verwüstung wieder beheben mußte. Meine Geduld und Ausdauer wurden durch den nicht nachlassenden, wechselhaften emotionalen Wirbel ausgehöhlt. Wenn sich die Lage nicht änderte, war unsere Ehe in Gefahr, und wir beide wußten es.

Glücklicherweise sind wir sehr geübt im Erkennen von Mustern und im Entwickeln effektiver Methoden persönlicher Veränderung. Als wir entdeckt hatten, welchen Einfluß Gefühle auf Leslies Erleben ausübten (in meinem auch, wie Sie noch sehen werden), stellten wir uns die Aufgabe, Emotionen zu erforschen und wirksame Richtlinien und Techniken zu entwickeln, um Kontrolle über unser Gefühlsleben zu bekommen. Das ist uns gelungen, doch zunächst mußten wir die Erfahrung machen, daß Gefühle einer der am wenigsten verstandenen Aspekte menschlichen Erlebens sind.

Die meisten Menschen denken z.B., daß Gefühle außerhalb ihrer Kontrolle liegen; ein Gefühl ist wie ein aufdringlicher Hausfreund, der kommt, ohne eingeladen zu sein, das Haus in Beschlag nimmt und nicht zu übersehen ist. Man kann an einem Gefühl leiden oder sich an ihm erfreuen, je nachdem, was die Natur und die Umstände bestimmen. Die gleichen Menschen, die glauben, daß Gefühle nicht frei gewählt werden können, werden jedoch versuchen, ihr Verhalten frei zu wählen und plagen sich dann, mit unterschiedlichem Erfolg, dieses Verhalten auszuführen. Da sie jedoch keine Gelegenheit hatten, es zu lernen, werden sie ihre Gefühle nicht frei wählen können. Wie wir in den folgenden Kapiteln zeigen werden, ist Verhalten ein Nebenprodukt von Gefühlen. Der einfachste und wirksamste Weg, sicherzustellen, daß Sie ein gewähltes Verhalten auch tatsächlich ausführen – ob es sich darum handelt, „Danke" zu sagen, ein kalorienarmes Essen auszusuchen oder eine Pause zu machen, um einen Einwand gründlich zu überdenken, bevor Sie bei einer Verhandlung etwas sagen – besteht darin, das dafür passende Gefühl auszuwählen und zugänglich zu machen. Wenn Sie sich dankbar oder anerkennend fühlen, wird das ganz natürlich dazu führen, daß Sie sich herzlich bedanken. Wenn Sie sich entschlossen fühlen, körperlich fit zu werden, führt das ganz natürlich dazu, daß Sie gesunde Nahrung auswählen und essen. Wenn Sie eine Mischung aus Neugier, Geduld und Vorsicht erleben, werden Sie von selbst eine Pause machen, um jeden Schritt der Verhandlung zu überdenken.

Wie wir in den Kapiteln 6, 7 und 8 zeigen werden, besteht ein wichtiger Bestandteil der Fähigkeit, seine Gefühle frei wählen zu können, darin, zu wissen, wie man die passendste Emotion auswählen und sie sich zugänglich machen kann, wenn man sie will oder braucht. Methoden zur richtigen Auswahl und zum zuverlässigen Zugänglichmachen von Emotionen sind zwei Voraussetzungen für emotionale Wahlfreiheit, die wir entdeckt und dann in den in diesem Buch vorgestellten Verfahren formatiert haben.

Sobald wir eine umfassende Methode zur Verwirklichung emotionaler Entscheidungsfreiheit entwickelt hatten, verschrieben wir uns selbst erst einmal eine gesunde Dosis davon. Erinnern Sie sich an Leslies einschränkende Erlebnis- und Verhaltensmuster? Sie haben sich deutlich verändert.

Leslie erlebt ihre Gefühle so intensiv und leidenschaftlich wie früher, doch jetzt erlebt sie sie wann sie es will und in einer Weise, die ihr Wohlbefinden wahrt. Weil ihre emotionalen Reaktionen sie nicht mehr ablenken oder bestimmen, kann sie sich zuerst Ziele setzen und dann entscheiden, wie sie sich fühlen muß, um ihre Ziele am effektivsten zu erreichen. Sie betrachtet neue Situationen nun hinsichtlich ihrer Ziele, anstatt wie bisher, auf ein vorübergehendes Gefühl zu reagieren, und entscheidet dann, ob sie sie als Gelegenheiten, Krisen, Verpflichtungen usw. auffassen soll. Das führt zu realistischeren Einschätzungen, genauerem Urteil, einer beständigen Richtung und Bewegung auf ihre Ziele zu und zu viel weniger Streß für alle Beteiligten.

Da sie nun überlegt, welche Emotion am besten dafür geeignet ist, ein bestimmtes Ziel zu erreichen, steht sie nun nicht mehr unter dem Zwang, Kollegen, Angestellte (oder auch Mark) zu Glück oder Erfüllung zu zwingen. Sie verwendet statt dessen die Techniken, die sie gelernt hat, um ihnen zu helfen, sich engagiert zu fühlen, die Bedeutung ihres eigenen Beitrags für die betreffende Aufgabe zu erleben, ein Gefühl der Verantwortung für die Einhaltung der eingegangenen Verpflichtungen zu haben und, wenn es angemessen ist, auch glücklich und erfüllt zu sein. Sie versteht und schätzt nun den Wert, den andere Gefühle außer Glück und Zufriedenheit für sie und andere haben. Gefühle wie Frustration, Enttäuschung und Sorge z.B. geben wertvolle Informationen und zeigen ihr, wie sie am besten auf das jeweils signalisierte Bedürfnis reagieren kann.

Leslie hat gelernt, wie sie ihre Enttäuschung in Akzeptanz verwandeln kann, um sich dann entweder neue Ziele zu setzen, die sie verfolgen kann, oder einen neuen Zugang zu versuchen, um ihre ursprünglichen Erwartungen doch noch zu verwirklichen. Sie versteht Frustration jetzt als Signal dafür, daß das, was sie tut, nicht funktioniert – wenn sie also das, worum sie sich bemüht hat, immer noch erreichen will, weiß sie nun, daß sie entweder mehr Informationen braucht oder einen anderen Zugang versuchen muß. Sie kann Frustration jetzt leicht in Geduld verwandeln, was es ihr erleichtert, lohnenswerte Ziele weiterzuverfolgen.

Eine der wichtigsten Lernerfahrungen bestand für sie darin, ihre Wahrnehmung der Vergangenheit, Gegenwart und Zukunft so zu korrigieren, daß sie eine bessere Verbindung zwischen Gefühlen, Zielen und Verhalten herstellen kann. In der Zeit, als sie ihren Gefühlen ausgeliefert war, konnte Leslie im Februar z.B. zusagen, nächsten September ein Training in einem anderen Staat zu geben. Wenn dann die Zeit kam, das Training zu geben, war das Gefühl, das sie im Februar veranlaßt hatte, zuzustimmen, verschwunden. Sie war von zuhause fort, fand sich einer Zuhörerschaft erwartungsvoller Unbekannter gegenüber und verhielt sich entsprechend ihrem gerade bestehenden Gefühl – welches häufig wenig oder nichts mit der augenblicklichen Situation zu tun hatte. Natürlich bedauerte sie, daß sie überhaupt zugesagt hatte und war enttäuscht darüber, sich wieder in so eine Situation gebracht zu haben.

Wenn Leslie heute am Veranstaltungsort eintrifft, denkt sie noch einmal an die Werte und Überlegungen, die dazu geführt hatten, sich damals so zu entscheiden und sieht über die Gegenwart hinaus in eine Zukunft, in der die positiven Auswirkungen ihrer Arbeit bereits verwirklicht sind. Auf diese Weise erinnert sie sich daran, warum sie das Training gibt und kommt zu einem angenehmen Gefühl von „Verantwortung", wenn sie sich vorstellt, wie ihre Bemühungen zum Erreichen größerer Ziele in der Zukunft beitragen werden. Wenn sie sich heute motivieren möchte, stellt sie sich genau vor, wie sie dazu beitragen wird, ein zukünftiges Ziel zu verwirklichen, mit dem Ergebnis, daß sie sich entschlossen fühlt, dieses Ziel zu erreichen und davon überzeugt ist, es auch erreichen zu werden.

In einem anderen, eher privaten Lebensbereich erlebte Leslie vor kurzem eine Enttäuschung, weil sie, bedingt durch eine Knieverletzung, an einer Reihe von Aktivitäten, die ihr wichtig waren, nicht teilnehmen konnte. Anstatt entmutigt zu bleiben, setzte sie sich als zukünftiges Ziel, vier Meilen um einen nahegelegenen See laufen zu können. Sie stellte sich vor, wie sie die gesamte Distanz angenehm und beschwerdefrei laufen konnte und das beglückende Gefühl der Bewegung genoß. Sie plante dann eine Reihe von Verhaltensweisen, die Arztbesuche, Krankengymnastik, und sogar Hanteltraining einschlossen und die schließlich zur Verwirklichung ihres Zieles führen würden. Jede einzelne dieser Maßnahmen ermutigt Leslie und stärkt ihr Vertrauen in ihre Fähigkeit, ihr Ziel zu erreichen, selbst wenn das noch einige Monate dauern sollte.

Einer der Vorzüge emotionaler Wahlfreiheit besteht darin, daß es Ihnen möglich wird, Gefühle zu erleben, die Sie früher nicht kannten. In Leslies Fall waren Zufriedenheit, Akzeptanz und Geduld mysteriöse Unbekannte. Es waren lediglich beschreibende Worte, die ohne Bezug zu ihrer tatsächlichen Erfahrung waren. Wenn Sie früher nicht sofort das gewünschte Ergebnis erzielte, erlebte sie äußerste Entschlossenheit. Sie war wie besessen davon, es zu erreichen und zwar sofort. Sobald sie ein Ziel erreicht hatte, wandte sie ihre Aufmerksamkeit schon dem nächsten zu. Das ist nicht gerade das richtige Rezept für Akzeptanz, Geduld und Zufriedenheit. Nun kann sie ihre Aufmerksamkeit in die Zukunft richten und geduldig sein, da sie sieht, was sie tun wird, um das gewünschte Ergebnis in einigen Wochen, Monaten oder sogar Jahren zu erreichen. Den Zeitrahmen für Handlungen oder Entscheidungen in die Zukunft hinein auszudehnen, ermöglicht ihr, die Tatsache zu akzeptieren, daß nicht jedes Problem sofort gelöst werden muß. Nun kann sie es auch akzeptieren, wenn die Menschen, die ihr am meisten bedeuten, unangenehme Gefühle erleben, weil sie weiß, daß es für ihr zukünftiges Wohlbefinden häufig angemessen und nützlich ist.

Indem sie die Methoden und Techniken benutzte, die in den folgenden Kapiteln vorgestellt werden, hat Leslie ein Maß an Wahlfreiheit in ihrem Leben erreicht, das sie nie für möglich gehalten hätte. Sie hat ihre Gefühle in Werkzeuge des Lebens, der Liebe und des vollen Ausdrucks ihrer selbst verwandelt. Dieser Wandel wird begleitet durch ein neues Gefühl der Freiheit und Sicherheit. Wenn sie morgens aufwacht, weiß sie, daß unabhängig von den Hindernissen, Herausforderungen und Unannehmlichkeiten, die der Tag mit sich bringen kann, sie die Fähigkeit besitzt, mit diesen Herausforderungen fertigzuwerden und die Hindernisse zu umgehen. Ihr neues Wissen und ihre neuen Verhaltensmöglichkeiten ersparen es ihr nicht, von Zeit zu Zeit Frustration, Enttäuschung, Zweifel oder Wut zu spüren, aber sie gewährleisten doch, daß sie nicht darin steckenbleibt. Sie hat die Gelegenheit, von ihnen zu lernen und sich dann produktiveren oder erfüllenderen Gefühlen zuzuwenden. In ihren eigenen Worten: „Über einen Streifen Sand zu laufen verlangsamt zwar, doch es ist nicht das gleiche, wie bis zu den Hüften in Treibsand zu stecken."

1.2 Die Erlösung eines weiteren Opfers: Leslie stellt Michael vor

Michael forscht und schreibt über menschliches Verhalten und ist darüber hinaus ein erfolgreicher Geschäftsmann. Mit seiner Fähigkeit, Gelegenheiten zu erkennen, seinem Sinn für Timing und seinem Verhandlungsgeschick ist es ihm gelungen, in weniger als zehn Jahren eine Beteiligung an einem einzigen Grundstück zu einem beträchtlichen Landbesitz und einer Vielzahl von Geschäftsgebäuden und Industrieanlagen auszubauen. Mit dreißig hatte er für sich und seine Mitinvestoren bereits mehrere Millionen Dollar verdient.

Micheal war 1982 vierunddreißig Jahre alt und mein Ehemann und Kollege. Wir betraten mit unseren Forschungen Neuland und arbeiteten zusammen an zwei Büchern. Seinen Bemühungen ist es zu verdanken, daß ein Großteil unserer Arbeit in Form von Trainingsmanualen, Videokassetten und Workshops veröffentlicht wurde. Er hat diese Produkte auf den Markt gebracht und einen Verlag gegründet, um unsere Bücher herauszugeben und zu vermarkten. Er war nicht nur der ausdauerndste Arbeiter, den ich je kennengelernt habe, sondern auch der smarteste. Jeder, der ihn kannte, war überzeugt davon, daß er alles erreichen würde, was er sich vornähme.

Doch der private Michael hatte Sehnsüchte, die kein noch so großer beruflicher Erfolg erfüllen konnte. Bevor ich ihn traf, waren seine tiefsten Sehnsüchte – sich jemandem verbunden, begehrt und geliebt zu fühlen – bis dahin immer unerfüllt geblieben. Die Fähigkeiten, die ihm in anderen Bereichen erlaubten, schnell zum Erfolg zu kommen, versagten in seinen persönlichen Beziehungen, aufgrund der Hindernisse, die ihm durch seine Gefühle in den Weg gelegt wurden, oder, um genauer zu sein, weil er nicht wußte, wie er die wenigen ihm bekannten Gefühle unterscheiden und ausdrücken sollte. Ein kontrastierender Vergleich wird Ihnen helfen, sein Dilemma zu verstehen.

Wenn Sie eine Freundin fragen, wie sie sich fühlt, kann sie Ihnen antworten, sie fühle sich interessiert, ehrfürchtig, fasziniert, neugierig, anerkennend, dankbar, ermutigt, hoffnungsvoll, erregt, froh, motiviert, entschlossen, enthusiastisch, glücklich, ekstatisch, frech oder sorglos. Ihre Freundin trifft, wenn sie sich gut fühlt, offensichtlich eine Vielzahl von Unterscheidungen in bezug auf die genaue Art dieses angenehmen Gefühls. Sie kann möglicherweise auch Unterscheidungen über verschiedene Arten unangenehmer Gefühle treffen, die sie erlebt. Statt sich „schlecht" zu fühlen, fühlt sie sich gelangweilt, einsam, lethargisch, unruhig, skeptisch, mißtrauisch, reuevoll, ängstlich, furchtsam, nervös, hoffnungslos, verärgert, frustriert, enttäuscht oder unsicher. Der Vorteil solcher Unterscheidungen gegenüber der Unterscheidung zwischen sich gut und schlecht fühlen, liegt darin, daß ihre Gefühle sie darauf hinweisen, was sie tun muß, um ein befriedigenderes Gefühl zu erleben. Wenn sie Verwandte besucht und lediglich merkt, daß sie sich schlecht fühlt, bleibt ihr nur die Wahl, sie entweder nicht mehr zu besuchen oder sie weiter zu besuchen und das schlechte Gefühle zu ertragen. Wenn sie jedoch merkt, daß sie sich z.b. langweilt, bleibt ihr nicht nur die Wahl zu gehen oder zu bleiben, sondern sie hat auch die Wahl, etwas zu tun, um den Besuch interessanter zu machen. Jedesmal, wenn sie sich langweilt, kann sie sich überlegen, was ihr Interesse wecken könnte. Wenn sie sich unsicher fühlt, kann sie darum bitten zu erfahren, welchen Platz sie im Leben und Herzen der anderen Person einnimmt. Wenn sie sich über jemanden ärgert, kann sie ihn bitten, sein störendes Verhalten zu beenden.

Was wäre jedoch, wenn Ihre Freundin es nie gelernt hätte, solche Unterscheidungen zu treffen? Was, wenn sie in bezug auf die Feinheiten von Gefühlen ebenso naiv wäre wie manche Menschen in bezug auf die Feinheiten von Musik, Literatur oder Essen. Manche lesen ein Buch mit einem Bewußtsein für metrisches Maß, Assonanz, Katalexis, Alliteration und Symbolik. Andere merken bloß, daß sie ein Gedicht lesen. Manche haben ihr Ohr so geschult, daß sie die Unterschiede zwischen Rondo, Scherzo, Sonate, Concerto und Fuge erkennen können. Für andere ist das alles das gleiche: klassische Musik. Stellen Sie sich vor, daß Ihre Freundin jedesmal, wenn sie ein unangenehmes Gefühl erlebt, nur merkt, daß sie sich „schlecht" fühlt. Woher sollte sie wissen, was sie tun muß oder was sie braucht, damit sie sich wieder besser fühlt? Was signalisiert Ihnen ein „schlechtes" Gefühl? Außer der offensichtlichen Tatsache, daß es Ihnen schlecht geht, kaum etwas.

Michael lebte in einer solchen „gut/schlecht" Welt. Das Leben war entweder schlecht oder gut, schwarz oder weiß – meistens jedoch war es schlecht. Die wenigen Gefühle, die er erlebte, gehörten eher zum unangenehmen Spektrum. Sein Repertoire bestand aus glücklich, liebevoll und interessiert einerseits und traurig, gekränkt, neidisch, unzulänglich, ausgeschlossen, unsicher, wütend und verärgert andererseits. Um das Ganze schlimmer zu machen, war er sich, wenn es ihm gut ging, oft seiner Gefühle nicht bewußt, konnte aber an nichts anderes denken, wenn es ihm schlecht ging.

Wenn er von seinen Freunden und Angehörigen das bekam, was er in einer bestimmten Situation brauchte, ging es ihm gut, wenn nicht, ging es ihm schlecht. Da er nur selten wußte, wie er seine Gefühle ausdrücken sollte, blieb es meist dem Zufall überlassen, ob er das bekam was er braucht. In den seltenen Gelegenheiten, in denen er wußte, wie er sich fühlte – wenn er z.B. gekränkt oder wütend war – fehlten ihm nützliche Ausdrucksmöglichkeiten. Gewöhnlich reagierte er damit, daß er sich von seiner Umgebung zurückzog. Das führte nur dazu, daß die anderen frustriert waren und er tiefer in das unangenehme Gefühl hineinsank und sich immer mehr von denen entfernte, die ihm hätten helfen können, wenn er bloß gewußt hätte, wie er ihnen dazu eine Gelegenheit geben sollte. Ohne einen Ausweg blieb er tage- manchmal wochenlang in unangenehmen Gefühlen stecken, ohne eine Erleichterung zu finden. Seine Qual war zuende, wenn er durch einen glücklichen Zufall das bekam, was nötig war, um die Forderungen seines Gefühls zu erfüllen.

Michael hatte dennoch eine zuverlässige Möglichkeit, um angenehme Gefühle zu erzeugen. Er stellte sich ein Leben vor, in dem andere genau so auf ihn eingingen, wie er es brauchte, um seinen Wunsch nach Nähe, Liebe und Begehrtwerden zu erfüllen. Das funktionierte solange gut, wie er seinen Tagtraum aufrechterhalten konnte. Doch da er diese Bedürfnisse nie richtig ausdrückte oder etwas tat, um diese besondere Reaktion hervorzurufen, war jede Rückkehr in die Wirklichkeit enttäuschend und entmutigend. Wenigstens war es so, bevor wir uns ineinander verliebten und heirateten.

Ich liebte Michael mit ganzem Herzen und voller Hingabe. Meine Liebe und Verbundenheit waren zusammen mit meinem Gespür für die emotionalen Zustände anderer und meiner unerschütterlichen Entschlossenheit, die Menschen in meiner Umgebung glücklich und erfüllt zu sehen (was in anderen Zusammenhängen ein Problem war, wie Sie bereits erfahren haben), ein perfektes Gegengift für Michaels Mangel an Erfüllung. Ich ließ es nicht zu, daß er sich vor mir zurückzog. Bei ersten Zeichen dafür, daß es ihm schlecht ging, verfolgte ich ihn buchstäblich von Zimmer zu Zimmer, wenn es nötig war, und ich hörte solange nicht auf, meine Fragen und mein Verhalten ihm gegenüber zu variieren, bis ich sicher war, daß ich die richtige Arznei für seine Wunde gefunden hatte. Es gelang mir bald, seine Stimmungen und Bedürfnisse schnell zu erkennen, auch wenn er sich selbst nicht sicher war, wie es um ihn stand, bevor ich ihn darauf aufmerksam machte. Ich sorgte dafür, daß er sich immer geliebt, begehrt und begehrenswert fühlte. Je länger unsere Liebe dauerte, umso stärker und tiefer wurde die Verbindung zwischen uns. Zum ersten Mal waren seine tiefsten Sehnsüchte vollständig erfüllt worden. Eines jedoch blieb unverändert, er war immer noch ein Opfer seiner Gefühle.

Ein völliger Mangel an Kontrolle war zwar durch ein wirksames Mittel ersetzt worden, den Anforderungen seiner Gefühle zu begegnen, doch dieses „Mittel" hing ausschließlich von mir ab – genaugenommen war ich selbst dieses Mittel. Wir erkannten beide, daß Michael keine wirkliche emotionale Wahlfreiheit haben würde, solange er nicht lernte, das Gefühl, das er gerade erlebte, zu erkennen, die Zahl der Gefühle, die er erlebte, zu vergrößern, die Fähigkeit entwickelte, sich aus eigener Kraft aus einschränkenden Gefühlen zu befreien und zufriedenstellende Möglichkeiten zu finden, alle seine Gefühle auszudrücken. Er begann sofort mit der Arbeit und benutzte die Instrumente, die wir zuvor entwickelt hatten, um jede dieser neuen Fähigkeiten zu gestalten.

Die Veränderungen, die er in den nächsten Monaten machte, hatten einige wunderbare und einige unerwartete Auswirkungen. Seine neue Bewußtheit für Gefühle und für die Rolle, die sie im Auslösen und Aufrechterhalten von Verhalten spielten, machten ihn produktiver als je zuvor. In geschäftlichen Angelegenheiten übertrifft er nun regelmäßig seine anfänglichen Ansprüche und Erwartungen. In der Liebe macht ihn seine Fähigkeit zwischen verliebten und fordernden oder zärtlichen und anlehnungsbedürftigen Gefühlen zu unterscheiden, sicherer und direkter im Ausdruck seiner Bedürfnisse und Wünsche. Als Folge davon ist er aufmerksamer, zärtlicher, leidenschaftlicher und mitfühlender geworden.

Er kann jetzt ein Kaleidoskop neuer Gefühle und Erfahrungen genießen. Die Palette seiner Gefühle reicht nun von Demut und Dankbarkeit auf der einen, bis zu Freude und Übermut auf der anderen Seite des Spektrums. Anstatt wie in einem Museum zu leben und Gefühle zu betrachten, die andere erleben, wählt und schafft er selbst solche emotionale Erfahrungen wie Verspieltheit, Leidenschaftlichkeit, Sicherheit oder beliebige andere, die er erleben möchte, wann er sie erleben möchte.

Michael hat keine Angst mehr vor bestimmten Emotionen. Er weiß, wie er den in unangenehmen und schmerzlichen Emotionen versteckten Wert gewinnen kann und das in ihnen enthaltene Signal als Sprungbrett zu noch größerer Zufriedenheit verwenden kann. Anstatt, daß Gefühle seine Reaktionen bestimmen und sein Verhalten beherrschen, wählt er nun die Gefühle, die das angemessenste Verhalten ermöglichen. Das erlaubt es ihm, so zu sein, wie er sein möchte – sensibel, unterstützend und powervoll – sich selbst und anderen gegenüber.

Seine neuerworbene Fähigkeit, den besten Weg für den Ausdruck seiner Gefühle zu wählen, schafft ihm neue Gelegenheiten, das zu erreichen was er will. So hat er es z.B. gelernt, die Ereignisse herbeizuführen, die ihm die Gefühle vermitteln, die er sich wünscht. Michael genießt das Gefühl, anderen nahe zu sein und geliebt zu werden, ebenso wie sich liebevoll zu fühlen. Er findet besondere Freude daran, diese Gefühle mit Kindern zu erleben. Er plant nun Unternehmungen mit den Kindern unserer Freunde, er bringt ihnen Skifahren oder Segeln bei und genießt es, mit ihnen einen Nachmittag im Kino oder im Zoo zu verbringen. Bei diesen Anlässen entwickelt Michael eine Beziehung zu jedem dieser Kinder, die die Grundlage für eine lebenslange Freundschaft, Verbundenheit und Zuneigung schafft. Sich selbst erfüllt Michael angenehme Dinge jetzt in der Wirklichkeit und nicht mehr nur in der Vorstellung.

1.3 Wie können Sie das auf Ihr Leben anwenden?

Auch wenn Sie schon einmal mit dem Gedanken gespielt haben, mag Ihnen der Weg zu emotionaler Wahlfreiheit so einschüchternd erscheinen, wie die Expedition zu einem anderen Stern. Schon die Marschrichtung oder auch nur der erste Schritt erscheinen unklar. Viele fühlen sich nicht so sehr als Reisende, die sich sicher auf ihrem gewählten Weg fortbewegen, sondern vielmehr als emotionale Blitzableiter, abwechselnd Ruhe und Sturm unterworfen, als befänden sie sich im Mittelpunkt eines Unwetters. Ihre Gefühle scheinen plötzlich aufzutauchen, auf sie einzustürmen und sie mit Empfindungen zu überfluten, die bestimmen, wie sie sich selbst und die Welt um sich herum sehen.
Der in Stanford forschende Wissenschaftler Robert Ornstein, Autor der Bücher „Psychologie des Bewußtseins", „MULTIMIND" und Co-Autor von „The amazing brain" sagt: „Emotionen, gleichgültig ob positive oder negative, scheinen sehr starke Reaktionen auszulösen; und genau diese Signalfunktion macht sie in unserem Leben so wichtig. Sie helfen uns außerdem, unsere Erfahrung zu organisieren. Sie beeinflussen auch unsere Wahrneh-

mung von uns selbst und von anderen. Emotionen leiten und stimulieren gleichermaßen unsere Erfahrung."* Bedauerlicherweise liegt das Problem nicht darin, daß den meisten bloß das wünschenswerte Maß an Verständnis und Kontrolle über diese Verhaltensauslöser fehlt – meistens fehlt ihnen jegliches Verständnis und auch ein Mindestmaß an Kontrolle.

Viele Gefühle scheinen so unvorhersehbar zu sein wie das Wetter. Sie erscheinen ohne Ankündigung oder ersehbaren Grund. Angenehme Gefühle überraschen und erfreuen uns, doch sie sind nur allzu häufig unverläßlich und flüchtig. Möglicherweise ertragen Sie unangenehme Gefühle solange, bis Sie sich von ihrem Druck und ihrer Düsterheit befreien können – oder bis sie Sie aus ihrem Bann erlösen, indem sie wieder verschwinden..., ohne daß Sie wissen wohin. Sie sind schon für die bloße Erleichterung dankbar.

Wenn man jahrelang verschiedene Heilmittel (oder immer wieder das gleiche Heilmittel) erfolglos angewandt hat, verwandelt sich Frustration in Enttäuschung, die wiederum zu Entmutigung führt. Manche verzweifeln bei dem Versuch, sich aus der negativen Kontrolle ihrer Gefühle zu befreien, die sie viel Kraft kostet und in ihren Möglichkeiten einschränkt. Doch das muß nicht so sein. Ihre Gefühle können die Quelle von Veränderung, Erneuerung und Erfüllung sein. Sie können die Sprache Ihrer Gefühle verstehen und die Zeichen lesen lernen, die sie Ihnen auf dem Weg in eine beglückendere Welt geben, die auf Sie wartet.

Viele wissen nicht, daß es möglich oder überhaupt wünschenswert ist, alle ihre Gefühle zu würdigen. Noch weniger erkennen, daß der Schlüssel zu emotionaler Wahlfreiheit – der Schlüssel zu der Fähigkeit, von Gefühlen zu lernen und sie zu nutzen, um Lebensziele zu erreichen – in den Gefühlen selbst liegt. Jedes Gefühl ist ein Rätsel, und es enthält alle Hinweise in sich, die Sie benötigen, um es zu Ihrem Vorteil zu lösen. Da diese Hinweise jedoch in einer Form erfolgen, die Sie noch nicht entschlüsseln können, haben Sie sie bisher möglicherweise

---

* Von dem Audio-Band „The feeling brain: Emotions and health".

übersehen – auch wenn sie Ihnen Ihr Leben lang immer wieder begegnet sind.

Wir haben einen großen Teil dieser Hinweise für Sie dechiffriert und Lösungen für die meisten der wichtigen Rätsel formuliert. Die Schlüssel zu emotionaler Wahlfreiheit sind in Form leicht verständlicher und anwendbarer Techniken auf den folgenden Seiten enthalten.

In den nächsten zwei Kapiteln werden wir Ihnen genau erklären, was wir mit emotionaler Wahlfreiheit meinen und was Sie erwarten können, wenn Sie die in den folgenden Kapiteln vorgestellten Techniken verwenden. In den Kapiteln 4 und 5 enthüllen wir das Geheimnis, welche Hinweise wir verwenden, um das Rätsel, das jedes Gefühl darstellt, zu lösen. Die Kapitel 6 und 7 zeigen Ihnen, wofür jedes einzelne Gefühl nützlich ist – und wofür nicht – und wie Sie wissen können, welches Gefühl in einer bestimmten Situation am hilfreichsten wäre. Die Antworten werden Sie vielleicht überraschen.

Kapitel 8 enthält vier verschiedene Methoden, um dann Zugang zu den Gefühlen zu bekommen, die Sie gerne haben möchten, wenn Sie sie haben möchten. In Kapitel 9 zeigen wir Ihnen, wie Sie eine Reihe von Möglichkeiten wählen können, jedes dieser Gefühle angemessen auszudrücken und bereits im voraus zu wissen, welche Resultate Sie von jeder dieser Möglichkeiten erwarten können.

In Kapitel 10 stellen wir Ihnen eine Technik mit dem Namen „Generative Kette" vor. Sie können sie verwenden, um wertvolle Informationen aus unangenehmen Gefühlen zu ziehen und gleichzeitig zu verhindern, in unangenehmen Gefühlen steckenzubleiben. Die in Kapitel 11 besprochenen Methoden können Sie verwenden, um sich vor den Strafen, die durch eine Handvoll besonders bedrückender Gefühle auferlegt werden können, zu befreien.

Unsere Absicht mit diesem Buch war es, Ihnen alles zu geben was Sie brauchen – den Wunsch, das Verständnis, das Know How –, um vollständige emotionale Wahlfreiheit zu erreichen. Darum wollen wir zunächst im folgenden Kapitel eingehender untersuchen, was Sie sich davon überhaupt versprechen können.

2 Eine Welt mit emotionaler Wahlfreiheit

Stellen Sie sich einen Augenblick lang vor, die ganze Vielfalt menschlicher Gefühle wäre Ihnen zugänglich und Sie könnten jederzeit wählen, welches Gefühl Sie erleben und wie Sie es ausdrücken wollen. Sie hätten gleichermaßen Zugang zu ernüchternden und unerfreulichen Gefühlen wie Enttäuschung, Wut und Frustration, aber auch zu so überschwenglichen wie Stolz, Selbstvertrauen und Freude. Sie könnten durch Eifersucht, Trauer, Furcht, Kummer und Hoffnungslosigkeit zwar weiterhin Leid erleben, doch nur so lange wie nötig wäre, um die Information, die dieser Zustand für Sie enthält, aufzunehmen. Dann würden Sie sich davon erholen und wieder anderen Dingen zuwenden. Sie müßten Gefühle, die Ausdruck Ihrer selbst sind, nicht verbergen, nur weil sie nicht wissen, wie Sie sie befriedigend ausdrücken sollen. Sie hätten statt dessen Zugang zu den Gefühlen und Verhaltensweisen, die auf authentische Weise darstellen, wie Sie sind und wie Sie sein wollen. In Interaktionen könnten Sie mit Ihren Gefühlen und Ihrem Verhalten wie in einem Tanz auf andere eingehen und es wäre eine seltene Ausnahme, jemandem dabei auf die Zehen zu treten.

Wie nah sind die meisten von uns einem solchen Leben? Wie wäre es tatsächlich, so leben zu können? Im Augenblick ist es nicht ungewöhnlich, daß jemand vor einem Vorstellungs- oder Verkaufsgespräch ängstlich ist und feuchte Hände bekommt. Unter Umständen windet er sich sogar vor Unbehagen, seine Stimme wird brüchig und seine Aufmerksamkeit springt von einer Befürchtung zur nächsten. So wertvoll er als potentieller Angestellter sein mag und so beeindruckend seine Verkaufserfolge sein mögen, seine Präsentation wird durch die Angst sabotiert werden, die sich in seinem Verhalten und Auftreten äußert. Mit der Fähigkeit, seine Emotionen frei zu wählen, könnte sich diese Person mit einem Gefühl des Selbstvertrauens und persönlicher Kompetenz darstellen, was sich in einer ruhigen Erscheinung und wachem, aufmerksamem Verhalten äußern würde.

Persönliche Beziehungen wären ebenfalls deutlich anders. Jeder kennt Paare, die, nach Jahren gemeinsamer emotionaler Entbehrungen jede Gelegenheit nutzen, sich in Anwesenheit anderer herabsetzen. Auch wenn sie häufig als Humor verkleidet sind, treffen solche Späße doch tief und verstärken ständig die Verbitterung, die bereits in der Beziehung herrscht. Mit der Fähigkeit, seine Emotionen frei zu wählen, wäre es schwer, Verbitterung aufzubauen. Beide würden ihre eigenen sowie die emotionalen Bedürfnisse und Wünsche des Partners wahrnehmen und darauf eingehen können. Mit den Jahren würden sie ein stärker werdendes Gefühl des Vertrauens und der Sicherheit erleben, da sie jeden Tag von neuem ihre Fähigkeit nutzen würden, die emotionalen athmosphärischen Schwankungen, die in jeder Beziehung auftreten, zu erkennen und darauf zu reagieren.

Auch die Erziehung, die wir für den Umgang mit unseren Gefühlen erhalten würden, wäre anders. Die meisten von uns wachsen auf, ohne eine Reihe von Gefühlen je erlebt zu haben, und kennen dafür andere, die wir uns lieber erspart hätten. Häufig brauchen wir gerade die Gefühle, die wir nicht kennen, während wir nicht wissen, wie wir bestimmte unerwünschte Gefühle vermeiden können. Man hat uns dazu erzogen, einige Gefühle nicht zu erleben oder nicht auszudrücken. Trotzdem erleben wir sie und wünschen uns, sie auszudrücken – wenn es nur statthaft wäre und wenn wir bloß wüßten wie. Das wenige an Erziehung, das wir erhalten haben, um die emotionalen Zustände unserer Mitmenschen zu erkennen, war bestenfalls implizit oder zufällig und in der Regel darauf ausgerichtet, zu merken, wann wir uns auf gefährliches Gebiet vorgewagt hatten. Nun erwachsen geworden und uns dieser Einschränkungen schmerzlich bewußt, ist es an der Zeit, die Grundlagen – und Möglichkeiten – unseres emotionalen Lebens neu kennenzulernen. Dieses Lernen verlangt einiges an Arbeit; doch wie jede gute Arbeit ist es spannend, reich an Überraschungen, interessant und lohnenswert.

Es ist nicht übertrieben, sich vorzustellen, daß Kinder eines Tages in einer Gesellschaft aufwachsen werden, in der sie lernen, ihre emotionale Vielfalt und Wahlfreiheit zu nutzen, und auf respektvolle Weise die Gefühle anderer zu beeinflussen. Leslie und ich haben dieses Buch geschrieben, um unser Wissen und Know-How mit Ihnen zu teilen. Wir glauben, daß Sie, wenn Sie erst einmal wissen, was möglich ist, dieses Know-How nutzen und Ihr Leben Ihren Wünschen ähnlicher machen werden. Darüber hinaus erwarten wir, daß alles, was Sie hier lernen werden, an die weitergegeben wird, deren Leben sich mit Ihrem überschneidet und sich so allmählich ein Faden durch die Gesellschaft zieht, aus dem mit der Zeit eine Zukunft für unsere Kinder gewoben wird, in der das hier vorgestellte Wissen Allgemeingut ist, und jeder einzelne ein emotional erfülltes Leben führt.

In den Jahren, in denen wir Therapeuten ausgebildet und mit Klienten gearbeitet haben, konnten wir helfen, unzählige Nöte und Probleme, unsere eigenen inbegriffen, in persönliche Erfolge zu verwandeln. In jedem einzelnen Fall standen die Menschen, denen wir geholfen haben, vor der selben Schwierigkeit: In bestimmten Situationen konnten sie ihre Gefühle oder ihr Verhalten nicht verändern. Sie wußten, daß es auch andere Möglichkeiten gab, doch sie konnten diese Möglichkeiten für sich nicht verwirklichen. Auch wenn sie sich eine Veränderung noch so sehr wünschten, sie verhielten sich weiterhin auf die alte, bereits gewohnte Weise.

Offenbaren diese Menschen einen Defekt in ihrer genetischen Ausstattung, wenn sie sich nicht so verhalten können, wie sie es wollen? Wir glauben nicht. Es wird lediglich deutlich, daß sie gegenwärtig nicht wissen, wie sie es schaffen können, sich anders zu verhalten – so wie es eine Zeit gab, als man nicht wußte, wie man sich die Schuhe zubinden soll, bevor jemand, der es konnte, einem die nötigen Schritte gezeigt hat. Die Rechtfertigungen für unser „Versagen" und unsere „Unzulänglichkeiten" lauten gewöhnlich: „Ich war nervös" oder „ängstlich", „wütend", „eifersüchtig", „verwirrt", usw. Das sind Gefühle, und wenn wir sie in diesem Zusammenhang gebrauchen, verdeutlichen wir, daß das, was wir fühlen, unser Verhalten bestimmt – und zwar auf eine Weise, mit der wir nicht einverstanden sind.

Wenn Sie jemanden fragen, was er sich *wirklich* wünscht, wird er Ihnen Emotionen nennen wie Glück, Geduld, Hoffnung, Beharrlichkeit, Zuversicht – Emotionen, die zumindest in manchen Situationen unerreichbar scheinen. Sicher würden viele auch gern Skilaufen können, pünktlich sein oder einen besseren Job haben. Doch wie wir sehen werden, hängt auch das Erreichen solcher Ziele häufig von einer emotionalen Veränderung ab – z.b. davon, seine Furcht zu überwinden, um Skilaufen zu lernen, sich verantwortungsbewußt zu fühlen, um pünktlich zu sein, und Selbstvertrauen zu haben, um eine bessere Arbeit finden zu können.

Unsere Gefühle entsprechen manchmal also nicht dem, was wir erleben möchten. Bei anderen Gelegenheiten ist unser Verhalten weitgehend das Resultat unserer Gefühle, und Einfluß auf seine Gefühle zu haben, kann daher ungeheure Auswirkungen darauf haben, wie wir mit der Welt interagieren. Wenn keiner dieser Gründe ausreichen sollte, um Sie dazu zu ermutigen, die Fähigkeit zu erwerben, Ihre Gefühle frei zu wählen, denken Sie an die Arbeiter von Cape Canaveral und die im ersten Kapitel ausgesprochene Warnung, daß Krankheit oder sogar Tod die Folge sein können, wenn solche Gefühle wie Angst, Furcht, Hilflosigkeit, Sorge, Erniedrigung, Überlastung und Unzufriedenheit chronisch werden.

Robert Ornstein zitiert in seinen Büchern und Vorträgen Untersuchungen über den Zusammenhang zwischen Emotionen und Gesundheit. Er nennt z.b. den Fall von Norman Cousins, dem langjährigen Herausgeber der „Saturday Review", der in seinem Buch „Anatomy of an Illness" die Behandlung seiner ursprünglich für unheilbar gehaltenen Krankheit beschreibt. Nachdem seine Ärzte ihn aufgegeben hatten, gab er seine Ärzte auf, zog in ein Hotelzimmer und verschrieb sich selbst Humor in hohen Dosen, von den Marx Brothers bis zu Dick und Doof. Er wurde gesund. Robert Ornstein räumt ein, daß dieser Fall keinen wissenschaftlichen Beweis darstellt, doch er führt andere wissenschaftliche Untersuchungen an, die klar verdeutlichen, daß Ihre Gesundheit mit dem Zulassen und Ausdrücken von Gefühlen zusammenhängt.

Auch wenn es anekdotische Belege für die heilende Wirkung des Lachens gibt, stellen einzelne Fallbeispiele noch keinen angemessenen wissenschaftlichen Beweis dar. Es gibt jedoch einen Bereich in der Krebsforschung, in dem die Verbindung zwischen emotionalem Ausdruck und Gesundheit durch viele Studien belegt worden ist. Eine große Zahl von Untersuchungen hat gezeigt, daß ein charakteristisches Merkmal von Patienten mit Lungenkrebs darin besteht, daß sie ihre Emotionen unterdrücken. Krebspatienten scheinen negative Emotionen, wie z.b. Feindseligkeit, Niedergeschlagenheit und Schuldgefühle zu ignorieren. Eine vor kurzem durchgeführte Vergleichsstudie zwischen jenen Frauen, die den Brustkrebs langfristig überleben werden und denjenigen, bei denen keine Aussicht auf Heilung besteht, bestätigte dieses Muster. Die langfristig Überlebenden drücken ein viel höheres Maß an Angst, Feindseligkeit, Abneigung und anderen negativen Emotionen aus als die, die nur noch kurze Zeit zu leben haben. Sie erleben häufiger negative Stimmungen, sie äußern häufiger negative Einstellungen gegenüber ihrer Krankheit und so gut wie allem anderen. Der Zusammenhang zwischen „sich etwas von der Seele reden" und einem Rückgang des Krebses ist weitgehend nachgewiesen. (Von der Tonkassette „The Feeling Brain: Emotions and Health")

Trotz der subjektiv offensichtlichen (wie auch klinisch nachgewiesenen) Tatsache, daß unsere Gefühle wesentlich an der Regelung unseres Verhaltens und Wohlbefindens beteiligt sind, ignorieren viele immer noch die Bedeutung ihrer Gefühle, während sie nach materiellem Erfolg streben. Es gibt „dress for success", Image-Seminare und Video-Workshops, in denen das richtige Auftreten vermittelt werden soll. In allen Fällen ist die Betonung auf dem Äußeren – der äußeren Darstellung von Erfolg. Man wird Ihnen in diesen Seminaren und Workshops zeigen, was Sie sagen sollen, wie Sie stehen, gehen, sich anziehen, Hände schütteln sollen, usw.
Diese äußeren „Erfolgs"-Verhaltensweisen einzusetzen kann funktionieren, doch nur unter der Bedingung, daß sie auch

Gefühle von Selbstvertrauen und Kompetenz erzeugen, die nötig sind, um Erfolg in einer konkreten Situation kongruent zu unterstützen. Wenn Ihr Wohlbefinden nicht von innen kommt, wird das Ergebnis eine ständige Inkongruenz sein zwischen dem, was Sie nach außen hin darstellen und dem, was Sie innerlich erleben. Anstatt wirklich zuversichtlich zu sein, gelingt es Ihnen vielleicht, sich den Anschein von Zuversicht zu geben, während Sie von beunruhigenden und unangenehmen Gefühlen weiterhin aufgewühlt und zerrieben werden. Nachdem Sie einen hohen Preis an körperlichem und geistigem Wohlbefinden dafür gezahlt haben, werden die Folgen dieser unangenehmen Gefühle früher oder später auch nach außen hin sichtbar werden und Sie als Schwindler entlarven.

Es gibt viele gute Gründe dafür, Ihr Leben – und Ihre Emotionen – unter Ihre Kontrolle zu bringen. Wir meinen hier nicht die Art von Kontrolle, die gewöhnlich angestrebt wird, wo es darum geht, unter allen Umständen auf eine bestimmte positive Weise zu reagieren. Das bedeutet nicht, Kontrolle auszuüben, sondern von seiner eigenen Rigidität kontrolliert zu werden. Wirkliche Kontrolle entsteht, wenn Sie Optionen darüber haben, wie Sie emotional reagieren möchten und die Fähigkeit besitzen, auszuwählen, welche dieser Optionen unter Berücksichtigung der Umstände und Ihrer augenblicklichen Wünsche am zufriedenstellendsten ist. Was außerhalb Ihrer Kontrolle liegt, was außerhalb Ihrer Wahlmöglichkeiten liegt, kann Sie um Ihre Lebensfreude, ja sogar um Ihr Leben bringen.

2.1 Auf dem Weg zu freier Entscheidung

Wenn sie eine Woche, einen Monat oder ein Jahr zurückblicken, werden Sie wahrscheinlich eine Fülle von Situationen finden, in denen Sie durch Gefühle daran gehindert worden sind, das zu tun, was Sie tun wollten, so zu sein, wie Sie sein wollten oder etwas zu erreichen, was Sie erreichen wollten. Auch wenn Sie nur die vergangene Stunde rückblickend betrachten, werden Sie entdecken, daß Ihre Gefühle einen großen Teil Ihrer Erfahrung ausmachen und in einem beträchtlichen Maß Ihr Verhalten beeinflussen. Sie haben Angst vor einer bevorstehenden Besprechung und konzentrieren Ihre Überlegungen darauf, wie Sie sich am besten davonmachen oder schon auf die drohende Demütigung vorbereiten können, anstatt sich die effektivste Art der Darstellung zu überlegen, wie es Ihnen möglich gewesen wäre, wenn Sie sich entschlossen und zuversichtlich gefühlt hätten. Sie fühlen sich auf einem Fest schüchtern und unsicher, halten sich deshalb abseits und benehmen sich ungeschickt, wenn Sie von anderen angesprochen werden und nicht so, wie Sie sich in der gleichen Situation verhalten hätten, wenn Sie sich neugierig, selbstsicher und attraktiv gefühlt hätten. Sie wären zu einem bestimmten Anlaß gerne in romantischer, zärtlicher und liebevoller Stimmung, fühlen sich aber lethargisch, mit dem Ergebnis, daß Ihre Beziehung darunter leidet. Jeder kennt solche Situationen, in denen die Gefühle, die wir erleben, eher hinderlich sind.

Diese hinderlichen Gefühle können angenehm oder unangenehm sein, sie begleiten uns jedoch ständig: Sie schreien verärgert die Kinder an, obwohl Sie lieber verständnisvoll wären; Sie reagieren verständnisvoll und wohlwollend auf jemand, obwohl Sie lieber wütend wären, da er Sie zum dritten Mal ausgenutzt hat; Sie sind besorgt wegen eines bevorstehenden Gesprächs, obwohl Sie lieber zuversichtlich und hoffnungsvoll wären; Sie verlieren den Mut, wenn Sie daran denken, ob Sie je eine befriedigende Partnerschaft haben werden, obwohl Sie lieber zielstrebig alles dafür tun würden, um es zu erreichen.

Wenn Sie mehrmals erfolglos gegen Ihre emotionalen Wände angerannt sind, können Sie zu der Überzeugung gelangt sein, daß Menschen keinen Einfluß darauf haben, wie sie sich fühlen und man nicht mehr tun kann, als zu versuchen, den Schaden, den unsere Gefühle anrichten, in Grenzen zu halten. Es ist uns eine Freude, Ihnen mitzuteilen, daß es mit Sicherheit nicht so sein muß. Sie *können* Ihre Gefühle wählen und, indem Sie das tun, in Ihrem täglichen Leben die Erfahrungen haben, die Sie haben wollen.

Woran werden Sie merken, daß es Ihnen gelungen ist, emotionale Wahlfreiheit zu erreichen? Um das zu verdeutlichen, möchten wir Sie zunächst mit dem Gegenteil, den Anzeichen für einen Mangel an emotionaler Wahlfreiheit vertraut machen.

Die Unfähigkeit, emotional angemessen zu reagieren, äußert sich auf drei verschiedene Arten. Die erste besteht darin, auf alltägliche Situationen stetig mit einschränkenden Gefühlen zu reagieren und sich z.B. unzulänglich, hilflos, beschämt, verzweifelt, wütend oder frustriert zu fühlen. Für manche sind die Abendnachrichten, die Punkfrisur eines Teenagers, ein Computerfehler auf einem Bankauszug oder eine Lüge Anlaß genug, um einschränkende Gefühle zu erleben.

Das zweite Zeichen für mangelnde emotionale Wahlfreiheit besteht darin, keine zufriedenstellende Möglichkeit zu haben, mit belastenden Emotionen umzugehen, wie z.b. Schüchternheit, Einsamkeit, Unzulänglichkeit, Furcht und Schuldgefühl. Häufig wird versucht, diesen Emotionen durch extremen Rückzug, Gewalt oder Mißbrauch verschiedener Suchtmittel zu entkommen.

Drittens, glauben viele, daß es falsch sei, bestimmte Gefühle zu erleben, wie z.b. Begierde, Neid, Wut oder Ärger. Wegen dieses Glaubens stürzen sie jedesmal, wenn sie eine dieser Emotionen bei sich wahrnehmen, in Scham- und Schuldgefühle.

Doch die gleichen Umstände, die bei manchen Menschen einschränkende Emotionen verursachen, führen bei anderen zu staunenswerten Reaktionen. Jeder kennt Personen, die in Situationen, in denen wir uns gewöhnlich unangemessen fühlen und verhalten, nicht nur zurechtkommen, sondern über sich hinauswachsen. Diese Menschen zeigen emotionale Wahlfreiheit und sie haben zwei gemeinsame Merkmale.

Das erste Merkmal für emotionale Wahlfreiheit ist, daß sie mit einer größeren Vielfalt an Gefühlen reagieren. Entweder kennen sie keine lähmenden Gefühle oder sie erleben sie nur so lange, wie unbedingt nötig. Der Unterschied liegt hier in der *Anzahl* der zur Verfügung stehenden Gefühle und der *Leichtigkeit*, mit der sie sich zwischen diesen Gefühlen hin- und herbewegen können. Es ist ungefähr wie der Unterschied zwischen Foster's

Freeze, wo Sie zwischen Schokolade und Vanille wählen können, und Baskin-Robbins, wo Sie die Wahl zwischen einunddreißig Geschmacksrichtungen haben. Bei der großen Auswahl an Emotionen, die Ihnen zur Verfügung steht, halten Sie sich nicht länger bei einem negativen Gefühl auf, als bei einer Portion Meeresfrüchte, die schon beim ersten Biß schlecht schmeckt. Das zweite Merkmal dieser Menschen ist, daß sie ihre Emotionen (angenehme wie unangenehme) als reale und bedeutungsvolle Mitteilungen verstehen, die ihnen helfen, ihr Leben zu verbessern, und nicht als zufällige Schläge, die von einer feindseligen Umgebung ausgeteilt werden. Indem sie mit Hilfe ihrer Emotionen ständig ihr eigenes Wohlbefinden überprüfen, können sie ihre Aufmerksamkeit und ihr Verhalten darauf richten, sich die emotionalen Erfahrungen zu ermöglichen, die sie haben möchten.

Sie können emotionale Wahlfreiheit erreichen, wenn

Sie die Idee akzeptieren, daß es noch mehr Gefühle gibt, die Sie erleben können,
und
beginnen zu verstehen, was Ihnen jedes Ihrer Gefühle mitteilt.

Dieses Buch ist das Ergebnis unserer jahrelangen Erforschung der Gefühle und der Möglichkeiten, sie zu induzieren und aufrechtzuerhalten. Durch unsere Untersuchungen haben wir gelernt, wie wir unsere Gefühle auswählen, verändern und einsetzen können, um unser Leben und das derjenigen, mit denen wir interagieren, zu bereichern. Unsere Erfahrungen haben wir in Werkzeuge umgewandelt, die jeder verwenden kann. Sie können sich selbst die emotionalen Erfahrungen kreieren, die Sie haben möchten, wenn Sie sie haben möchten. Sie werden lernen, wie Sie die Gefühle auswählen können, die Sie erleben wollen und wie Sie ihre Gefühle in einer großen Zahl von Situationen in einer Weise ausdrücken können, die Ihrem Wohlbefinden und dem anderer Rechnung trägt. Mit diesen Werkzeugen können Sie sich von lähmenden Gefühlen befreien. Mit diesen Werkzeugen erhalten Sie die Power, Ihre Möglichkeiten voll auszuschöpfen.

3 Emotionen sind die Quelle

Um emotionale Wahlfreiheit zu erreichen, müssen wir zunächst in der Lage sein, die einzelnen Elemente dieser Fähigkeit, die Emotionen, zu erkennen. Doch Emotionen zu erkennen ist nicht so automatisch und offensichtlich, wie man denken mag. Wie wir schon angedeutet haben, gibt es nicht bloß eine Handvoll allgemeiner Gefühle, sondern Hunderte möglicher Unterscheidungen. Auch wenn wir unsere Emotionen in breite Kategorien unterteilen können, wie z.B. „positiv", „negativ", „angenehm" und „unangenehm", so stellen diese Klassifizierungen selbst noch keine Emotionen dar.

In einem Trainingsseminar bat uns Lisa, eine Schuldirektorin, ihr zu helfen, weil sie sich ‚schlecht' fühle. Als wir versuchten, genauere Angaben von ihr zu bekommen, und sie fragten: „Was genau meinen Sie mit ‚schlecht'?" konnte sie nur antworten: „Na ja, Sie wissen schon, schlecht halt". Wir wußten es aber tatsächlich nicht, denn „schlecht" ist lediglich eine Bezeichnung für eine Klasse von allgemein unangenehmen Gefühlen. Nach einigen Beispielen über die Unterschiede zwischen sich schlecht fühlen und sich besorgt, verängstigt oder unzulänglich zu fühlen erkannte Lisa, daß das schlechte Gefühl, das sie erlebte, Angst war.

Sie entdeckte, daß Emotionen sich von den globalen Klassifizierungen unterscheiden, denen sie zugeordnet werden können, wie z.B. „gut" oder „schlecht". Wenn Sie wissen, daß Sie sich schlecht fühlen, haben Sie so gut wie keine verwertbare Information darüber, wie es dazu kommt oder was Sie tun können, um Ihre Lage zu ändern. Wenn Sie hingegen genau wissen, welches Gefühl Sie erleben, erhalten Sie sofort nützliches Feedback. Sobald wir z.B. wußten, daß Lisa Angst hatte, war uns klar, daß entweder ihre Aufmerksamkeit auf eine Zukunft voller Ungewißheiten gerichtet war, oder sie sich für eine bevorstehende Aufgabe oder Situation schlecht vorbereitet fühlte, aus der ihr u.U. unangenehme Konsequenzen erwachsen konnten, wie z.B. ein Treffen mit der Schulkommission. Sie

45

mußte die noch fehlenden Teile ergänzen und sich, falls nötig, so auf die bevorstehende Situation vorbereiten, daß sie in der Lage war, sie annehmbar, zufriedenstellend oder wenigstens erträglich zu gestalten. Unsere Hilfe bestand lediglich darin, sie dabei zu unterstützen, sich angemessen auf diese Zukunft vorzubereiten. Als sie erkannt hatte, daß sie in der Lage war, sich in der bevorstehenden Situation ressourcevoll zu verhalten, verschwand ihre Angst zugunsten von Selbstsicherheit und Zuversicht, und sie war voller Vorfreude.

Emotionen sind nicht das gleiche, wie die Bewertungen, die wir über sie anstellen. Sie sind auch nicht das gleiche, wie die Verhaltensweisen, die sie auszulösen helfen. Es ist uns aufgefallen, daß viele Menschen nur einige wenige Erfahrungen als Emotionen kodiert haben, häufig kaum mehr als Furcht, Liebe, Haß, Freude, Glück und Trauer. Der Rest sind bloß deskriptive Worte. Doch Verantwortlichkeit, Entschlossenheit, Ehrgeiz, Fähigkeit, Verwirrung, Frustration, Stolz, Sicherheit und Zuneigung sind nicht nur Verhaltensweisen, sondern auch Gefühle. Man kann sich verantwortlich fühlen, entschlossen fühlen, ehrgeizig fühlen, usw. Ob Ihr Erleben durch ein Sieb von wenigen Allzweck-Emotionen fließt oder durch die offenen Schleusen emotionaler Vielfalt, ist so verschieden wie Schwarz-weiß und Farbfernsehen oder auf acht statt auf allen achtundachtzig Tasten eines Klaviers zu spielen.

Es besteht oft ein Unterschied zwischen dem, was jemand tut, und dem, was er zur gleichen Zeit fühlt. Leslie sagte z.b. häufig so etwas wie: „Oh Gott, ich habe so viel zu tun, es ist ein Wunder, daß ich überhaupt alles schaffe. Aber ich muß mich verantwortlich verhalten!" Diese oft wiederholte Aussage von ihr und die humorlose Art, in der sie sie machte, erregte Michaels Neugier. Daher fragte er sie, ob sie sich verantwortlich *fühlte*. Die Frage machte Leslie nachdenklich. Sie blinzelte ein paarmal und antwortete dann: „Weißt du was? Nein! Ich fühle mich bloß gehetzt!"

Leslies Erkenntnis mag merkwürdig klingen, doch sie ist durchaus nicht ungewöhnlich. Manchmal beurteilen wir unser Erleben nach dem was wir tun – also nach unserem Verhalten – und vergessen dabei, daß das, was wir tun und das, was wir fühlen, sehr verschieden sein kann. Sie können sich z.b. für einen geselligen Menschen halten, weil Sie Leute nett grüßen und eine Unterhaltung bestreiten können, fühlen sich dabei aber eingeschüchtert, gelangweilt oder überlegen. Sie können sich für unfähig halten, weil Sie sich bemühen müssen, den Stoff des Physikunterrichts zu begreifen, und übersehen dabei, daß Sie sich interessiert und entschlossen fühlen. Nur auf Ihr Verhalten einzugehen und zu reagieren bedeutet, einen wichtigen Teil Ihrer Erfahrung zu vernachlässigen – Ihre Gefühle.

Das gleiche trifft zu, wenn es darum geht, auf andere einzugehen und zu reagieren. Es besteht häufig ein Unterschied zwischen dem beobachtbaren Verhalten und den Gefühlen einer Person. Der Sohn eines unserer Freunde hatte sich schon den ganzen Nachmittag störrisch benommen. Als unser Freund ihn fragte, was los sei, erfuhr er, daß der Junge gekränkt war, weil seine Freunde ihn gehänselt hatten. Es wäre ein Fehler gewesen, aufgrund des Verhaltens des Jungen darauf zu schließen, daß er sich *störrisch fühle*. Das war nicht der Fall. Das Gefühl, das er erlebte war „Kränkung", was sich bei ihm in dem äußerte, was sein Vater für störrisches Verhalten hielt. Ein anderes häufiges Beispiel hierfür ist das wilde und ungestüme Verhalten, das Kinder, oft zum Zorn ihrer Eltern, manchmal an den Tag legen. Meistens fühlen sie sich jedoch gar nicht wild und ungestüm, sondern einsam und unbeachtet. Sie reagieren auf ihr Bedürfnis nach Nähe, das diese Gefühle signalisieren. Sie treiben sie dazu, sich um jede nur mögliche Art von Aufmerksamkeit und Kontakt zu bemühen, die sie bekommen können, auch wenn es die falsche ist.

Das, was jemand fühlt, wird natürlich sein Verhalten beeinflussen und das, was jemand tut, kann Einfluß darauf haben, was er fühlt, trotzdem ist beides voneinander verschieden und der Unterschied zwischen beidem kann gelegentlich beträchtlich sein. Es lohnt sich, diesen Punkt in Erinnerung zu behalten, weil wir oft annehmen, daß wir wissen, was in anderen Menschen vorgeht, wenn wir nur ihr Verhalten beobachtet haben. Unsere Beurteilungen in solchen Fällen mögen etwas darüber aussagen, mit welchem Verhalten wir unsere eigenen Emotionen ausdrücken, bezogen auf jemand anderen können sie absolut unzutreffend sein.

Eine Emotion ist eine allgemeine Gefühlsreaktion zu einem bestimmten Zeitpunkt und unterscheidet sich von den rationalen Begriffen, mit denen sie beschrieben wird. In seinem Buch *The Language of the Heart* (dt.: *Die Sprache des Herzens*, Junfermann Verlag 1987), weist James J. Lynch die Verbindung zwischen Emotionen und physiologischen Funktionen wie Blutdruck und Puls nach. Im Kapitel „Der verborgene Dialog" (S. 277 ff.) berichtet er, wie Forscher am Massachusetts General Hospital entdeckten, daß viele Patienten sich entweder ihrer Gefühle überhaupt nicht bewußt sind, oder sie nur in rationalen, dissoziierten, gefühlsfremden Begriffen beschreiben können. Einer der Ärzte des Forscherteams prägte den Begriff „alexithym", um diese Personen zu beschreiben.

Das folgende von Nemiah und Mitarbeitern veröffentlichte Fallbeispiel illustriert eine der typischen Schwierigkeiten alexithymer Patienten, wenn sie aufgefordert werden, ihre Gefühle zu artikulieren:

Bei vielen Patienten ist mit der Schwierigkeit, Gefühle zu beschreiben oder Emotionen im Körper zu lokalisieren, die *Unfähigkeit* verbunden, *zwischen den verschiedenen Arten gängiger Affekte zu unterscheiden.* Beispielsweise antwortete ein Patient, als er gefragt wurde, wie es sich anfühlte, Angst zu haben: „Wie es sich anfühlt, Angst zu haben? (Pause) Ich kann mir darunter nichts vorstellen."

Arzt:　　„Fühlen Sie es in Ihrem Körper?"
Patient:　„Ich glaube, es ist hauptsächlich in den Gedanken."
Arzt:　　„In den Gedanken?"
Patient:　„Es ist in der Hauptsache im Kopf. Die Dinge gehen einem durch den Kopf."
Arzt:　　„Es betrifft Ihren Körper nicht?"
Patient:　„Ich ... Ich kann es nicht sicher sagen. Es könnte ihn betreffen. Es könnte. Im Magen vielleicht."
Arzt:　　„Im Magen? Und was würden Sie dort spüren?"

48

Patient: „So einen Knoten im Magen."

Arzt: „Wie unterscheidet sich das davon, verrückt zu sein?"

Patient: „Wie es sich vom Verrücktsein unterscheidet? Da muß ich wieder ... für mich, also für mich gehören all diese Dinge irgendwie zusammen. Verstehen Sie, alles in einen Topf."

Arzt: „Sie fühlen sich gleich an?"

Patient: „Ja. Angst haben, angespannt sein, ärgerlich sein. Für mich ist es vom Kopf bis in den Magen ... (lange Pause), ich kann wirklich nicht ... ich würde gerne sagen, was Sie hören wollen."

Arzt: „Ich möchte hören, was Sie fühlen, das ist alles."

Patient: „Ja, nun ... ich kann es eigentlich nicht sagen. " (S. 320)

Weil Menschen, die ihren Gefühlen gegenüber „blind" sind, keine Möglichkeit haben, diese Blindheit selbst zu erkennen, verhindert ihr irreführender Sprachgebrauch häufig, daß andere dieses Problem erkennen. Daraus entstehen zahllose Kommunikationsschwierigkeiten und Mißverständnisse.

So nehmen Menschen mit normaler Farbsicht ihre Farbwahrnehmung als selbstverständlich hin, während die Farbenblinden keine Vorstellung haben, was ihnen entgeht. Farbblindheit bleibt oft unentdeckt, weil man nichts vermissen kann, was man nie erfahren hat. Die Verwirrung um dieses Problem wird zusätzlich dadurch gesteigert, daß die farbenblinde Person weiß, daß es solche Worte wie *rot, gelb* und *grün* gibt. Und sie ist durchaus in der Lage, diese Farbbezeichnungen in ihren Sätzen zu benutzen, ohne die Farben jemals wahrgenommen oder erfahren zu haben. Ebenso kennt jeder Worte wie *Liebe, Haß, Eifersucht, Begeisterung* und *Neid*, und jeder kann diese Worte verwenden, wenn er mit anderen spricht. Doch es ist ein erheblicher Unterschied, ob man *Ausdrücke* für Gefühle, die man nie erlebt hat, *verstandesmäßig gebraucht* oder ob man sich der gleichen Worte bedient, wenn man die mit diesen Begriffen bezeichneten Gefühle wirklich erfahren – das heißt, empfunden – hat. Psychosomatische Patienten können wortreich in operationalen und tatsachenstrotzenden Beschreibungen von menschlichen Gefühlen daherreden, obwohl sie keine Ahnung davon haben, wie diese Emotionen sich anfühlen. Wie jemand, der nicht ahnt, daß er farbenblind ist, erkennt der alexithyme Mensch nicht, daß er seine Gefühle nicht aufspüren oder richtig identifizieren kann. Deshalb versteht er die von anderen Menschen gebrauchte Terminologie der Gefühle einfach nicht. Die Schwierigkeit verschärft sich um so mehr, je stärker die Gefühle werden. Heftige Gefühlsregungen schaffen für alexithyme Menschen besonders schwerwiegende Probleme. Sie sind ohnehin nicht in der Lage, ihre Gefühle zu beschreiben, verlieren aber in einer solchen Situation auch die Fähigkeit, zwischen den körperlichen Entsprechungen verschiedener Gefühle zu unterscheiden. Ein plötzlicher Blutdruckanstieg könnte ebensogut entflammter Haß wie eine Woge der Liebe sein. Alexithyme Patienten haben im Grunde keine Möglichkeit, den Unterschied festzustellen. (S. 321 f.)

Lynch fragt gewöhnlich zu Beginn jedes Gesprächs, während die Patienten an Geräte angeschlossen sind, die Blutdruck, Puls usw. anzeigen: „Wie fühlen Sie sich?" Die Reaktion alexithymer Patienten ist offensichtlich frustrierend und ärgerlich für ihn.

Der Patient wechselt schnell das Thema, flieht aus dem Herrschaftsbereich des Gefühls zurück in die Sicherheit der kognitiven Sphären, in die ungefährliche Welt der Gedanken und der Vernunft, indem er antwortet: „Ich denke, mir geht es gut." Im gleichen Augenblick steigen Herzfrequenz oder Blutdruck oft um 25 bis 50 Prozent an. Solche Patienten beantworten Fragen nach ihren Gefühlen in einer rationalen Art und Weise, die einen Preis auf der körperlichen Ebene fordert. Als Patty einmal Fragen über ihr Empfinden derart unverbindlich beantwortete, schnauzte ich sie ziemlich aufgebracht an: „Ich weiß, *wie* Sie *denken* und *was* Sie *denken* und *warum* Sie *denken* und *wann* Sie *denken* und *wo* Sie *denken,* aber ich habe Sie gefragt, *wie Sie sich fühlen* – nicht, *wie Sie denken.*"

Sie lächelte über meinen Gefühlsausbruch und entgegnete dann erneut: „Was meinen Sie damit – wie ich mich fühle? Ich habe Ihnen doch gerade gesagt, daß es mir gut geht."

„Ich meine, ob Sie verärgert sind oder traurig oder fröhlich oder wütend oder verliebt."

Wieder lächelte sie und seufzte: „Ich denke, mir geht es gut." (S. 326)

Auch wenn eine Emotion eine allgemeine Gefühlsreaktion zu einem bestimmten Zeitpunkt ist, sollte sie nicht mit den Körperempfindungen verwechselt werden, die Sie vielleicht auch fühlen. Die „Knoten-im-Bauch"-Antwort aus dem ersten Arzt-Patient Gespräch ist ein Beispiel für eine Körperempfindung. Es ist keine Emotion. Wir haben vor kurzem mit einer Klientin gearbeitet, die auf die Frage „Wie fühlen Sie sich?" antwortete: „Ich habe das Gefühl, als bewegte ich mich sehr langsam, es kostet schon Anstrengung, meine Hand zu heben. Mein Kopf fühlt sich schwer an, und ich fühle eine Art Schwere in meinem Magen." Sie beschrieb die verschiedenen Körperempfindungen, die sie hatte und nicht die Emotion, zu der diese Körperempfindungen gehörten. Unsere Absicht war, herauszufinden, welche Emotion sie fühlte, doch anstatt unsere Frage so zu beantworten, wie wir sie gemeint hatten, beantwortete sie sie so, wie wir sie gestellt hatten. Wir verbesserten uns und fragten: „Welches Gefühl erleben Sie?", sie überlegte einen Augenblick und antwortete: „Niedergeschlagenheit. Ich fühle mich niedergeschlagen."

Es gibt also einen Unterschied zwischen den Empfindungen, die einen Teil Ihres Körpers betreffen, und Ihrem aktuellen allgemeinen subjektiven Erleben oder Ihrem Gefühl. Es ist wichtig, zwischen Ihren Emotionen und Ihren Körperempfindungen unterscheiden zu können, damit Sie wissen, wie Sie besser auf das reagieren können, was mit Ihnen vorgeht. Bei der niedergeschla-

51

genen Klientin kam z.B. heraus, daß sie die gleichen Körperempfindungen erlebte, wenn sie körperlich erschöpft war.(Sie wußte, daß sie „niedergeschlagen" war, wenn sie das Verlangen hatte, ins Bett zu gehen, um allem zu entkommen, während sie, wenn sie erschöpft war, glücklich war, schlafen gehen zu können.) Es ist offensichtlich, daß Sie, wenn Sie niedergeschlagen sind, anders auf Ihre Situation reagieren müssen als wenn Sie erschöpft sind.

Emotionen sind unsere allgemeine subjektive Reaktion zu einem bestimmten Zeitpunkt.

Emotionen unterscheiden sich von den Empfindungen von Körperteilen oder -bereichen, die zur gleichen Zeit auftreten können.

Emotionen unterscheiden sich von den Verhaltensweisen, die sie hervorzubringen helfen.

Emotionen unterscheiden sich von den Bewertungen, die wir über sie anstellen.

3.1 Emotionen sind Botschaften

Manche verstehen unter emotionaler Wahlfreiheit die Möglichkeit, sich die Emotionen auszusuchen, die sie genießen oder angenehm und belebend finden und ihr Leben nur von diesen ausgewählten Gefühlen begleitet zu verbringen. Doch worauf würden Sie sich einlassen, wenn Ihnen das wirklich gelänge?

Wenn Sie jetzt wählen könnten, welche sechs Emotionen würden Sie gerne für den Rest Ihres Lebens behalten und welche sechs würden Sie am liebsten für immer los sein? (Es lohnt sich, diese Frage zu beantworten, bevor Sie weiterlesen. Es wird aufschlußreich sein, zu dieser Stelle zurückzukehren, wenn Sie das Buch beendet haben, um zu sehen, wie sich Ihre Antworten geändert haben.

Erwünschte Gefühle	Unerwünschte Gefühle
_____	_____
_____	_____
_____	_____
_____	_____
_____	_____
_____	_____

Ganz gleich, was Sie in diese beiden Listen eintragen, vermutlich beschummeln Sie sich selbst. Es ist unwahrscheinlich, daß Sie „Enttäuschung" oder „Frustration" auf Ihre Liste erwünschter Gefühle gesetzt haben. Dabei informiert Sie Enttäuschung darüber, daß Sie etwas, was Sie wollten oder erwarteten und das Ihnen wichtig war, nicht bekommen haben. Wie Enttäuschung setzt auch Frustration voraus, daß ein gewünschtes und erwartetes Ereignis nicht eingetreten ist. Der Unterschied besteht darin, daß Sie, wenn Sie frustriert sind, es *noch immer für möglich halten, Ihr Ziel zu erreichen, und es daher weiterverfolgen.* Enttäuschung signalisiert Ihnen, daß die Möglichkeit „es" zu bekommen, vorüber ist, die Reaktion darauf ist aufzugeben, zu verzichten; die Reaktion auf Frustration ist seine Bemühungen fortzusetzen.

Denken Sie z. B. an etwas, das Sie im letzten Jahr gewollt, aber nicht bekommen haben. Erleben Sie für einige Augenblicke das Gefühl der Enttäuschung darüber, daß Sie es nicht bekommen haben. Fragen Sie sich dann, ob Sie das, was Sie damals nicht bekommen haben, immer noch wollen. Wenn Sie es nicht mehr wollen, finden Sie etwas anderes, worüber Sie enttäuscht sind, das Sie aber immer noch wollen. Gehen Sie, wenn Sie ein Beispiel gefunden haben, von dem Erleben der Enttäuschung dazu über, sich auf den Gedanken zu konzentrieren, daß Sie es *immer noch bekommen können*; Sie wollen es immer noch und Sie können es bekommen, aber alles, was Sie bisher versucht haben, hat nicht funktioniert. Mit anderen Worten, fühlen Sie sich frustriert darüber, daß es Ihnen nicht gelungen ist. Wie unterscheidet sich das Gefühl der Frustration von dem der Enttäuschung? Die Antwort, die wir immer wieder bekommen, wenn wir diese Frage stellen, lautet, daß bei Frustration immer noch versucht wird, das zu erreichen, was man erreichen will, auch wenn möglicherweise noch nicht klar ist, was man tun muß, um Erfolg zu haben. Enttäuschung ist nützlich, um ein Ziel aufzugeben, sich damit abzufinden und dann anderen, produktiveren Bemühungen zuzuwenden. Es kann sehr angemessen sein, Enttäuschung darüber zu spüren, daß ein Bekannter immer noch Drogen nimmt, nachdem Sie alles getan haben, was Sie konnten, und nun nicht bereit sind, mehr zu tun. Wenn Ihr Kind den Ballettunterricht, trotz all Ihrer Ermutigung und Unterstützung, immer noch haßt, ist es angemessen, enttäuscht zu sein, die Tatsache zu akzeptieren und neue, aussichtsreichere Möglichkeiten für Sie beide zu suchen.

Bei Frustration erhalten Sie Ihre Bemühungen weiterhin aufrecht. Solange Sie nicht überzeugt sind, daß Sie alles versucht haben, ist es sinnvoll, frustriert zu sein, wenn Ihr Kind Verhaltensstörungen zeigt oder Sie Kommunikationsprobleme mit Ihrem Partner haben oder mit Ihrem Gesundheitszustand unzufrieden sind. Wenn etwas wichtig genug ist, um deswegen frustriert zu sein, ist es auch wichtig genug, sich die Emotionen mit Geduld und Entschlossenheit zugänglich zu machen, um die Aufgabe bis zum Abschluß weiter zu verfolgen. Der Wert einer Emotion kann also nicht danach beurteilt werden, wie angenehm es ist, sie zu erleben, sondern nur nach dem Zweck, für den sie da ist.

3.2 Funktionale Attribute

Stellen Sie sich vor, Sie beobachteten zwei Ihrer engen Freunde, Jim und Linda. Sie schätzen und achten sie und wissen, daß die beiden sich sehr viel bedeuten. Während Sie ihnen zuschauen, hören Sie, wie Jim Linda zu überzeugen versucht, seinen Rat anzunehmen. Seine Bitten werden mit solchem Nachdruck und solcher Intensität vorgebracht, daß sie wie Forderungen klingen.

Es ist für Sie offensichtlich, daß seine „Forderungen" in seinem Interesse und seiner Anteilnahme an Lindas Wohlergehen begründet sind. Linda steht jedoch bloß da und ignoriert sowohl Jim als auch das, was er sagt.

Wechseln Sie nun die Perspektive und stellen Sie sich vor, Sie seien an Jims Stelle. Sie wissen, daß Ihre Freundin Linda Hilfe und Rat braucht. Sie ist dabei, einen verhängnisvollen Fehler zu begehen, indem sie Warnsignale außer acht läßt – in einer Beziehung, in bezug auf eine Investition oder vielleicht in ihrem Beruf – Warnsignale, die für Sie deutlich sind, die sie jedoch nicht beachtet. Sie sind der einzige, der verhindern kann, daß sie Nachteile erleidet. Sie sind mehr als besorgt, Sie versuchen verzweifelt, ihr zu helfen. Sie beschwören sie, sie fassen ihre Hände und reden auf sie ein, doch Ihr ganzes Zureden trifft auf taube Ohren. Linda steht bloß da, schaut in eine andere Richtung und ignoriert Sie.

Verändern Sie ein letztes Mal Ihre Perspektive, so daß Sie nun an Lindas Stelle sind. Sie sind derjenige, der nicht bemerkt, daß eine wichtige Mitteilung übersehen wird. Ein guter und weiser Freund, dem Ihr Wohl sehr am Herzen liegt, bekniet Sie, ihn anzuhören. Er bittet Sie und fordert sogar von Ihnen, das Nötige zu tun, um Ihr Wohlergehen zu schützen. Doch dieses Mal gibt es eine Veränderung in dem Scenario. Der besorgte, weise Freund, der sie bittet und mahnt, sind *Ihre Gefühle*.

Sie können Ihre Gefühle mit einem besorgten Freund vergleichen, der Sie auf eine Situation aufmerksam macht, in der Sie wirklich handeln müssen. Wie es auch ein besorgter Freund tun würde, können Ihre Gefühle Sie auf etwas hinweisen, das unangenehm ist; manchmal können sie Ihnen diese Information sogar auf eine für Sie schmerzhafte Weise geben. Trotzdem wäre es töricht, zu ignorieren, was Ihnen Ihr Freund oder Ihre Gefühle zu sagen haben.

Ganz gleich, wie unangenehm eine Emotion zu sein scheint, als Signal ist sie sehr wertvoll. Das, was dieses Signal bedeutet – was diese Emotion Ihnen mitzuteilen versucht – nennen wir das „funktionale Attribut" der Emotion. Selbst die unangenehmsten Emotionen haben funktionale Attribute, die nützlich sein können, wenn Sie sie als wichtige Mitteilungen über Ihre Bedürfnisse auffassen. Der erste Schritt im Utilisieren Ihrer Emotionen besteht darin, zu erkennen, was sie Ihnen signalisieren. Der zweite Schritt besteht darin, richtig auf dieses Signal zu reagieren. Lassen Sie uns einige Beispiele anschauen:

Das funktionale Attribut von Bedauern ist, daß es anzeigt, *was Sie in einer vergangenen Situation hätten anders tun können oder sollen.* Sie bedauern vielleicht, daß Sie für eine Prüfung, die Sie verbaut haben, nicht genug gelernt haben, oder als Teenager Ihrer Mutter gegenüber frech waren oder eine Einladung ausgeschlagen haben und später erfahren mußten, daß Sie ein tolles Fest und darüber hinaus die Gelegenheit versäumt haben, die Person kennenzulernen, für die Sie seit längerem schwärmen. Ganz gleich was Sie persönlich bedauern und wie schmerzhaft das sein mag, es ist wichtig zu erkennen, daß dieses Gefühl Sie auf einen Fehler hinweist, den Sie gemacht haben. Nur indem Sie Ihre Fehler erkennen, können Sie es vermeiden, sie in Zukunft zu wiederholen.

Das funktionale Attribut von Schuldgefühlen besteht darin, Ihnen zu signalisieren, daß *Sie einen persönlichen Wertmaßstab verletzt haben und dafür sorgen müssen, es in Zukunft nicht wieder zu tun.* Sie können z.B. Schuldgefühle haben, weil Sie einen Freund belogen haben, oder ein Versprechen, das Sie Ihrem Kind gegeben haben, vergessen haben, oder keine Stellung bezogen, sondern nur dagestanden haben als etwas passierte, das Sie für ungerecht hielten. Niemand hat gern Schuldgefühle, doch wenn Sie sie erleben, ist es ein Feedback für Sie, daß Sie einen für Sie wichtigen persönlichen Wertmaßstab verletzt haben oder dabei sind, ihn zu verletzen. Wenn Sie diese Art von Feedback nicht hätten, gäbe es kaum etwas, das ihr Verhalten in Einklang mit Ihren Werten halten würde.

Das funktionale Attribut von *Angst* ist, *Sie auf etwas in der Zukunft hinzuweisen, für das Sie sich besser vorbereiten müssen.* Sie können Angst davor haben, eine größere finanzielle Verpflichtung einzugehen, wenn Ihr Arbeitsplatz zur gleichen Zeit gefährdet ist, oder auf eine Party zu gehen, wenn Sie dort niemanden kennen, oder sich bei einer Behörde zu beschweren. Die Angst macht Ihnen bewußt, daß Sie sich entweder besser für diese Situationen vorbereiten müssen oder sie besser ganz meiden sollten. Gelegentliche Angstgefühle sorgen dafür, daß Sie nicht täglich Ihr persönliches Waterloo erleben.

Überforderung tritt gewöhnlich auf, wenn Sie versuchen, für die zur Verfügung stehende Zeit zu anspruchsvolle oder zu zahlreiche Aufgaben zu erledigen. Das funktionale Attribut von Überforderung ist, Ihnen zu signalisieren, *daß Sie die Aufgaben, die Sie sich vorgenommen haben, neubewerten und Prioritäten setzen müssen.* Sie haben z.b. Vorbereitungen für eine Party zu treffen, einzukaufen, die Kinder von der Schule abzuholen und zum Arzt zu fahren, das Haus zu putzen, die Reifen auswuchten zu lassen und das Essen zu kochen – alles noch vor dem Elternabend um 19 Uhr. Das Gefühl der Überforderung ist ein Zeichen dafür, von diesem Berg an Aufgaben zurückzutreten, zu entscheiden, welche Aufgaben unaufschiebbar sind und welche nicht und dann die Reihenfolge festzulegen, in der Sie sie erledigen wollen.

Wenn Ihr Wohlbefinden durch das Auftreten eines Rivalen um die Aufmerksamkeit und Gunst einer Ihnen nahestehenden Person gefährdet ist, besteht die häufigste Reaktion darin, sich eifersüchtig zu fühlen. Das funktionale Attribut von Eifersucht besteht darin, Ihnen zu zeigen, *daß Sie Ihr emotionales Wohlbefinden für gefährdet halten und etwas dagegen unternehmen müssen.* Sie können sich eifersüchtig fühlen, wenn Sie bemerken, daß Ihr Partner auf einer Party in einer Ecke mit einem attraktiven Angehörigen des anderen Geschlechts in ein Gespräch vertieft ist und anscheinend Ihre Anwesenheit völlig vergesssen hat. Oder vielleicht hat Ihr Partner in mehreren Nächten hintereinander Überstunden gemacht, zusammen mit einem attraktiven Kollegen. Solche Situationen könnten den Zustand Ihrer Beziehung und damit auch Ihr Wohlbefinden gefährden. Das Gefühl der Eifersucht warnt Sie vor der Möglichkeit dieser Gefahren. Wenn Sie sich nicht eifersüchtig fühlten, könnten Sie es u.U. zulassen, daß eine bedrohliche Situation sich bis zu einem Punkt weiterentwickelt, an dem Ihre Beziehung irreparabel gestört wäre.

Wenn jemand Ihr Wohlbefinden gefährdet, sei es absichtlich oder unabsichtlich, reagieren Sie vermutlich damit, daß Sie wütend werden. Das funktionale Attribut von Wut besteht darin, Ihnen mitzuteilen, *daß Sie etwas tun müssen, um die Beeinträchtigung Ihres Wohlbefindens zu beenden oder es in der Zukunft zu verhindern.* Sie bemerken vielleicht, daß Sie bei der Finanzierung Ihres Wagens übervorteilt worden sind, oder ein Kollege Sie einem Vorgesetzten gegenüber falsch wiedergegeben hat, oder ein Freund Sie belogen hat. Die Wut, die Sie bei solchen Gelegenheiten erleben, ist ein Hinweis darauf, daß jemand etwas getan hat, was Sie verletzt hat. Ohne diesen Hinweis würden Sie nichts tun, um sicherzustellen, daß eine ähnliche Verletzung in der Zukunft nicht wieder geschehen kann. Auch würden diejenigen, die Ihnen diese Verletzung zugefügt haben, wahrscheinlich den Schmerz nicht bemerken, den sie Ihnen verursacht haben und so keine Gelegenheit bekommen, sich zu Ihrem gemeinsamen Vorteil zu verändern.

Das funktionale Attribut ist der Kern der Utilisierung von Gefühlen, denn sobald es für ein bestimmtes Gefühl spezifiziert ist, verwandelt es dieses auf der Stelle in etwas Wertvolles und Nützliches. Es ist wertvoll zu wissen, wann Sie einen Fehler begangen, Ihre eigenen Wertmaßstäbe verletzt haben oder noch immer ein bestimmtes Ziel verfolgen, *vorausgesetzt* diese Erkenntnis wird zum Auslöser für das in dieser Situation angemessene Verhalten.

Allzu häufig erlebt man zwar Emotionen, drückt sie auch aus, aber reagiert nicht auf sie. Es hat wenig Sinn, etwas, das sie getan haben zu bedauern, wenn dieses Bedauern Ihnen nicht hilft, Ihr zukünftiges Verhalten zu ändern. Es hat wenig Sinn, Schuldgefühle zu haben, wenn diese Schuldgefühle nicht dazu führen, Ihre Absicht und Ihre Bemühungen zu bestärken, in Zukunft Ihre Wertmaßstäbe einzuhalten. Es hat wenig Sinn, sich frustriert zu fühlen, wenn diese Frustration Sie nicht zu kreativen Anstrengungen beflügelt, das gewünschte Ziel doch noch zu erreichen. Das funktionale Attribut einer unangenehmen Emotion spezifiziert, *was Sie tun müssen, um angemessen auf diese Emotion zu reagieren.* Unangenehme Gefühle sind wertvoll, wenn sie richtig gebraucht werden. Wenn Sie z.b. daran glauben, daß jeder die Verantwortung hat, die Umwelt sauber zu erhalten, ist es angemessen, Schuldgefühle zu haben, wenn Sie Abfall an Ihrem Zeltplatz zurückgelassen haben. Entsprechend ist es verständlich, daß Sie wütend werden, wenn Sie feststellen, daß jemand anderer überall auf dem Zeltplatz verstreut Müll zurückgelassen hat. Es wäre sogar ein großer Nachteil für Sie, wenn Sie diese Emotionen nicht haben könnten. Wenn Sie sich nie überlastet fühlen würden, könnten Sie leicht Ihre Zeit mit unwichtigen Angelegenheiten verschwenden. Wenn Sie unfähig wären, Eifersucht zu erleben, würden Beziehungen für Sie etwas Austauschbares und leicht zu Ersetzendes werden. Wenn Sie nie wütend würden, könnten Sie leicht für einen Fußabtreter gehalten werden. Unter dem Aspekt Ihres Signalwertes betrachtet, gewinnen sogar unangenehme Gefühle eine Qualität, die sie wertvoll macht – vor allem dann, wenn sie Sie zu nützlichen Zielen und Verhaltensweisen anspornen.

3.3 Das Erreichen emotionaler Wahlfreiheit

Nun, da Sie wissen, was wir unter „Emotionen" und ihren funktionalen Attributen verstehen, können wir einige Schritte zurückgehen und genauer beschreiben, was wir meinen, wenn wir von „emotionaler Wahlfreiheit" sprechen. Wirkliche emotionale Wahlfreiheit bedeutet, die vier in den folgenden Absätzen besprochenen Fähigkeiten zu haben und zu gebrauchen:

Plazieren
Ausdrücken
Nutzen
Vorbeugen

3.3.1 Das Plazieren

Der erste Schlüssel zu emotionaler Wahlfreiheit ist die Fähigkeit, auf Lebensumstände beständig mit den Emotionen reagieren zu können, die am angemessensten und nützlichsten sind. Das „Plazieren" Ihrer Emotionen ist dann angemessen, wenn Sie für jeden Lebenskontext die jeweils angemessenste Emotion gebrauchen.

Ein Beispiel für angemessenes Plazieren ist, Enttäuschung anstelle von Frustration zu erleben, wenn Sie alles getan haben, was Sie konnten, um einem uneinsichtigen, drogenabhängigen Freund zu helfen. In dieser Situation kann es am angemessensten sein, zuerst Enttäuschung zu empfinden, die starke persönliche Anteilnahme aufzugeben und statt dessen diese Tatsache zu akzeptieren, oder zu passiver *Hoffnung* überzugehen, daß der Betreffende sich vielleicht einmal in Zukunft ohne Ihre Hilfe wird ändern können. Falls es nicht angemessen ist, Ihr persönliches Engagement aufzugeben, könnten Sie den Zeitrahmen ausdehnen, innerhalb dessen Sie von Ihrem Freund erwarten, mit dem Drogenkonsum aufzuhören und sich selbst dadurch ermöglichen, Geduld zu erleben. Jede dieser Möglichkeiten wäre für Sie beide besser, als in einem Gefühl der Frustration steckenzubleiben. Weitere Kontexte, in denen Enttäuschung eine angemessene emotionale Reaktion darstellt, wären z.B. gegeben, wenn Sie feststellen, daß eine Beziehung nicht mehr zu retten ist oder jemanden nach seinen Vorstellungen leben zu lassen, auch wenn es ihm Ihrer Meinung nach damit nicht gut ergehen wird. Angemessenes Plazieren wäre es auch, sich entschlossen anstatt entmutigt zu fühlen, wenn Sie ein langfristiges Ziel erreichen wollen oder sich kompetent anstatt unfähig zu fühlen, wenn Sie ein neues Vorhaben beginnen.

Wir alle reagieren gelegentlich auf eine bestimmte Situation mit einem Gefühl, das nicht dem entspricht, was wir in dieser Situation brauchen oder wünschen. Jemand, der erkannt hat, daß seine emotionale Reaktion unangemessen oder einschränkend ist, kann, wenn er über emotionale Wahlfreiheit verfügt, entscheiden, welche Emotion(en) hilfreicher wäre(n) und dann diese Emotionen erleben, wann es nötig ist. Er könnte z.b. die Notwendigkeit einsehen, von Frustration zu Enttäuschung und dann zu Akzeptanz überzugehen, wenn sein Sohn ein unerschütterliches Desinteresse an Fußball, Tanzstunden oder einem Studium zeigt.

Nach einigen unangenehmen Erfahrungen hat Leslie eine Reihe ihrer Emotionen angemessen kontextualisiert und ist in Verhandlungen nun vorsichtig und sorgfältig in der Auswahl der einzugehenden Verpflichtungen, anstatt wie bisher großzügig und hilfsbereit. Jedesmal, wenn Michael Zweifel an der Aufrichtigkeit unseres Sohnes hat, geht er dazu über, sich vertrauensvoll und wohlwollend zu fühlen, um Mark die Erfahrung zu vermitteln, daß er Vertrauen genießt und vertrauenswürdig ist, und um sich selbst locker und zugewandt fühlen zu können.

Um die im Hinblick auf Ihre Bedürfnisse angemessene Emotion auswählen zu können, müssen Sie sowohl etwas darüber wissen, welche Eigenschaften die verschiedenen Emotionen haben und zu welchem Verhalten sie führen, als auch eine Vorstellung davon haben, was Sie in einer bestimmten Situation erreichen möchten.

3.3.2 Emotionen ausdrücken

Der zweite Schlüssel zu emotionaler Wahlfreiheit ist die Fähigkeit, den Ausdruck einer Emotion zu wählen. Es ist sehr vorteilhaft, eine Emotion auf eine Weise auszudrücken, die mit Ihrem Selbstkonzept und mit dem Ergebnis, das Sie wünschen, übereinstimmt. Emotionen auf eine Weise auszudrücken, die nicht zu Ihnen paßt, kann nur zu einer unangenehmen und unter Umständen schädlichen Inkongruenz führen, die nicht nur Ihnen selbst, sondern auch Ihrer Umgebung auffallen wird.

Obwohl die Qualität des emotionalen Ausdrucks für alle Emotionen relevant ist, ist sie besonders wichtig, wenn Sie eine Emotion einer anderen Person gegenüber ausdrücken, wie z.B. Wut, Zuneigung, Anerkennung, Sympathie, Frustration oder Bewunderung. Es hat wenig Sinn, jemand anderem gegenüber

Gefühle auszudrücken, solange der Ausdruck dieser Emotion nicht die Bedeutung und Wirkung vermittelt, die Sie ihm geben wollten. Wenn Sie z.b. jemandem Ihre Anerkennung ausdrükken, indem Sie allzu überschwenglich sind, kann das dazu führen, daß der Betreffende Sie für unaufrichtig hält. Wut durch destruktives Verhalten auszudrücken, könnte gerade die Beziehung zerstören, die Ihnen wichtig genug ist, um darüber in Wut geraten zu können – oder Sie sogar ins Gefängnis bringen kann. Zuneigung durch sexuelles Verhalten auszudrücken, kann in bestimmten Situationen zu schweren Mißverständnissen und zu allem anderen als Zuneigung führen.

Natürlich ist es gelegentlich sehr angemessen, inkongruent zu sein und eine Reihe von Ausdrucksmöglichkeiten zu haben. Anwälte und Geschäftsleute, die Verhandlungen führen, können manchmal nach außen hin kühle Zuversicht darstellen wollen, auch wenn sie innerlich voller Zweifel und Befürchtungen sind. Das Ziel ist in jedem Fall, die Möglichkeit zu haben, festzustellen, welches Gefühl Sie gerade erleben und dann (falls Sie sich nicht entscheiden, zu einem ganz anderen Gefühl überzugehen) zu wählen, wie Sie dieses Gefühl in Zukunft ausdrücken möchten.

Stellen Sie sich z.b. vor, daß Ihr heranwachsender Sohn in der Küche endlose Telefongespräche führt und diese Marathonunterhaltungen Sie immer wieder aus Ihrer Ruhe und Ihren Überlegungen reißen, die Schilderung chaotischer Ereignisse und das wilde Tempo, in dem sie vorgetragen werden, Sie nachhaltig stört und ärgert. Ganz gleich, worauf Sie sich zu konzentrieren versuchen, Ihr Ärger bleibt bestehen. Anstatt zu einer anderen emotionalen Reaktion überzugehen (wie z.b. Toleranz oder Akzeptanz), können Sie eine nützliche und angemessene Möglichkeit finden, diesen Ärger auszudrücken.

Eine unserer Bekannten, die sich in dieser Lage befand, schluckte gewöhnlich ihren Ärger solange, bis sie irgendwann explodierte und ihren Sohn wütend beschimpfte, weswegen sie sich später schämte. Die anderen in der Familie hielten sie für aufbrausend und irrational, während das Verhalten des Sohnes harmlos und vernünftig wirkte. Als sie feststellte, daß sie sich eine kreative Weise aussuchen konnte, ihren Ärger auszudrükken, entschied sie sich dafür, wie ein Puma oder ein wilder Hund zu knurren und ihren Sohn auf diese Weise zu warnen, sobald sie das Gefühl bekam, daß seine Telefongespräche zu lange dauerten. Das erwies sich als weitaus effektiver (und auch etwas exzentrischer) als zu schreien, den Hörer auf die Gabel zu knallen, ihrem Mann vorzujammern oder an ihrem Sohn herumzunörgeln. Sobald sie knurrte, wurden alle in der Familie – ihr Sohn eingeschlossen – hellhörig und überprüften, was diese Reaktion ausgelöst haben könnte. (Es muß noch erwähnt werden, daß die Familienangehörigen ebenfalls froh waren, von dem Schreien, Nörgeln und Jammern verschont zu werden.)

Im ersten Kapitel haben wir beschrieben, wie Micheal zu seinem eigenen Nachteil und zum Bedauern seiner Umgebung dazu neigte, sich zurückzuziehen, wenn er gekränkt oder wütend war. Jetzt spricht er sofort unmißverständlich an, was ihn bewegt und wird gelegentlich auch laut. Diese Art des Ausdrucks ist viel effektiver für ihn und wird von seinen Angehörigen und seinen Freunden nicht nur akzeptiert, sondern sogar begrüßt. Da sie nun die Gelegenheit haben, unmittelbar zu erfahren, was ihn aus der Fassung gebracht hat, können sie ihn sofort beruhigen, ihm Erklärungen geben, sich berichtigen oder richtig mit ihm streiten. Durch eine Veränderung des Ausdrucks sind jetzt kurze heftige Stürme an die Stelle langen, dumpfen Leidens getreten.

Durch die Wahl des Ausdrucks ist es auch möglich, angenehme Gefühle zu verstärken. Nehmen wir wieder Michael als Beispiel: seine Geschäftsfreunde waren oft erstaunt darüber, wie er auf seinen finanziellen Erfolg reagierte. Sie wären vor Freude fast auf- und abgesprungen, wenn ein Grundstück verkauft worden war und sie dabei eine Menge Geld verdient hatten. Michael hätte gern die Freude seiner Partner geteilt, doch in der Regel fühlte er nur leichte und schnell verfliegende Zufriedenheit. Für ihn bestand die Herausforderung und Kunst darin, ein Grundstück so zu kaufen, daß damit später ein Gewinn erzielt werden konnte. Für die anderen war der Verkauf des Grundstücks, Monate oder Jahre später, der Zeitpunkt, wenn der Profit erzielt wurde und der eigentliche Anlaß zum Feiern. Michael erlebte den Verkauf nur als Formalität, als bloße Bestätigung seines ursprünglichen Urteils; in seinem Verständnis war der Gewinn bereits durch die Wahl und die Bedingungen des Kaufs erzielt worden. Für ihn war der spannendste Moment dann, wenn er das Grundstück kaufte. Trotzdem verdiente er mehr als nur vorübergehende Zufriedenheit, wenn ein Verkauf abgeschlossen war. Sein neues Verständnis von der Wirkung verschiedener Ausdrucksmöglichkeiten auf Gefühle ermöglichte es ihm, eine befriedigendere Lösung zu finden. Jetzt drückt er seine Zufriedenheit bei finanziellen Erfolgen dadurch aus, daß er Geschenke für seine Freunde kauft – Computer, Bücher, Reisen – Geschenke, von denen er weiß, daß sie seinen Freunden helfen werden, selbst erfolgreich zu sein. Ihre Überraschung erhöht seine Zufriedenheit, und ihr Vergnügen zu beobachten, bereitet ihm eine große, anhaltende Freude; und diese Freude lebt jedesmal von neuem auf, wenn sein Geschenk ihnen auf irgendeine Weise hilft, dem Ziel ihrer Träume näherzukommen.

3.3.3 Emotionen nutzen

Der dritte Schlüssel zu emotionaler Wahlfreiheit ist die Fähigkeit, unangenehme emotionale Zustände zu nutzen, um nützliche Verhaltensweisen auszulösen und auf diese Weise zu angenehmeren Emotionen zu kommen. Der erste Schritt zur vollen Nutzung Ihrer Emotionen besteht darin, das funktionale Attribut einer Emotion identifizieren zu können – d.h. zu erkennen, wozu eine bestimmte Emotion gut ist, oder was sie signalisiert. Wie wir schon früher besprochen haben, dient jede Emotion einem Zweck, ganz gleich, wie unangenehm es sein mag, sie zu erleben. Wahlfreiheit kommt von der Fähigkeit, diesen Zweck zu erkennen und dann auf das signalisierte Bedürfnis einzugehen. Um dazu in der Lage zu sein, müssen Sie eine Emotion auswählen, induzieren und aufrechterhalten können, die es Ihnen erleichtert, das signalisierte Bedürfnis zu erfüllen.

Sobald es erkannt ist, kann das funktionale Attribut dazu verwendet werden, Ihre Gefühle und Verhaltensweisen in gewünschter Weise zu beeinflussen. Anstatt unangenehme Gefühle loswerden zu *müssen*, haben Sie die Möglichkeit, sie als wichtigen Ausdruck Ihres Erlebens und als Feedback zu würdigen und sich von diesen Emotionen dann zum nächsten Schritt führen zu lassen. Die meisten von uns kennen den unangenehmen Sog, der durch Angst ausgelöst wird. Angst kann wie eine unentrinnbare Falle erscheinen, die sich jedesmal fester um uns schließt, wenn wir versuchen, uns daraus zu befreien. Es ist eine so gefürchtete Emotion, daß viele in Angst vor der nächsten Gelegenheit leben, in der sie wieder Angst haben werden, was, wie sie wissen, schon sehr bald sein kann. Doch die noch unbekannte, aber vermeintlich unerfreuliche Zukunft, die Angst auslösen kann, zeigt auch den Weg aus der Angst hinaus zu Ruhe und Zuversicht. Angst ist ein Signal dafür, daß es in Ihrer Zukunft etwas gibt, auf das Sie sich besser vorbereiten müssen. Diese Vorbereitung kann darin bestehen, daß Sie einfach zusätzliche Informationen sammeln müssen, um ein bisher unvollständiges Bild über das „wer, was, wo, wann und warum" eines zukünftigen Ereignisses zu vervollständigen. Leslie nutzt Angst auf zwei verschiedene Arten, um sich besser auf die Zukunft vorzubereiten.

Sie hat gelernt, daß Angst ein Signal dafür sein kann, daß sie für ein bevorstehendes Ereignis nur eine Möglichkeit sieht: es wird unangenehm werden. Wenn sie z.B. ein Seminar mit der für die Mitarbeiterfortbildung zuständigen Abteilung eines Unternehmens durchführen muß, entwirft sie möglicherweise nur mentale Bilder, in denen sie sich ungeschickt verhält, vergißt, was sie sagen wollte, negative Reaktionen bei ihren Zuhörern auslöst, usw. Wenn ein solcher Alptraum die einzige Möglichkeit ist, die Sie in Betracht ziehen, sperren Sie sich selbst in das Angst-Gefängnis ein – ohne Aussicht auf Begnadigung. Seit sie das eingesehen hat, kann Leslie, wenn sie jetzt Angst vor einem Seminar (oder jeder anderen Situation) bekommt, dieses Gefühl als Signal dafür erkennen, daß sie Bilder von zukünftigen Möglichkeiten entwerfen muß, die positiv und beruhigend sind. Sie tut das, indem sie sich folgende Fragen beantwortet: „Was genau möchte ich?" und „Was kann ich tun, um sicherzustellen, daß, so weit wie möglich, das geschieht, was ich möchte?".

Sobald sie weiß, was sie zu tun hat und wie ihr Verhalten zu der Zukunft, die sie sich wünscht, führen wird, nutzt sie ihre Vergangenheit, um sich zu bestätigen, daß sie in der Lage ist, jeden der Schritte auszuführen. Danach spielt sie die Ausführung ihres Plans durch und stellt sich dabei vor, wie die gewünschte Zukunft sich nach und nach einstellt. Auf diese Weise nutzt sie die ersten Anzeichen von Angst als Sprungbrett dafür, um auf die positiven Möglichkeiten neugierig zu werden, sich aufgrund früherer Erfahrungen zuversichtlich zu fühlen, diese Möglichkeiten verwirklichen zu können und mit Selbstvertrauen in ihre Zukunft zu blicken.

Trotzdem findet sie nicht immer einen Weg, um die Wahrscheinlichkeit eines unerfreulichen bevorstehenden Ereignisses auszuschließen. Wenn die Angst trotz ihrer Bemühungen, die positiven zukünftigen Möglichkeiten zu visualisieren, fortbesteht, faßt sie dieses Gefühl als Signal dafür, daß sie das damit verbundene Risiko neu beurteilen muß. Sie beantwortet sich dann folgende Fragen: „Was steht hier wirklich auf dem Spiel? Mein Leben? Meine Gesundheit? Eine wichtige Beziehung? Geld? Meine Glaubwürdigkeit? Eine Zurückweisung? Ein paar unangenehme Stunden? Irgendetwas wirklich Bedeutendes?" Gewöhnlich findet sie heraus, daß sie schlimmstenfalls eine Zurückweisung durch Personen riskiert, die keinen großen Einfluß auf ihr Leben haben und deren Zurückweisung in wenigen Jahren unbedeutend sein wird. Häufig erkennt sie, daß sie nur ein paar unerfreuliche Stunden riskiert. Sobald sie das weiß, verschwindet die Angst und sie fühlt sich statt dessen gut vorbereitet, entschlossen und bereit, das bekannte Risiko einzugehen.

3.3.4 Emotionen vorbeugen

Der vierte Schlüssel zu emotionaler Wahlfreiheit ist die Fähigkeit, Ihr eigenes Verhalten und die Umstände so zu beeinflussen, daß bestimmte lähmende und besonders belastende Gefühle – oder, wenn Sie es wollen, auch leicht unangenehme

Emotionen – verhindert werden. Sehr unerfreuliche Gefühle wie Wut, Scham, Erniedrigung, Entsetzen und blanke Hilflosigkeit sind, auch wenn sie funktionale Attribute besitzen, in der Regel so belastend, daß es sinnvoll ist, ihnen vorzubeugen, wann immer das möglich ist.

Die Prävention solcher überfordernden Gefühle setzt zunächst voraus, die Umstände zu identifizieren, durch die sie hervorgerufen werden und dann entweder Ihr Verhalten im Hinblick auf dieses Gefühl zu verändern oder Ihre Lebensumstände so umzuorganisieren, daß das Auslösen dieses Gefühls verhindert wird. Stellen Sie sich z.B. vor, jemand fühlt sich jedesmal, wenn er auf einer Tanzfläche steht, schrecklich unwohl. Der Betreffende kann sich entweder von den auslösenden Situationen fernhalten und Tanzveranstaltungen und Parties meiden, oder er kann Maßnahmen ergreifen, die verhindern, daß es wieder geschieht, indem er gut genug tanzen lernt, um sich nicht unwohl fühlen zu müssen. Jemand, der sich seinem autoritären Chef gegenüber hilflos fühlt, kann sich überlegen, was er braucht, um sich in seiner Gegenwart powervoll zu fühlen, und dann seine Wahrnehmung und sein Verhalten entsprechend verändern. Er kann sich aber auch aus der Situation zurückziehen, indem er eine neue Arbeit und einen angenehmeren Chef findet. Sie können Ihr Wohlbefinden auf verschiedene Weise schützen, u.a. indem Sie Ihr Denken, Ihr Verhalten oder Ihre Lebensumstände ändern.

Diese vier Fähigkeiten – Plazieren, Ausdrücken, Nutzen und Vorbeugen – werden eingehender in den nächsten Kapiteln besprochen werden. Diese Kapitel enthalten darüber hinaus einen Bonus. Wenn Ihre emotionale Wahlfreiheit zunimmt, indem Sie die spezifischen Techniken lernen, aus denen diese Fähigkeiten bestehen, werden Sie auch die Gefühle genauer erkennen können, die andere erleben, und Sie werden diese Information nutzen können, um zu entscheiden, wie Sie darauf reagieren möchten. Welche Reaktion Sie wählen, wird davon abhängen, ob Sie das Gefühl, das die andere Person erlebt, verstärken oder verändern wollen. Wenn Sie helfen wollen, ihre oder seine Emotion zu verändern, werden Sie dazu besser in der Lage sein als zuvor. Ihr Verhalten anderen gegenüber wird durch Ihre freie Wahl bestimmt werden und keine automatische Reaktion mehr sein.

Wenn Sie z. B. bemerken, daß sich Ihre Tochter unsicher fühlt, kann das dazu führen, daß Sie anfangen, sich selbst Sorgen zu machen und dadurch die Unsicherheit Ihres Kindes schließlich noch erhöhen. Eine andere Möglichkeit wäre, zu erkennen, daß jemand, der unsicher ist, nach Bestätigung verlangt. Ihre Aufgabe ist es dann, herauszufinden, welche Art von Bestätigung Sie Ihrem Kind geben können, damit es aus seiner Unsicherheit zu einem Gefühl der Sicherheit gelangen kann. (Sie werden natürlich mit Ihrer Beurteilung nicht immer richtig liegen, aber da Sie wissen, in welche Richtung Sie das Gefühl verändern wollen, werden Sie letztlich auch dorthin gelangen.)

Nehmen wir ein anderes Beispiel: Sie merken, daß Zufriedenheit ein sehr wichtiges Gefühl für Ihre Frau ist. Zufriedenheit enthält keine implizite Forderung, und es besteht wahrscheinlich keine Notwendigkeit, sie in eine andere Emotion zu führen. Was hat es also mit Ihnen zu tun? Nun, wie wäre es, wenn Sie ihre Zufriedenheit noch steigern würden, indem Sie sie z.b. mit ihr zusammen genießen?

Die vier Schlüsselfähigkeiten für emotionale Wahlfreiheit:

Plazieren: Die Fähigkeit, auf Lebensumstände mit angemessenen und nützlichen Emotionen zu reagieren;

Ausdrücken: Die Fähigkeit, den Ausdruck von Emotionen zu wählen;

Nutzen: Die Fähigkeit, unangenehme Emotionen zu nutzen, um nützliche Verhaltensweisen und angenehme Emotionen zu erzeugen;

Vorbeugen: Die Fähigkeit, sich selbst vor zu belastenden und lähmenden Erfahrungen zu schützen.

3.4 Was Ihnen dieses Buch bietet

Dieses Buch wird Ihre Gefühle nicht beseitigen. Es wird statt dessen Ihr Erleben von Gefühlen bereichern und Ihnen die Fähigkeiten geben, Ihre Gefühle zu erkennen und für Ihr Wohlbefinden und das anderer zu nutzen und die Verhaltensweisen einzuleiten, die nützlich und wünschenswert sind, um Ihre persönlichen Ziele zu erreichen. Die Entdeckungen und neuen Erfahrungen, die Sie auf diesem Weg machen werden, beginnen erst richtig im nächsten Kapitel, das die *Struktur von Emotionen* vorstellt.

Wir sind zuversichtlich, daß Sie die Informationen und erläuternden Beispiele, die Sie brauchen, um die in diesem Buch geweckten Hoffnungen für sich zu erfüllen, auf den nächsten Seiten finden werden. Doch zusätzlich zu diesen Informationen und Beispielen werden Sie noch etwas benötigen: Ihre aktive Mitwirkung. Die folgenden Seiten enthalten Gedanken – und Gefühlsexperimente, die Sie ausprobieren sollten. Es handelt sich dabei um mehr als nur eine Veranschaulichung des Gesagten – *es sind Lernerfahrungen.* Dieses Buch soll Ihnen nicht nur in intellektueller Hinsicht nutzen, sondern auch Ihre unmittelbare Erfahrung bereichern. Damit das geschehen kann, ist es notwendig, daß Sie sich auf die Experimente einlassen, die wir Ihnen zur Verfügung stellen werden.

Sie werden vielleicht Ihre Lektüre nicht unterbrechen wollen, um eine Übung zu machen. In diesem Fall möchten wir Sie nachdrücklich dazu ermutigen, am Ende des Abschnitts oder des Kapitels zu der Übung zurückzukehren und sie durchzuführen, bevor Sie weiterlesen.

Sie sind bereits auf einem Weg, der, wie wir glauben, faszinierend, nützlich und lohnend für Sie sein wird. In diesen ersten drei Kapiteln haben Sie bereits mehr Schritte gemacht, als Sie vielleicht selbst gemerkt haben und möglicherweise auch schon die schwierigsten auf dem ganzen Weg.

4 Die Struktur der Gefühle

Gefühle sind wirklich. Wir alle erleben sie tagtäglich und die Veränderungen, die sie in unserem Verhalten und in unserer Physiologie bewirken. Doch wie entstehen Gefühle? Fühlen wir uns einfach gelegentlich besorgt und dann wieder fröhlich, oder geschieht dies nur unter bestimmten Bedingungen? Wir sehen häufig in äußeren Umständen den Grund für unsere emotionale Befindlichkeit. Wir fühlen uns z.B. gekränkt, wenn wir bei einer Verabredung versetzt werden, wir freuen uns, wenn wir eine Stelle bekommen, oder haben Angst, wenn wir einem Vorgesetzten den Jahresbericht präsentieren sollen. Es scheint oft so, als bestimme die Situation unsere Gefühle. Doch wenn wir uns umschauen, stellen wir fest, daß es Menschen gibt, die eher wütend oder gleichgültig als gekränkt reagieren, wenn sie bei einer Verabredung versetzt werden, die eher besorgt als erfreut sind, wenn ihnen eine neue Stelle angeboten wird, und die sich eher herausgefordert als bedroht sehen, wenn Sie ihrem Chef einen Bericht vorlegen sollen. *Ihre Gefühle werden also nicht durch die Umstände bestimmt, sondern dadurch, wie Sie auf diese Umstände reagieren.*

Ihre Wahrnehmungen und Denkprozesse bestimmen in jedem Augenblick, was Sie fühlen. Gefühle lassen sich mit der Atmosphäre auf einer Party vergleichen. Je nachdem, welche Personen daran teilnehmen, wird die Party bestimmte Merkmale haben: Sie kann ruhig verlaufen, ausgelassen, rauh, vertraut, kühl, usw. Wenn jemand geht, oder kommt, kann sich die Zusammensetzung und die Stimmung der ganzen Party dadurch deutlich ändern. Ob Herr Gesellig auf einer Party mit lauter Mauerblümchen erscheint, Frau Tranig geht oder Familie Schrill einfällt – die Stimmung wird sich auf eine ganz bestimmte Weise verändern. Mit ihren Wahrnehmungen und Denkprozessen verhält es sich ähnlich. Je nachdem, wie sich hier bestimmte Merkmale ändern (ähnlich Gästen, die kommen und gehen), ändern sich auch Ihre Gefühle (ähnlich der Atmosphäre auf der Party).

Auch die charakteristischen Eigenschaften eines Moleküls ändern sich, wenn sich die Anordnung seiner Atome verändert, einzelne Atome weggenommen oder hinzugefügt werden. Wenn Sie z.B. die Moleküle, die Kümmelkörnern ihren Geschmack geben, so verändern, daß sie zwar weiterhin die gleichen Atome, aber nun in seitenverkehrter Anordnung enthalten, so entsteht ein Molekül, das nach grüner Minze schmeckt. Chloroform ist leicht entzündlich, aber ein zusätzliches Chloratom erzeugt Tetrachlor-Kohlenwasserstoff, mit dem Feuer gelöscht werden kann. Fügt man dem in Wein enthaltenen Alkohol Sauerstoffmoleküle hinzu, erhält man Essig. So wie die Eigenschaften eines Moleküls durch die Anordnung und Art der in ihm enthaltenen Atome bestimmt werden, so werden unsere Gefühle jeweils durch die besondere Kombination unserer Wahrnehmungen und Denkprozesse bestimmt.

Gefühle haben ähnlich wie eine Party (die Gäste) oder ein Molekül (die Atome) auch ihre Bestandteile. Gefühle werden bei jedem von uns eine Reihe individueller Unterschiede aufweisen; aber jedes Gefühl hat auch einige Komponenten, die bei jeder Person, die dieses Gefühl erlebt, gleich sind. Diese ubiquitären Bestandteile eines Gefühls haben maßgeblichen Anteil an den typischen Merkmalen und der Wirkung eines Gefühls. Die kulturelle Übereinstimmung dieser Bestandteile ermöglicht es überhaupt erst, Gefühle zu verstehen und ihre Struktur dann so darzustellen, daß es uns möglich wird, unsere Gefühle frei zu wählen.

Wir möchten das anhand eines Beispiels verdeutlichen. Denken Sie an ein sehr unangenehmes Gefühl, das Sie irgendwann im vergangenen Jahr erlebt haben. Es genügt, wenn Sie daran denken, Sie brauchen es nicht von neuem zu erleben.

Hoffen Sie nun, daß Sie nie wieder dieses Gefühl haben werden. Erleben Sie diese Hoffnung so vollständig wie möglich, und achten Sie dann darauf, woran Sie eigentlich erkennen, daß sie „hoffen". Mit anderen Worten: Woher wissen Sie, daß das Gefühl, das Sie erleben, Hoffnung ist?

Schließen Sie diese Erfahrung dann ab und beginnen Sie zu *erwarten*, daß Sie nicht noch einmal dieses Gefühl haben werden. Erleben Sie diese Erwartung so vollständig wie nur möglich. Richten Sie Ihre Aufmerksamkeit dann darauf, was das Gefühl der „Erwartung" ausmacht, und woran Sie merken, daß Sie etwas erwarten.

Hier einige Beispiele für mögliche Erwartungen und Hoffnungen: Sie können erwarten, daß Ihr Kind oder Ihr Partner nach Hause kommen wird, Sie können erwarten, daß Sie eine Rente beziehen werden, wenn Sie Ihre Berufstätigkeit beenden. Sie können erwarten, daß Sie heute Nacht mit Ihrem Partner schlafen werden. Wiederholen Sie dann diese Aussichten, nur mit dem Unterschied, daß Sie nun hoffen, Ihr Kind oder Partner werde nach Hause kommen, oder es noch Rentenzahlungen geben wird, wenn Sie im Pensionsalter sind, oder Sie heute nacht dazu kommen werden, mit Ihrem Partner zu schlafen. Achten Sie darauf, wie sich Ihr Erleben verändert, wenn Sie von Erwartung zu Hoffnung wechseln. Versuchen Sie nun einmal folgendes: hoffen Sie, daß es keinen atomaren Krieg geben wird oder, daß Ihre Ehe Bestand haben wird; gehen Sie dann dazu über, zu erwarten, daß es keinen atomaren Krieg geben wird oder, daß Ihre Ehe Bestand haben wird. Wie verändert der Übergang von Hoffnung zu Erwartung Ihr Erleben?

Worin besteht für Sie der Unterschied zwischen Hoffen und Erwarten? Zwei wichtige Unterschiede werden immer wieder genannt. Eine häufige Antwort lautet: „Wenn ich etwas erwarte, dann ist es so gut wie sicher, aber wenn ich hoffe, ist es nicht sicher. Außerdem habe ich das Gefühl, stärker beteiligt und interessiert zu sein, wenn ich etwas erwarte."

Wie ist es möglich, daß etwas sicher erscheint und uns stärker miteinbezieht, wenn wir es erwarten, während es unsicher erscheint und wir passiv bleiben, wenn wir hoffen? Was unterscheidet Erwartung und Hoffnung qualitativ voneinander? Obwohl es viele mögliche Unterschiede zwischen diesen beiden Gefühlen gibt, sind die wichtigsten subjektiven Bestandteile von Hoffnung und Erwartung im folgenden aufgezählt. (Sie werden bald noch mehr über diese und andere Bestandteile erfahren.)

Erwartung	*Hoffnung*
Gefühl, sich aktiv auf das gewünschte Ereignis oder Objekt zuzubewegen.	Gefühl, passiv auf das gewünschte Ereignis zu warten.
Es wird nur eine Möglichkeit bzw. ein Ereignis repräsentiert.	Es wird sowohl das erhoffte wie auch das gegenteilige Ereignis repräsentiert.

Um die Gefühle „Erwartung" und „Hoffnung" zu erzeugen, sind die Funktionen in dieser Tabelle so wichtig wie die Zusammensetzung von Gästen für eine Party, oder die besondere Anordnung von Atomen für ein Molekül. Die Auswahl der Gäste bestimmt die Atmosphäre einer Party und die spezifische Anordnung der Atome bestimmt die Struktur des Moleküls. In genau der gleichen Weise bestimmen die oben aufgeführten Komponenten (neben anderen, die wir im nächsten Kapitel nennen werden) die *Struktur* der Gefühle „Erwartung" und „Hoffnung".

Die oben aufgeführten Merkmale sind die wichtigsten, um Erwartung und Hoffnung zu unterscheiden. Wenn wir etwas erhoffen, repräsentieren wir zwei mögliche Ereignisse, wir haben ein Bild vor Augen, in dem der erwünschte und der unerwünschte Verlauf gleichzeitig dargestellt sind. Wenn wir dagegen etwas erwarten, haben wir nur ein mögliches Ereignis vor Augen – unabhängig davon, ob es ein erwünschtes oder unerwünschtes Ereignis ist.

Wenn Ihnen dieser Unterschied nicht bei der Übung, die Sie gerade gemacht haben, deutlich geworden ist, können Sie ihn noch auf eine andere Weise nachvollziehen. Denken Sie an etwas, das Sie gerade erwarten, z.B. eine Gehaltserhöhung. Stellen Sie sich dann, sobald Sie dieses Bild vor Augen haben, vor, daß das, was immer Sie erwarten, nicht eintritt – also beides: Gehaltserhöhung und keine Gehaltserhöhung. Was passiert mit Ihrer Erwartung? Denken Sie als nächstes an etwas, das Sie gerade erhoffen und tilgen Sie dann von den Möglichkeiten, die

Sie erwogen haben, alle bis auf eine. Was passiert mit Ihrer Hoffnung? Hoffnung und Erwartung sind sowohl subjektiv als auch strukturell voneinander verschieden. Wie Sie sich gerade selbst überzeugen konnten, können Sie das Gefühl von Hoffnung oder Erwartung *erzeugen*, wenn Sie deren charakteristische Strukturen für Ihr eigenes Erleben wählen. Auch die Verhaltensweisen, die sich aus diesen Gefühlen ergeben, sind verschieden. Die subjektive Reaktion auf Erwartung besteht darin, ein zukünftiges Ereignis als sicher anzunehmen. Diese Emotion lenkt Ihre Aufmerksamkeit darauf, sich auf diese Zukunft vorzubereiten. Die Ungewißheit der Hoffnung dagegen läßt Sie oft im Zweifel darüber, was Sie hinsichtlich der Zukunft tun sollen. Es gibt zum Beispiel viele, die hoffen, daß der Frieden erhalten bleibt, aber konkret wenig dafür tun. Da Sie nur hoffen, es werde Frieden geben, stellen sie sich gleichzeitig die Möglichkeit des Friedens und die Möglichkeit des Krieges vor. Wenn beide Zukunftsperspektiven gleich wahrscheinlich sind, ist es nicht klar, ob man für den Frieden arbeiten oder sich auf den Krieg vorbereiten soll.

Vielleicht kennen Sie auch jemanden, der zwar ständig auf eine Gehaltserhöhung hofft, aber, ähnlich wie in unserem vorherigen Beispiel, nichts dafür tut, seinen Chef dazu zu veranlassen. Jemand, der eine Gehaltserhöhung erwartet, ist demgegenüber zuversichtlich, daß er sie erhalten wird und verfolgt aktiv dieses Ziel, überlegt vielleicht schon, wofür er das Geld ausgeben wird. Weil nur diese eine Möglichkeit repräsentiert wird – ob es nun die Gehaltserhöhung, dicke Profite aus einer Investition oder der Gewinn eines Preises ist – geben manche den vermeintlichen Gewinn bereits im voraus aus, häufig mit tragischen Folgen. Hoffnung und Erwartung sind strukturell verschieden, und dieser Unterschied führt häufig zu sehr verschiedenen Verhaltensweisen. Was glauben Sie, wieviele Menschen ein Zimmer in ihrer Wohnung ausräumen und es neu streichen würden, ein Bett kauften, in dem sie selbst nie werden schlafen können und Vorräte an Windeln und Baby-Puder anlegten, wenn sie die Geburt eines Kindes nicht erwarten, sondern nur erhoffen würden?

Ein weiteres Beispiel für die Struktur, die Emotionen zugrundeliegt, ist der Unterschied zwischen Frustration und Enttäuschung. Um diesen strukturellen Unterschied selbst zu erleben, brauchen Sie sich nur an eine kürzlich erlebte Enttäuschung zu erinnern (die Gehaltserhöhung blieb aus, das Verhalten Ihres Kindes besserte sich nicht, ein Rendezvous verunglückte vollständig) und diese Enttäuschung jetzt von neuem *spüren*. Während Sie Ihre Enttäuschung noch einmal erleben, stellen Sie sich vor, daß Sie wiederum das gleiche wollen, wie damals. Wie verändert der Wunsch Ihre Emotion?

Frustration und Enttäuschung sind beides Gefühle, die auftreten können, wenn Sie etwas, das Sie wollen, nicht bekommen. Welches dieser beiden Gefühle Sie erleben, hängt weitgehend davon ab, ob Sie es immer noch für möglich halten, das Gewünschte zu bekommen oder nicht. Wenn Sie „es" immer noch wollen und weiter daran glauben, daß das irgendwie möglich ist, werden Sie sich frustriert fühlen, und wahrscheinlich etwas in dieser Richtung unternehmen. Wenn Sie dagegen nicht mehr an die Möglichkeit glauben, es doch noch zu bekommen, werden Sie sich enttäuscht fühlen – die Gelegenheit, daß Ihr Wunsch in Erfüllung geht, gibt es in Ihrer Zukunft nicht mehr. Bei Enttäuschung ist etwas „vorbei" und Sie werden dazu neigen, sich von dem, was Sie einmal wollten, zu lösen. Bei Frustration hingegen gehen Sie weiter davon aus, daß Sie es bekommen können. Und Sie werden sich deshalb auch künftig darum bemühen.

4.1 Die Struktur verstehen

Wir haben in diesem Kapitel dargelegt, daß die Merkmale jeder Emotion das Ergebnis aus einer bestimmten Kombination von Wahrnehmungskomponenten sind, die die spezifische Struktur dieser Emotionen bestimmen.

Wenn man die Struktur von Gefühlen kennt und sinnvoll darauf reagieren kann, ist es möglich, seine Gefühle frei zu wählen.

Wir sind zuversichtlich, daß Sie bald mit dieser faszinierenden Erfahrung vertraut sein werden. Trotzdem möchten wir sichergehen, daß Sie erkennen, wie wichtig das Verständnis der Struktur von Gefühlen ist, um sich frei entscheiden zu können anstatt aus Gewohnheit zu reagieren. Folgende drei Punkte sind dabei für Ihr Verständnis wesentlich.

4.1.1 Die Kenntnis der Struktur von Gefühlen verhilft zu angemessener Reaktion

Es genügt nicht, einfach nur Zugang zu einer Vielzahl von Gefühlen zu haben. Ein Gefühl kann, wie wir gezeigt haben, sowohl angemessen als auch unangemessen sein, je nachdem in welcher Situation Sie es erleben. Unangemessene Emotionen können zu persönlicher Erstarrung und unerwünschtem Verhalten mit langfristig unglücklichen Folgen führen. Wenn Sie jedoch die Struktur von Emotionen kennen, können Sie selbst bestimmen, in welcher Situation eine bestimmte Emotion angemessen ist.

Mit dem, was Sie nun über die strukturellen Unterschiede zwischen Hoffnung und Erwartung wissen, können Sie diese Gefühle bewußter wählen. Sie können den Sommer bereits erwarten, während Sie noch im Winter frösteln, sich auf Ihren Ruhestand freuen, während Sie sich durch die Aktenberge auf Ihrem Schreibtisch quälen, oder auf die Pause, die Sie sich morgen nach einem langen Arbeitstag gönnen werden. Andererseits wird Ihnen bei Dingen, die außerhalb Ihrer Kontrolle liegen, und die Sie nicht aktiv herbeiführen können, das Gefühl von Hoffnung lieber sein. Sie können hoffen, daß eine seltene Salamander-Art gerettet wird, die Stammestänze eines Stammes auf Neu-Guinea erhalten bleiben, und Ihr Kind die Schule besuchen kann, in die es möchte.

Jeder kennt Situationen, in denen er, trotz bester Absichten, regelmäßig Emotionen erlebt, die zu absolut unerwünschten Reaktionen und Verhaltensweisen führen. Wenn Sie verstehen, wie die Struktur von Emotionen Ihr Erleben und Verhalten bestimmt, können Sie zielbewußt die Erfüllung Ihrer Wünsche und Bedürfnisse ansteuern.

4.1.2 Die Kenntnis der Struktur ermöglicht die Veränderung Ihrer Gefühle

In einem Gefühl „gefangen" zu sein ist eine allgemein bekannte Erfahrung. Sie haben ein bestimmtes Gefühl und obwohl Sie es ändern möchten – und obwohl Sie wissen, wie Sie sich lieber fühlen möchten – können Sie sich nicht davon befreien. Ein häufiges Beispiel hierfür ist Eifersucht. Sie können zwar verstandesmäßig wissen, daß Sie keinen Grund haben, eifersüchtig zu sein und Sie durch Ihr eifersüchtiges Verhalten nur Ihre Beziehung gefährden – und trotzdem erleben Sie sich Ihrer Eifersucht ausgeliefert. Doch es ist nicht nötig, daß Sie in Ihren Gefühlen gefangen bleiben. Wenn Sie die Struktur des Gefühls, das Sie erleben, kennen, und – was noch wichtiger ist – die Struktur des Gefühls, das Sie erleben wollen, *können Sie sich dafür entscheiden, diejenigen Wahrnehmungen hervorzurufen, die zu dieser Emotion führen.* Nach den Übungen in diesem Kapitel werden Sie dies bereits einige Male getan haben.

Wenn Sie die Struktur von Emotionen kennen, werden Sie in der Lage sein, von einer Emotion zu einer anderen zu wechseln, und auf diese Weise Ihr Erleben und Ihr Verhalten ändern können.

4.1.3 Die Kenntnis der Struktur macht Ihnen alle emotionalen Zustände zugänglich

Am Beispiel von Enttäuschung und Frustration haben wir gezeigt, daß unangenehme und unerwünschte Gefühle wichtig und nützlich sein können. Jemand, der nur Enttäuschung erleben kann, nicht aber auch Frustration, wird immer wieder aufgeben und sich bei der ersten Schwierigkeit von seinen Zielen abwenden. Andererseits wird jemand, der nur Frustration, nicht aber Enttäuschung erleben kann, immer wieder Ziele verfolgen, die sich dann als unerreichbar, oder zumindest als nicht der Mühe wert erweisen werden.

Alle Emotionen sind in bestimmten Situationen wertvoll. Wenn Sie durch eine Emotion eingeschränkt werden, sind Sie entweder in einem für die Situation unangemessenen Zustand (wenn Sie z.B. enttäuscht sind, weil Sie, nachdem Sie eine Woche geübt haben, immer noch nicht Geige spielen können), oder Sie haben keine Möglichkeit, von der Emotion, die Sie gerade erleben, zu anderen überzugehen, die angemessener sind (Sie z.B. nicht von Enttäuschung zu Frustration und dann zu Entschlossenheit übergehen können, wenn Sie entdecken, daß Sie noch immer nicht Geige spielen können).

Die Kenntnis der Komponenten emotionaler Zustände wird es Ihnen ermöglichen, zu verstehen, warum Sie sich so verhalten, wie Sie es tun. Darüber hinaus können Sie lernen, emotionale Zustände, die Ihnen noch nicht zugänglich sind, nach Belieben selbst zu erzeugen, wenn Sie die charakteristischen Bestandteile dieser Zustände kennen.

Emotionen haben eine Struktur.

Die Kenntnis der Struktur führt zu angemessenen Reaktionen.

Die Kenntnis der Struktur erlaubt es, die Emotionen zu wechseln.

Die Kenntnis der Struktur macht alle Emotionen zugänglich.

Im nächsten Kapitel werden Sie genug über die Struktur erfahren, um emotionale Sackgassen vermeiden und Ihr Leben in emotionaler Freiheit führen zu können. Sobald Sie sich mit den acht Komponenten, die die Bausteine der Emotionen darstellen, vertraut gemacht haben, werden Sie eine Grundlage haben, um das beste Gefühl für jede Situation zu bestimmen. Sie werden auch wissen, wie diese Bausteine anzuordnen sind, um die Gefühle zu schaffen, die Sie wünschen. In der Welt emotionaler Wahlfreiheit bedeutet Wissen, wie in jeder anderen Welt, auch Macht. Das Wissen um Struktur ist die größte Macht, die es für uns gibt.

5 Die Teile des Puzzles

Das Wetter ist ein Teil unseres täglichen Lebens und beeinflußt uns in verschiedener Weise. Auch wenn es für einige lediglich entweder gut oder schlecht ist, treffen die meisten von uns doch mehr Unterscheidungen in bezug auf das tägliche Klima, z. B. stürmisch, mild, bedrohlich, schwül, glühend heiß, freundlich, usw. Jeder dieser klimatischen Zustände wird durch eine Kombination verschiedener Faktoren wie Luftfeuchtigkeit, Wind, Temperatur, Beschaffenheit der Wolkendecke, Luftdruck und geographische Bedingungen bestimmt. Das Wetter an jedem beliebigen Tag hängt von dem Zusammenspiel dieser Faktoren ab. Ähnlich wird beim Kochen die fertige Speise durch das Zusammenwirken der Zutaten, der Garzeit, der Temperatur usw. bestimmt.

Wie das Klima und wie unser Essen sind unsere Gefühle das Ergebnis des Zusammenspiels einer Reihe von Faktoren oder Zutaten. So wie ein Gewitter eine bestimmte Luftfeuchtigkeit, Wind, Temperatur und Wolkenformation voraussetzt, und so wie die Kruste an einem Kuchen dadurch entsteht, daß bestimmte Zutaten in einer bestimmten Zusammensetzung bei einer bestimmten Temperatur gebacken werden, so sind auch Emotionen wie Angst oder Freude durch eine Reihe von Denkmustern bestimmt, die wir Komponenten nennen. Jede Emotion wird durch eine Kombination verschiedener Komponenten gebildet. Einige dieser Komponenten sind durch Beispiele in den vorherigen Kapiteln bereits vorgestellt worden. In diesem Kapitel werden Sie die Komponenten ausführlich und eingehend kennenlernen. Als bewußte Unterscheidungen werden sie Ihnen im Augenblick noch unbekannt sein, auch wenn Sie sie aus eigener Erfahrung bereits kennen. Wie läßt sich nun mehr darüber wissen?

Die den Emotionen zugrundeliegenden Komponenten erkennen zu lernen ist ungefähr das gleiche, wie die verschiedenen Nuancen unterscheiden zu lernen, die zusammen den Geschmack eines Weines ausmachen. Man hat ein einfallsreiches und wirkungsvolles „Gerät" entwickelt, mit dem es jedem möglich ist, diese geschmacklichen Unterscheidungen zu erlernen. Dieses „Gerät" besteht aus vier Phiolen (Gefäßen), die jede den unverfälschten Geruch eines der vier wesentlichen Bestandteile enthalten, die zusammen den Geschmack eines Weines ausmachen. (Diese vier Bestandteile sind Essenzen von Fruchtzucker, Tannine, Säuren und Alkohol.) Das Ziel dabei ist, mit dem Geruch und Geschmack jeder einzelnen dieser isolierten Komponenten gut genug vertraut zu werden, daß man die verschiedenen Duft- und Geschmacksnuancen leicht identifizieren kann, die in ihrer Kombination einen bestimmten Wein charakterisieren.

Es ist, um ein anderes Beispiel zu nennen, sehr schwer, den Klang eines einzelnen Instruments aus einem Orchester herauszuhören, wenn man vorher nicht Gelegenheit hatte, alle Instrumente des Orchesters einzeln zu hören. Sie mögen den Unterschied im Klang von Holz- und Blechblasinstrumenten kennen, doch solange Sie nicht den Klang einer Oboe, eines Englischhorns oder eines Fagotts allein gehört haben, werden Sie vermutlich den Anteil jedes dieser Holzblasinstrumente an dem Klang des Orchesters nicht ausmachen können. Sobald Sie jedoch damit vertraut sind, können Sie besser heraushören und würdigen, wie jedes dieser Instrumente zu der Tonfülle beiträgt.

Diese beiden Beispiele veranschaulichen eine der Grundlagen des Lernens – die Einsicht, daß das Ganze sich aus der Kenntnis und Würdigung der einzelnen Bestandteile ergibt. Um die nächsten Kapitel mit Gewinn nutzen zu können, müssen Sie mit den Unterscheidungen, die wir verwenden, vertraut sein. Wir werden daher unsere Untersuchung über Klima, Geschmack und Musik der Gefühle mit den Bestandteilen beginnen, aus denen sie zusammengesetzt sind.

Die Bestandteile der Gefühle

Zeitrahmen	Vergleich
Modalität	Tempo
Beteiligung	Kriterien
Intensität	Chunkgröße

82

5.1.1 Zeitrahmen

Stephen, einer unserer Mitarbeiter, versuchte bereits seit einer Viertelstunde, ein Gespräch mit seiner Frau zu beenden, das eigentlich nur wenige Minuten gebraucht hätte. Das Problem dabei war sein Sohn Jay, der seine Eltern alle dreißig Sekunden mit Fragen, Forderungen und Klagen unterbrach. Zunächst antwortete Stephen seinem Sohn so knapp wie möglich, um im Gespräch fortfahren zu können, doch mit jeder Unterbrechung wurde er ungeduldiger. Wie zu erwarten, brachte schließlich eine neuerliche Frage von Jay das Faß zum Überlaufen und Stephen stand kurz davor, seine Fassung zu verlieren. Als er zornig seinen Sohn anblickte und gerade eine Schimpftirade loslassen wollte, stand ihm unvermittelt die Zukunft vor Augen. Stephen sah seinen Sohn als unbeherrschten Erwachsenen, demzufolge isoliert und unglücklich. In dem Moment wurde das Gespräch für ihn zur Nebensache. Die Wut verschwand aus Stephens Blick. Er kniete sich neben seinen Sohn und erklärte ihm, welche Folgen es hat, unbeherrscht zu sein und was er tun könnte, um das zu vermeiden.

Wie war es möglich, daß Jay in dieser Situation etwas lernen konnte, anstatt von seinem Vater ausgeschimpft zu werden? Stephens Ärger darüber, daß er durch das Verhalten seines Sohnes so massiv gestört wurde, steigerte sich allmählich in Wut. Zu dem Wechsel in Stephens Reaktion kam es, als er von seinem gegenwärtigen Interesse (der Unterhaltung) zu einem zukünftigen Anliegen (Jays Wohlergehen) wechselte. Nach diesem Wechsel des Zeitrahmens sah er Jays gegenwärtiges Verhalten aus dem Blickwinkel einer nicht erstrebenswerten Zukunft und dementsprechend wechselten seine Gefühle von Wut zu Besorgnis und Geduld. Wenn wir von Zeitrahmen sprechen, meinen wir *Vergangenheit*, *Gegenwart* und *Zukunft*. Fast alle Gefühle haben einen Bezug auf die Vergangenheit, Gegenwart oder Zukunft. Strenggenommen ist der Bezug auf einen bestimmten Zeitrahmen eine notwendige Voraussetzung für viele Gefühle.

Denken Sie beispielsweise an etwas, das Sie beunruhigt oder beängstigt. Wenn Sie einmal darauf achten, was in Ihrer Vorstellung passiert, werden Sie feststellen, daß Ihre Gefühle sich auf ein Ereignis in der unmittelbaren oder ferneren Zukunft beziehen. Das heißt, ein Gefühl der Beunruhigung oder Angst beinhaltet die Vorstellung einer unerwünschten *zukünftigen* Möglichkeit. Ganz gleich, wie lange Sie auch suchen, es wird Ihnen nicht gelingen, ein Beispiel dafür zu finden, daß Sie sich über etwas Vergangenes beunruhigt haben. Um jetzt beunruhigt zu sein, müssen Sie sich auf einen zukünftigen Zeitrahmen beziehen.

Wenn Sie in Ihrer Vorstellung einen anderen Zeitrahmen wählen, können Sie vergleichen, welche Gefühle so entstehen und sich davon überzeugen, daß es notwendig ist, sich unerwünschte Ereignisse in der Zukunft vorzustellen, um ein Gefühl der Beunruhigung oder Angst zu erleben. Wir haben Sie gerade gebeten, an etwas zu denken, das Sie beunruhigt oder ängstigt. Sobald Sie diese Gefühle bei sich hervorgerufen haben, können Sie Ihre Beunruhigung oder Angst in eine andere Emotion überführen, indem Sie Ihre Aufmerksamkeit einfach auf die Gegenwart richten und darauf achten, wo Sie sich im Augenblick befinden und was um Sie herum vorgeht. Selbst wenn Sie sich gerade beunruhigt oder verängstigt fühlen, geht es Ihnen *im Augenblick selbst* meistens ganz gut. Unserer Erfahrung nach muß man sich in der Gegenwart recht gut fühlen, da das Bewußtsein es sonst nicht zuließe, sich der Zukunft zuzuwenden und sich dabei zu ängstigen. Wenn Sie im Augenblick gerade nicht wohlauf und sicher sind, hat Ihr Bewußtsein in der Gegenwart viel Dringenderes zu tun, als unangenehme zukünftige Möglichkeiten zu erwägen.

Nehmen wir ein anderes Beispiel: Bedauern ist eine Emotion, bei der Sie sich auf die Vergangenheit beziehen – d.h. Sie überlegen, wie etwas *hätte sein können,* oder was Sie *hätten tun können,* aber nicht getan haben. Indem Sie Ihre Aufmerksamkeit in die Zukunft richten und bedenken, was *sein könnte* oder was Sie *tun könnten,* wechseln Sie von Bedauern möglicherweise zu Hoffnung. (Probieren Sie das an dieser Stelle mit einem eigenen Beispiel aus.)

Entsprechend müssen Sie, um sich gelangweilt oder unruhig zu fühlen, Ihre Aufmerksamkeit auf die Gegenwart richten – und zwar auf das, was gerade *nicht* geschieht. Sie können von diesem Gefühl der Langeweile oder Unruhe zu Vorfreude übergehen, indem Sie Ihre Aufmerksamkeit auf etwas in der nicht allzu fernen Zukunft richten, auf das Sie sich freuen. Der Zeitrahmen, auf den sich ein Gefühl bezieht, ist unter Umständen entscheidend für die Qualität und die Wirkung dieses Gefühls. Wenn Sie also ein Gefühl erleben, für das der Zeitrahmen ein wichtiger Bestandteil ist, können Sie dieses Gefühl verändern, indem Sie einfach Ihre Aufmerksamkeit auf einen anderen Zeitrahmen richten.

5.1.2 Modalität

Ron, ein Teilnehmer an einer unserer Trainingsgruppen, erklärte resigniert, es sei nicht möglich, „den Hunger aus der Welt zu schaffen". Er hielt es zwar für möglich, daß die New York Mets die Weltmeisterschaft gewinnen, eine Frau zur Präsidentin gewählt wird, oder sich die Wettervorhersage einmal als zutreffend erweist, schüttelte aber nur betrübt seinen Kopf über die Unmöglichkeit, den Hunger der Welt zu beseitigen. Wir baten ihn, sich vorzustellen, daß die Vereinten Nationen beschlossen hätten, einzelne Bürger mit der Lösung verschiedener Probleme zu beauftragen und er ausgesucht worden sei, das Problem des Welthungers anzugehen. Ron zögerte zunächst, diese Aufgabe zu übernehmen, aber nachdem er sich auf die Vorstellung eingelassen hatte, daß er der Einzige ist, dem diese Verantwortung übertragen werden kann, willigte er ein. Seine spontane Reaktion bestand darin, mögliche Lösungsansätze zu entwerfen, wobei er wiederholt so hoffnungsvolle Einleitungen gebrauchte wie „Nun, wir könnten...", „Wenn vielleicht..." und „Unter Umständen könnte jemand...".

So wie in diesem Beispiel von Rons Einstellung zum Welternährungsproblem, kann unsere Überzeugung darüber, wie notwendig, unmöglich oder wichtig etwas ist, sehr stark unsere Emotionen beeinflußen – und umgekehrt. Wenn wir glauben, daß etwas reibungslos verlaufen *muß*, so wird das einen deutlich anderen Einfluß auf unser Verhalten haben, als wenn wir meinen, daß es reibungslos verlaufen *kann*. Wenn wir überzeugt sind, daß etwas mit Sicherheit nicht reibungslos verlaufen wird, oder es wünschenswert finden, daß etwas reibungslos verläuft, so hat das wiederum einen anderen Einfluß auf uns, als die beiden zuerst beschriebenen Haltungen. Wenn Ihre subjektive Erfahrung Ihnen etwas als notwendig, möglich, unmöglich oder wünschenswert erscheinen läßt, befinden Sie sich in einem Bezugsrahmen, den wir *Modalität* nennen. Einige Gefühle werden besonders stark durch Modalitäten beeinflußt. Verantwortungsgefühl z.B. ist eine Emotion, deren typische Merkmale und Wirkungen stark von der Modalität abhängen. Vielleicht waren Sie einmal in einer Situation, in der etwas erledigt werden mußte, und trotz eher bescheidener Fähigkeiten für die betreffende Aufgabe waren Sie noch die geeignetste Person, die zur Verfügung stand. Folglich fiel Ihnen die Aufgabe zu. Sie nahmen die Herausforderung an und wuchsen über Ihr bis dahin bekanntes Leistungsniveau hinaus. Ihr Erfolg war in diesem Fall ein Ergebnis Ihres Verantwortungsgefühls.

Die Überzeugung, daß „etwas getan werden muß", drückt die Modalität der Notwendigkeit aus. Die Feststellung „Ich habe das zu tun" gründet ebenfalls auf der Modalität der Notwendigkeit und beinhaltet darüber hinaus, daß *Sie* es tun müssen. Sobald Sie die Tatsache akzeptiert haben, daß eine Aufgabe erledigt werden muß, und daß Sie dafür verantwortlich sind, hören Sie auf, sich zu fragen, ob Sie es tun *können* oder nicht, und Sie beginnen zu überlegen, *wie* Sie es tun können. Wenn Sie sich verantwortlich fühlen, ist ein „Ich muß" vorausgesetzt, und Ihre Überlegungen konzentrieren sich darauf, dieser Vorgabe nachzukommen.

Eine dritte Komponente des Verantwortungsgefühls ist die Frage, ob Sie glauben, daß Sie tun können, was getan werden muß (die Modalität der Möglichkeit). Die Antwort auf diese Frage bestimmt weitgehend, wie Sie mit Ihrer Verantwortung umgehen. Wenn Sie glauben, daß Sie es von vornherein nicht können oder es Ihnen nicht möglich sein wird, das Nötige zu tun, so werden Sie wahrscheinlich Gefühle der Unzulänglichkeit oder Verzweiflung entwickeln und versuchen, dieser Verpflichtung zu entkommen. Wenn Sie statt dessen glauben, daß Sie die Anforderungen erfüllen können, werden Sie sich vermutlich zuversichtlich und voller Energie fühlen und damit beginnen, Ihrer Verantwortung gerecht zu werden.

„Es muß geschehen."	Es hat Folgen, wenn es nicht geschieht.
„Ich bin derjenige, der es tun muß."	Ich bin die qualifizierteste/ geeignetste Person, um es zu tun.
„Ich kann es tun."	Ich bin fähig, es jetzt oder bei Gelegenheit zu tun.

Sie können die Notwendigkeit jeder dieser Komponenten für sich selbst überprüfen, indem Sie etwas finden, für das Sie sich z. Zt. verantwortlich fühlen und dann nacheinander die einzelnen Komponenten eliminieren. Stellen Sie sich beispielsweise vor, daß Sie sich dafür verantwortlich fühlen, die Schulen in Ihrer Gemeinde zu verbessern. Denken Sie nun (nur für einen Augenblick), daß die Schulen, so wie sie sind, bestehen bleiben können und keine denkbare Veränderung den Unterricht fördern würde (das löscht die Komponente „Es muß geschehen"). Oder Sie könnten der Meinung sein, daß die Verbesserung der Schulen Aufgabe der Lehrer und der zuständigen Behörde ist (das beseitigt die Komponente „Ich bin derjenige, der es tun muß."). Sie könnten auch die Überzeugung haben, daß Sie doch nichts an den Schulen ändern können (das eliminiert „Ich kann es tun.") In jedem Fall verschwindet, sobald Sie eine der drei Komponenten für sich verneinen, das Gefühl der Verantwortlichkeit und wird durch ein anderes Gefühl ersetzt.

Die Überzeugung, daß etwas getan werden muß, Sie dabei derjenige sind, der es tun muß und es auch tun kann, führt somit zu einem Gefühl der Verantwortlichkeit. Sobald Sie sich für etwas verantwortlich fühlen, richtet sich Ihr ganzes Denken darauf, einen Weg zu finden, wie Sie dieser Verantwortung nachkommen können – d.h. wie Sie das tun können, was Sie zu tun haben. Die Modalität wechselt von Unmöglichkeit zu Möglichkeit. Genau das hat Ron getan, um von seiner Verzweiflung darüber, daß es unmöglich ist, den Welthunger zu beseitigen, zu einer Suche nach konkreten Lösungsmöglichkeiten zu gelangen. Die Sprache ist oft ein Fenster zu unseren Gedanken, Wahrnehmungen und Gefühlen. Worte, die die Modalität beschreiben, stellen ein solches Fenster dar. Sie geben unsere Überzeugung darüber wieder, ob wir ein Ereignis für notwendig, möglich oder wünschenswert halten. Wenn wir beispielsweise sagen, daß wir etwas tun „müssen" oder „zu tun haben", drücken wir den modalen Glauben der *Notwendigkeit* aus. Worte wie „könnte" und „kann" geben die modale Überzeugung der *Möglichkeit* wieder, während ein „kann nicht" den modalen Glauben der *Unmöglichkeit* ausspricht. Die Überzeugung, daß etwas wünschenswert oder nicht wünschenswert ist, wird durch Indikatorworte wie „will", „werde", „sollte" und „werde nicht" mitgeteilt. Viele der Gefühle, die wir erleben, sind zumindest teilweise eine Funktion der Modalität, die wir gerade gebrauchen. Die unten aufgeführte Liste enthält weitere Beispiele.

Indikatorworte	Gefühle
„brauche"	Verzweiflung, Bedürftigkeit
„muß"	Bedrängnis, Überforderung, Besessenheit
„sollte"	Verpflichtung
„hätte ... sollen/ „hätte nicht ... sollen"	Schuld, Bedauern
„könnte"	Hoffnung, Optimismus, Argwohn, Vorsicht

„kann"	fähig, der Aufgabe gewachsen, zuversichtlich, kompetent
„könnte vielleicht"	verletzlich, besorgt, neugierig
„hätte ... müssen/ „hätte ... können"	Enttäuschung
„kann nicht"	hilflos, unzulänglich
„es ist nicht möglich"	verzweifelt, resigniert, hoffnungslos
„will"	motiviert, angezogen, voll Verlangen, begierig
„werde"	beharrlich, entschlossen, geduldig (wenn dabei ein langfristiges Ziel angestrebt wird), ehrgeizig (für viele)
„werde nicht"	starrsinnig

Jedes der hier aufgeführten Indikatorworte drückt einen Glauben über die Notwendigkeit, Möglichkeit oder Erwünschtheit eines Ereignisses aus, und diese modalen Glaubenssätze tragen in starkem Maße dazu bei, die genannten Gefühle hervorzurufen.

Wie die anderen in diesem Kapitel erläuterten Gefühlsbausteine können auch Modalitäten gebraucht werden, um erwünschte oder notwendige Emotionen herbeizuführen. Nehmen wir wieder „Verantwortlichkeit" als Beispiel, so können Sie sich selbst oder jemand anderen dazu bringen, sich fähig und verantwortlich zu fühlen, indem Sie die notwendigen Modalitätskomponenten dieses Gefühls einbauen – d.h. indem Sie sich oder den anderen davon überzeugen, daß

– „es" getan werden muß (um negative Konsequenzen zu vermeiden oder positive Konsequenzen zu erreichen);
– er derjenige ist, der „es" tun muß (er ist der Beste, Einzige oder der Richtige dafür) und
– er „es" tun kann (was getan werden muß, liegt im Rahmen seiner Möglichkeiten).

Bedenken Sie, wenn Sie sich selbst oder jemand anderen dazu bringen wollen, sich verantwortlich zu fühlen, daß es wichtig ist, die Gründe zu wissen, warum „es" getan werden muß und diese Gründe als akzeptabel und wichtig erlebt werden müssen. Es genügt nicht, jemanden dahin zu führen, verantwortlich zu *sein*; der Betreffende muß sich verantwortlich *fühlen*, wenn er mit ganzem Herzen die Aufgabe erfüllen soll. Die wenigsten Teenager fühlen sich beispielsweise verantwortlich dafür, auf ihre kleineren Geschwister aufzupassen. Um sich dafür verantwortlich fühlen zu können, müssen sie es zuerst als wichtig wahrnehmen – z.B., weil es ihren Eltern erlaubt, das Geld zu verdienen, das die Familie braucht. Der Teenager muß dann das Babysitten als seine Aufgabe akzeptieren, sei es als Privileg, als Job oder einfach, weil niemand sonst da ist, der es tun könnte. Schließlich muß er das Gefühl haben, daß er tun kann, was zu tun ist – d.h. daß er genug weiß, um kompetent mit seinem kleinen Bruder oder seiner kleinen Schwester umzugehen.

Menschen, deren Verantwortungsgefühl auf diesen drei Merkmalen beruht, sind in der Regel recht bestimmt und zuverlässig. Jemandem einfach eine Aufgabe zu übertragen oder ihm nur zu sagen, „Das und das wird von Ihnen erwartet", kann leicht die Modalität „Ich will nicht" oder „Ich muß nicht" hervorrufen. Sie haben dann in ihm eher ein Gefühl des Widerstands als der Verantwortlichkeit erzeugt. Wenn der Betreffende dann die Aufgabe übernimmt, kann er immer noch glauben, daß er es nicht kann. Das beläßt ihm zwar die Verantwortung, vermittelt ihm aber gleichzeitig ein Gefühl der Unzulänglichkeit. Die Einbeziehung des dritten Schritts, des „Ich kann", gewährleistet, daß das Gefühl der Verantwortlichkeit auch ein Gefühl der Fähigkeit miteinschließt und so zu einer positiven Kraft wird.

5.1.3 Beteiligung

Ned, ein Cousin von Leslie, hatte seit einem Jahr den High School Abschluß. Er hatte nicht vor, ein College zu besuchen. Genaugenommen hatte er gar nichts Bestimmtes vor. Er verbrachte die Zeit damit, zuhause herumzuhängen und bei jeder Gelegenheit Sätze zu äußern wie „Wenn ich nur einen Job hätte", „Ich wünschte, ich hätte einen Wagen" oder „Ich hoffe, die Typen rufen an". Während unseres alljährlichen Besuchs hörten wir uns einen ganzen Tag lang dieses Gerede an, bis es uns zuviel wurde. Wir schauten Ned tief in die Augen und fragten ihn: „Nun, was in aller Welt wirst du dafür *tun?*" Ned blickte uns verständnislos an. „Tun?" fragte er. Den Rest des Abends verbrachten wir damit, ihm verschiedene Wege aufzuzeigen, um an einen Job zu kommen. Gegen Ende des Abends begriff Ned, welche Rolle er selbst bei der Verwirklichung einiger seiner Wünsche innehatte, und das Gefühl der Vorfreude, das er an diesem Abend erlebte, hielt auch am nächsten Tag noch an, als er sich auf die Suche nach einem Job machte.

So wie Sie das Gefühl haben können, daß etwas möglich, notwendig oder wünschenswert ist, so können Sie sich auch *aktiv* oder *passiv* an etwas beteiligt fühlen. Ned hatte das Gefühl, weder aktiv, noch direkt an der Verwirklichung seiner Wünsche beteiligt zu sein. „Irgendwo da draußen" waren Kräfte am Werk, die ihm seine Wünsche erfüllen würden oder auch nicht. Daher schien es für ihn in dieser Hinsicht weiter nichts zu tun zu geben. (In dem Moment, in dem Ned eine Veränderung seiner Lebensumstände beschloß, schuf er ein *Ziel*. Jede Veränderung eines Gefühls, eines Verhaltens oder der Umstände, die Sie für sich wünschen, ist ein Ziel.)

Jeder von uns kennt Situationen, in denen er aktiv an einem Zustand teilhat und andere Situationen, in denen er sich nur passiv beteiligt erlebt. Auch wenn Neds Gefühle der Passivität mit Sicherheit zu passivem Verhalten führten, so ist hier nicht von *aktivem* oder *passivem* Verhalten die Rede, sondern davon, ob Sie das *Gefühl* haben, instrumentell an der Herbeiführung eines Zustands beteiligt zu sein: „aktiv" – oder sich den Ereignissen machtlos ausgeliefert sehen: „passiv".

Finden Sie ein persönliches Ziel, das Sie erreichen möchten, sei es nun Teilhaber in Ihrer Firma zu werden, den Gemüsegarten zu vergrößern, oder einen angenehmen Abend mit Ihrem Partner zu verbringen. Erleben Sie dann Ihren Wunsch, dieses

Ziel zu verwirklichen. Sie werden dabei feststellen, daß Sie ein Gefühl der aktiven Beteiligung am Erreichen Ihres Zieles haben, das Gefühl, etwas dafür tun zu können. Wenn Sie dieses Gefühl der Aktivität auslöschen, wird auch ihr Gefühl der Zielstrebigkeit verschwinden. Halten Sie Ihr Ziel aufrecht, verbindet sich mit dem Gefühl, selbst nichts tun zu können, ein Gefühl der Hoffnung. Das Ziel wird als etwas empfunden, auf das man warten muß, das auf einen zukommen wird, und nicht als etwas, das man selbst verfolgen muß. Wenn Sie umgekehrt ein Gefühl der aktiven Beteiligung entwickeln, bei einem Ziel, in bezug auf das Sie bis dahin nur Hoffnung gefühlt haben, so werden Sie Ehrgeiz erzeugen. Probieren Sie jede dieser Veränderungen mit einer Ihrer persönlichen Hoffnungen oder einem Ziel aus. Neben aktiver Beteiligung werden Sie als zwei weitere Bestandteile von Ehrgeiz einen zukünftigen Zeitrahmen (das Denken an ein Ziel in der nahen oder weiteren Zukunft) und die Modalität „Ich kann und ich will" bemerken. Beides, der zukünftige Zeitrahmen und diese Modalität tragen zu dem Gefühl der aktiven Beteiligung bei.

Wenn man sich in bezug auf ein Ziel passiv fühlt, fördert das eine Haltung des Abwartens. Man glaubt, sich – wie widerstrebend auch immer – mit dem abfinden zu müssen, was die Umstände einem bieten. Gefühle, die zumindest zu einem Teil ihre typischen Merkmale dieser Erfahrung der Passivität verdanken, sind Hoffnung, Apathie, Gleichgültigkeit, Zufriedenheit, Ruhe, Einsamkeit. So stark Ihre Hoffnung auf etwas auch sein mag: So lange es bei der Hoffnung bleibt, besteht das Gefühl, abwarten zu müssen, bis man das, was man will, bekommet. Bei Zufriedenheit, Gleichgültigkeit und Apathie sind die Ziele erreicht worden oder fehlen u. U. überhaupt, und es besteht deshalb auch kein Bedürfnis, etwas in Richtung darauf zu tun. Sich einsam zu fühlen impliziert, daß man mit anderen zusammen sein möchte, aber sich unfähig fühlt, selbst etwas dafür zu tun.

Wie wir bereits früher erwähnt haben, erzeugt das Gefühl von Aktivität in Ihnen ein zweckgerichtetes Beteiligtsein und die persönliche Fähigkeit, die Ereignisse zu beeinflussen. Das Gefühl aktiver Beteiligung ist einer der Faktoren, die zu Gefühlen wie Entschlossenheit, Ehrgeiz, Zuneigung, Neugier, Angst, Ekel und Frustration führen. Jedes dieser Gefühle ist dadurch gekennzeichnet, daß man glaubt, etwas tun zu müssen, um ein bestimmtes Ziel zu erreichen: bei Entschlossenheit, um etwas zu erledigen; bei Ehrgeiz, um eine bestimmte Leistung zu vollbringen; bei Neugier, um etwas herauszufinden; bei Frustration, um etwas in der gewünschten Weise zu beeinflußen, usw.

Wenn Sie in einer bestimmten Situation kein Ziel haben, ist die Wahrscheinlichkeit höher, daß Sie passiv bleiben. Wenn Sie ein Ziel haben, können Sie sich entweder aktiv oder passiv verhalten. Manchmal wird Ihr Ziel voraussetzen, daß Sie sich *auf etwas zu*bewegen: eine Freundschaft vertiefen, eine neue Fertigkeit erwerben, ein bestimmtes Gefühl erleben. Dann gibt es Ziele, die verlangen, daß Sie sich von etwas fortbewegen: Kopfschmerzen loswerden, einen Fehler nicht wiederholen, eine langweilige Person meiden. Die Art der Beteiligung und die Richtung der Bewegung (auf etwas zu, von etwas fort) tragen in ihrer Kombination stark zur Erzeugung bestimmter Gefühle bei. Bei Gefühlen wie Frustration, Entschlossenheit, Ehrgeiz, Aggression, Zuneigung, Freundlichkeit und Interesse erlebt man eine Bewegung auf etwas zu. Wenn Sie frustriert sind, streben Sie aktiv auf etwas zu, das Sie bisher nicht erreicht haben. Aggression, Zuneigung oder Freundlichkeit beinhalten eine aktive Bewegung auf eine andere Person zu. Bei Interesse bemüht man sich aktiv darum, etwas herauszufinden. Passive Beteiligung bei gleichzeitiger Fortbewegung von einem bestimmten Zustand ist Voraussetzung für solche Gefühle wie Langeweile, Einsamkeit und Selbstmitleid, während passive Beteiligung bei Hinbewegung zu einem bestimmten Zustand ein wichtiger Bestandteil von Gefühlen wie Hoffnung und Geduld ist.

5.1.4 Intensität

Leslie blickte von der Zeitschrift auf, um nach der Uhr zu sehen. Sie machte sich Sorgen um unseren Sohn Mark. Es war Viertel nach zehn und er war immer noch nicht aus dem Kino zurück.

Bis jetzt betrug die Verspätung zwar erst 15 Minuten, aber Leslies Gedanken kreisten schon um alle möglichen schlimmen Gründe für sein Ausbleiben. Als Mark nach einer weiteren Viertelstunde noch immer nicht zu Hause war, begann Leslie einige der wirklich schrecklichen Möglichkeiten ins Auge zu fassen und bald hatten ihre Vorstellungen sie ganz aus dem Gleichgewicht gebracht. Von Minute zu Minute folgten die furchtbaren Szenen schneller aufeinander, verlor sich Leslie in immer neuen Einzelheiten und Wendungen des Geschehens, bis sie völlig verängstigt war. Sie warf ihre Zeitschrift fort und begann im Raum auf- und abzulaufen. Als die Schreckensbilder immer wirklicher für sie wurden, schaute Leslie aus dem Fenster nach näherkommenden Scheinwerfern aus und blickte immer wieder auf das Telefon, als wollte sie es so dazu zwingen, zu läuten. Schließlich konnte Leslie es nicht mehr aushalten und nahm den Hörer, um die Polzei, das Kino, Marks Freunde oder sonst irgend jemanden anzurufen. In diesem Moment ging die Haustür.

Leslies emotionale Reise von Besorgtheit zu hysterischer Verzweiflung war fast ausschließlich durch eine Komponente ihrer Erfahrung in Gang gehalten worden: die *Intensität*. Mit jeder ihrer emotionalen Schritte ging eine Intensivierung ihrer Vorstellungen einher. Vor Leslies innerem Auge und Ohr erstanden immer mehr Bilder, mit immer deutlicheren Details, stärkeren Farben und lauteren Begleitgeräuschen. Auch ihre Körperbewegungen nahmen zu, z.B. indem sie hin- und herlief. Wie Leslies Emotionen von Besorgtheit über Verwirrung und Angst zu Verzweiflung voranschritten, so beruhen auch die besonderen Eigenschaften vieler Gefühle auf einer charakteristischen Intensität. Wir meinen hiermit nicht eine absolute und objektive Größe, sondern die subjektiv vom Einzelnen erlebte Stärke des Gefühls. So sind Wut und Mißbilligung zwar strukturell sehr ähnliche Emotionen, sie haben aber deutlich verschiedene Intensitäten, in dem Sinn, daß Wut stärker ist als Mißbilligung.

Häufig ist es Ihnen möglich, von einem Gefühl zu einem anderen zu wechseln, indem Sie einfach die Intensität Ihres augenblicklichen Erlebens verändern. Nehmen Sie als Beispiel hierzu einen Erfolg, den Sie unlängst erzielt haben, und der Sie

zufrieden macht. Wenn Sie nun diese Zufriedenheit wieder spüren, können Sie die Intensität des Gefühls verstärken, indem Sie
die Erinnerung an das, was Sie getan haben, heller und farbiger
werden lassen und lobende Kommentare in Ihren inneren Dialog
aufnehmen, wie z.B.: „Toll, daß ich das geschafft habe! Sieh nur,
welche Vorteile ich davon habe und was für eine großartige
Person ich doch bin!" Die meisten von uns, die ihr Gefühl der
Zufriedenheit auf diese Weise verstärken, erleben einen Zustand starker freudiger Erregung oder sogar Ekstase.
Nun stellt Intensität ein Kontinuum dar und läßt sich nicht nur
verstärken, sondern auch verringern. Nehmen Sie z.B. das
Gefühl von Ekstase und dämpfen Sie Ihre inneren Bilder, Empfindungen und Ihren inneren Dialog, bis aus der Ekstase ein
Hochgefühl oder Zufriedenheit wird. So unmittelbar wirksam die
Veränderung der Intensität auch ist, so wird sie doch nur selten
eingesetzt, um die emotionalen Erfahrungen hervorzurufen, die
jemand braucht oder sich wünscht. Sie werden vermutlich in
Ihrer eigenen Erfahrung Beispiele für Situationen finden, in
denen Sie sich selbst einschränkten, indem Sie sich nur zufrieden gefühlt haben, wo Sie mit Recht hätten ekstatisch sein
können. Es mag auch Zeiten gegeben haben, in denen Sie
hocherfreut oder ekstatisch waren und bloße Zufriedenheit angemessener gewesen wäre – so z.B. wenn Sie eine Gehaltserhöhung von einem Dollar die Stunde bekommen haben, tatsächlich aber beträchtlich mehr gebraucht oder verlangt haben.
Beispiele für strukturell ähnliche, aber in ihrer relativen Intensität verschiedene Emotionen sind u.a.(nach zunehmender Intensität geordnet)

enttäuscht → traurig → gramerfüllt
zufrieden → glücklich → begeistert → ekstatisch
besorgt → beunruhigt → ängstlich → hysterisch
neugierig → interessiert → angeregt → begierig → besessen
ablehnend → ärgerlich → wütend

Auch wenn sie hier nur in einer Richtung gezeigt sind, können
die Pfeile in beide Richtungen weisen. Wenn Sie wollen, können

Sie „Begierde" in die leichter erträgliche „Anregung" verwandeln oder „Wut" in die leichter erträgliche „Ablehnung", indem Sie die Intensität Ihrer Empfindungen, inneren Bilder und Ihres inneren Dialogs mindern. Doch die Intensität zu verringern, ist so, als wollten Sie ein Gewürz aus einer Suppe nehmen. Es ist leicht, immer mehr hinzuzufügen, aber schwer, wieder etwas herauszunehmen, sobald es einmal drin ist. Es wird häufig leichter sein, von einer Emotion zu einer anderen zu gelangen, indem man eine andere Komponente verändert, anstatt die Intensität zu reduzieren. Wir werden diesen Punkt in einem späteren Kapitel weiter vertiefen.

5.1.5 Vergleich

Jeder von uns hat sich in bestimmten Situationen schon unzulänglich gefühlt, aber Jonathan, einer unserer Klienten, war von dieser Emotion regelrecht unterjocht. Er fühlte sich fast in jeder Situation und zu jeder Zeit unzulänglich. Natürlich vermied er es, sich selbst Ziele zu setzen, und wenn er es doch einmal tat, so erlag er schnell diesem seinem allgegenwärtigen Gefühl von Unzulänglichkeit und gab auf. Es überrascht nicht, daß er uns bat, ihm dabei zu helfen, „an Dingen interessiert zu bleiben" und „etwas bis zum Schluß durchzuziehen". Wir fanden bald heraus, daß Jonathan das Gefühl der Unzulänglichkeit auf die gleiche Art und Weise erzeugte wie viele andere Menschen auch – und zwar indem er sich mit anderen verglich. Dabei fiel ihm vor allem auf, was andere leisteten oder geleistet hatten, und was er dagegen nicht leisten konnte oder nicht geleistet hatte. Ein weiteres wesentliches Moment dabei war, daß er glaubte, er sei weniger wert als eine andere Person, wenn er nicht das gleiche leistete wie diese. Vermutlich können Sie eigene Beispiele für Situationen finden, in denen Sie sich mit anderen vergleichen, schlechter abschneiden und das als Beweis dafür nehmen, daß Sie in diesem Bereich ein Versager sind. Sie sehen z.B., wie sich andere auf der Tanzfläche gelöst und anmutig bewegen, während Sie selbst sich vorkommen, als stolperten Sie mit drei linken

Beinen herum. Die Erfahrung, daß Sie nicht so gut wie andere tanzen, bedeutet für Sie, daß Sie nicht so gut sind wie die anderen und führt Sie dann dazu, sich unzulänglich zu fühlen. Jonathan beschränkte seine Vergleiche aber nicht nur auf die Tanzfläche. Er verglich ständig das, was er tat, mit den Fähigkeiten, Begabungen und Leistungen anderer Leute. Wie sie lachten, gingen, liefen, fuhren, lächelten, sich unterhielten, tanzten, Kontakte knüpften, Geld investierten, auf Aufzüge warteten – buchstäblich alles war ihm Anlaß zum Vergleich. Als wir erkannten, daß Jonathans Neigung, Vergleiche zu ziehen, bereits eine feste Gewohnheit war, forderten wir ihn auf, darauf zu achten, wie und auf welche Weise er selbst sich gegenüber früher in seinen Fähigkeiten und Fertigkeiten verbessert hatte. Er sollte sich dazu wiederholt die Frage stellen: „Wie habe ich mich verbessert?" Anstatt ihn dazu zu bringen, das Vergleichen mit anderen einzustellen, änderten wir also einfach das, was er miteinander verglich. Sofort fühlte Jonathan sich dadurch in sehr viel mehr Situationen kompetent statt unzulänglich. Er begann auch, sich in Einklang mit dieser neuen emotionalen Reaktion zu verhalten, indem er mit Interesse und Engagement seine Ziele verfolgte, anstatt sie wie früher schnell aufzugeben.

Wie Jonathans Beispiel sehr gut verdeutlicht, achten wir häufig auf den Grad der Übereinstimmung oder Nichtübereinstimmung zwischen Gegebenheiten. Wenn Sie nur auf *Übereinstimmungen* achten, werden Sie vor allem die Dinge wahrnehmen, die Ihren persönlichen Standards ähnlich sind. Wenn Sie z. B. einen neuen Wagen kaufen, sehen Sie plötzlich jeden Tag Dutzende Wagen des gleichen Typs auf der Straße. Von den Tausenden von Autos, an denen Sie vorbeifahren, stechen die hervor, die mit Ihrem identisch sind, als ob über Nacht jeder den Drang verspürt hätte, den gleichen Wagen zu kaufen wie Sie. Übereinstimmung ist eine wichtige Komponente bei der Erzeugung solcher Emotionen wie „angenehm" und „zufrieden". Ein wesentlicher Aspekt dieser beiden Gefühle ist, daß ein Bedürfnis oder ein Wunsch erfüllt wurde oder gerade erfüllt wird.

Wenn Ihr Sohn den Rasen gemäht hat und Ihnen nur die ungemähten Kanten auffallen, Sie aber übersehen, daß der Rest des Rasens tadellos aussieht; oder wenn ein romantischer Abend mit Ihrem Partner verdorben ist, weil er nicht mit Ihnen schlafen möchte (auch wenn er durchaus den Wunsch nach zärtlichem Beisammensein mit Ihnen hat), dann achten Sie allein auf die Nichtübereinstimmung. Nichtübereinstimmung spielt eine wichtige Rolle bei Gefühlen von Unbehagen, Frustration, Verachtung und Enttäuschung.

Nehmen Sie sich jetzt die Zeit, eigene Beispiele für jedes dieser vier Gefühle zu finden und sie wiederzuerleben. Sie werden bemerken, daß Ihre Wahrnehmung darauf gerichtet ist, das, was Sie getan oder erhalten haben, an Ihrer Absicht oder Ihrer Erwartung zu messen. Nehmen Sie nun eines dieser Beispiele und finden Sie in dem, was Sie bekommen oder getan haben, zumindest einen kleinen Teil dessen erfüllt, was Sie gewollt haben, und beobachten Sie, wie sich Ihre Gefühle verändern. Für viele von uns ist Nichtübereinstimmung auch eine Gelegenheit für humorvolle und amüsierte Reaktionen.

Wenn Sie auf das Ausmaß achten, in dem Gegebenheiten ähnlich oder verschieden sind, tun Sie das gleiche, was auch Jonathan getan hat – Sie ziehen Vergleiche. Wenn Sie vergleichen, fragen Sie sich, ob Sie mehr oder weniger attraktiv sind als eine andere Person, intelligenter oder dümmer als Ihre Schwester, wohlhabender oder ärmer als Ihr Nachbar, usw. Wie Jonathan gezeigt hat, kann der Vergleich zwischen Ihren Fähigkeiten und Leistungen und denen anderer die Grundlage für ein Gefühl der Unzulänglichkeit sein. Solche Vergleiche können auch Gefühle wie Überheblichkeit, Verachtung oder Neid hervorrufen, wenn Sie etwa das, was ein anderer besitzt, mit dem vergleichen, was Sie selbst haben.

Auch wenn diesen Gefühlen in der Regel Vergleiche zugrundeliegen, so können sie ebensogut durch Nichtübereinstimmung erzeugt werden. Sie können Ihren Nachbar z. B. wegen seines neuen Wagens beneiden oder sich unzulänglich fühlen, weil Ihre Altersgenossen bereits feste Anstellungen gefunden haben und Sie noch nicht. Alle oben aufgeführten, durch Nichtübereinstimmung erzeugten Emotionen können auch durch Vergleiche erzeugt werden. Sie können sich enttäuscht fühlen, wenn ein Film nicht so spannend ist, wie Sie erwartet haben, oder Sie sich über Ihre Fortschritte mit einem scheinbar endlosen Projekt frustriert fühlen. Beides, Nichtübereinstimmung und Vergleich, können Ihnen Unterschiede bewußt machen – ob absolute im Falle der Nichtübereinstimmung oder relative wie im Fall des Vergleichens. Gerade das Erkennen des Unterschieds ist bei Nichtübereinstimmung wie auch bei Vergleichen sehr wichtig, um die oben aufgeführten Emotionen zu erzeugen.

5.1.6 Tempo

Unser Sohn Mark wußte, daß er nicht den besten Aufschlag im Tennis hatte, aber er wußte auch, daß er weit besser spielen konnte, als er es in dem Match bis dahin getan hatte. Er hatte schon mehrere Doppelfehler gemacht und seine Frustration war jedes Mal größer geworden. Mit wachsender Frustration nahm auch die Zahl seiner Fehler zu. Schließlich schimpfte er wütend vor sich hin und lief aufgeregt umher. In dem Bemühen, alles so schnell wie möglich aufzunehmen, starrte er konzentriert auf den Gegner und ließ dazwischen rasch den Blick über den ganzen Tennisplatz schweifen. Als Mark wieder ein Aufschlagspiel hatte, trat er an die Linie und warf den Ball in die Luft. Doch als dieser viel zu hoch flog, um gut getroffen werden zu können, stoppte er sich selbst und sagte: „Augenblick mal! Ich muß etwas langsamer werden." Er tippte den Ball langsam und gleichmäßig mehrere Male auf, verlangsamte alle seine Bewegungen bis hin zum Aufschlag. Dieser Aufschlag gelang viel besser. Während des Spiels behielt Mark seine gebremste Geschwindigkeit bei und bald fühlte er sich nicht mehr frustriert, sondern entschlossen, so gut zu spielen wie er konnte.

Wir können spüren, ob wir uns schnell bewegen oder langsam, gleichmäßig oder abrupt, usw. Mit anderen Worten: Unsere Erlebnisse haben ein Tempo. *Tempo* ist eine der Eigenschaften unseres Erlebens, die nur selten wahrgenommen wird, obwohl sie fast immer ein unabdingbarer Aspekt unseres augenblicklichen Erlebens ist. Tempo wird ganz explizit und selbstverständlich in Filmen und im Fernsehen umgesetzt, wo die Hintergrundmusik häufig dazu dient, bei den Zuschauern die vom Regisseur beabsichtigte emotionale Reaktion zu erzeugen. Schauen Sie sich eine Zeitlang einen Film bei ausgeschaltetem Ton an, schalten Sie dann den Ton wieder an und verfolgen Sie den Film eine Zeitlang mit geschlossenen Augen. Sie werden sich schnell davon überzeugen können, welche Rolle das Tempo der Musik in Ihrem Erleben spielt. Wenn wir Musik hören, gleichen wir manchmal das Tempo der Musik, die wir aussuchen, dem Tempo unserer Gefühle an. Bei anderen Gelegenheiten wählen wir die Musik nach dem Tempo, das wir gern erleben möchten – z. B. wenn wir ein Stück auflegen, um einem Gefühl von Trägheit entgegenzuwirken.

Tempo – in all seinen Graden – scheint unsere sämtlichen Emotionen zu durchdringen. Emotionen, denen ein schnelles Tempo zugrundeliegt, sind z.b. Erregung, Panik, Unruhe, Ungeduld, Angst und Wut. Ein langsames Tempo bestimmt Emotionen wie Langeweile, Einsamkeit, Apathie, Entmutigung, Geduld, Akzeptanz und Zufriedenheit. Angst oder Nervosität haben ein schnelles, ungleichmäßiges Tempo, während ein langsames, gleichmäßiges Tempo ein Gefühl der Ruhe unterstützt.

Wenn wir sagen, daß diese Emotionen auf einem bestimmten Tempomuster „beruhen", so meinen wir damit, daß diese Tempomuster wichtig sind, um die subjektive Qualität der Emotionen zu bestimmen. Wenn wir uns erregt fühlen, erleben wir ein schnelles Tempo. Manchmal nimmt im Zustand der Erregung das Tempo in einem Maße zu, daß wir viel von dem, was um uns herum vor sich geht, nicht mehr wahrnehmen. Wir „bewegen" uns dann so schnell, daß keine Zeit dafür bleibt, noch etwas aufzunehmen. Selbst wenn Sie „rasen", ist es doch nahezu unmöglich, in Erregung ein langsames Tempo zu erleben. (Versuchen Sie es).

Im Unterschied dazu ist mit Geduld ein *langsames* Tempo verbunden. Es ist unmöglich, geduldig zu sein und dabei gleichzeitig ein schnelles Tempo zu erleben. (Versuchen Sie es wieder.) Wenn jemand bemerkt, daß er sich unnötig ungeduldig fühlt, besteht die wichtigste Reaktion darin, langsam und tief ein-

und vollständig auszuatmen. Das verlangsamt unmittelbar das Tempo und erleichtert so häufig, geduldiger zu werden. „Geduld" und „Ungeduld" setzen einen klar definierten zukünftigen Zielzustand voraus. Der entscheidende Unterschied liegt darin, daß Geduld ein langsames und Ungeduld ein schnelles Tempo voraussetzt. (Geduld hat auch einen ausgedehnteren Zeitrahmen; das Ziel liegt hier voraussichtlich in der Zukunft.) Sie können diesen Unterschied selbst untersuchen, indem Sie sich an etwas erinnern, das Sie ungeduldig macht und Sie dann Ihr Tempo verlangsamen. Versetzen Sie sich weiter in eine Situation, in der Sie Geduld haben, und beschleunigen Sie jetzt Ihr Tempo.

Wie wir anhand dieser Beispiele gesehen haben, kann eine Veränderung des Tempos Ihre Emotionen dramatisch verändern. Das Tempo bei Entmutigung ist z.b. relativ niedrig. Wenn Sie das Tempo erhöhen, entwickelt sich aus der Entmutigung häufig Frustration, was eine viel nützlichere Emotion ist, wenn Sie weiter ein bestimmtes Ziel verfolgen wollen. Umgekehrt können Sie, wenn Sie über etwas in Aufregung geraten, durch eine Verlangsamung Ihres Tempos in der Regel ein Gefühl der Freude oder Zufriedenheit erreichen, das manchen lieber ist als Erregtheit.

Welches für Sie das beste Gefühl in einer bestimmten Situation ist, hängt von den Besonderheiten der Situation ab und davon, welche Erfahrung Sie in dieser Situation machen möchten. Verlangsamen Sie das Tempo, wenn Sie sich ängstlich fühlen, und Sie werden wahrscheinlich ein Gefühl der Bedrohung erleben, was unter Umständen die bessere Wahl ist, wenn es weniger lähmend auf Sie wirkt als Angst. Beschleunigen Sie das Tempo, wenn Sie sich langweilen, und Sie werden unruhig werden, was nützlich sein kann, um Sie aus einer langweiligen Situation zu befreien, aber auch nutzlos und unangenehm, wenn es sich um eine Situation handelt, in der Sie wenig Wahlmöglichkeiten haben, so z. B. wenn Sie in einer Schlange anstehen oder Stoßstange an Stoßstange im Berufsverkehr fahren. In solchen Situationen wäre es besser, das Gefühl zu verändern, indem Sie den Zeitrahmen verändern. Rufen Sie sich eine anrührende Erinnerung ins Gedächtnis zurück und hängen Sie ihr nach. Oder denken Sie an einen Urlaub, einen persönlichen Erfolg, oder einen unterhaltsamen Abend, der auf Sie wartet, um jetzt schon die Vorfreude darauf genießen zu können.

5.1.7 Kriterien

Katy, eine Freundin von uns, ließ mit zitternder Hand den Hörer auf die Gabel fallen. Als ihre Sekretärin fragte, was mit ihr los sei, erklärte Katy, daß ihr Vorgesetzter für die nächste Sitzung einen Bericht über ihr Projekt angefordert hatte. Katys Sekretärin versuchte sie zu beruhigen: „Sie arbeiten jetzt schon seit einem Jahr daran. Sie kennen es in- und auswendig." Katy sank in ihrem Sessel zusammen: „Es hat keinen Sinn. Die Konferenz ist auf morgen vorverlegt worden. Es ist unmöglich, bis dahin alles perfekt vorzubereiten." Die nächsten drei Stunden arbeitete Katy an ihrem Bericht, doch sie wußte, daß sie mindestens eine Woche brauchen würde. Mit der Zeit wurde ihre Angst immer größer. Sie geriet so in Panik, daß sie nahe daran war, ein Beruhigungsmittel zu nehmen, als das Telefon erneut klingelte. Diesmal legte sie den Hörer mit ruhiger Hand zurück. Es war wieder ihr Vorgesetzter gewesen, der sich diesmal dafür entschuldigte, daß er einen anderen Termin wahrnehmen müsse und deshalb nicht bei der Sitzung anwesend sein könne. Katy lächelte ihre Sekretärin an: „Wenn nur die Abteilungsleiter anwesend sind, brauche ich es nur in groben Zügen darzustellen. Das Ganze wird morgen ein Spaziergang werden."

Sie werden schon selbst bei sich bemerkt haben, daß es nicht genügt, nur irgendeinen alten Zeitrahmen, eine Modalität, Intensität, Tempo, usw. zusammenzuwürfeln, um eine Emotion hervorzurufen. Emotionen treten immer in einem bestimmten Kontext auf – auch wenn Ihnen dieser nicht immer bewußt sein muß, so, wenn Sie z. B. Angst haben, aber nicht erkennen, daß Ihre Angst mit einem Bericht zusammenhängt, den Sie einzureichen haben. Situationen verändern sich, und indem sie sich ändern, ändert sich auch das, was für Sie von Bedeutung ist. Solange Katy z. B. glaubte, daß ihr Vorgesetzter bei dem Bericht anwesend sein wird, war es ihr wichtig, ihre Unterlagen auf dem neuesten Stand zu haben, und sie fühlte sich ängstlich. Doch als sie erfuhr, daß der Chef nicht da sein wird, war es nur noch wichtig, die „groben Züge" darstellen zu können und Katy fühlte sich zuversichtlich. Der Begriff, den wir verwenden, um das zu bezeichnen, was Sie für wichtig halten, ist Kriterium. Kriterien sind die Standards (Maßstäbe), die Sie in einer bestimmten Situation verwenden. Katys ursprüngliches Kriterium war, ihren Bericht „perfekt" vorbereitet zu haben. Dieses Kriterium und die Einschätzung ihrer augenblicklichen Vorbereitung führten zusammen dazu, daß sie sich ängstlich fühlte. Wenn sie geglaubt hätte, daß alles „perfekt" sei, wäre sie eher froh und zuversichtlich als ängstlich gewesen. Die Abwesenheit ihres Chefs ermöglichte es Katy, ihr Kriterium so zu verändern, daß sie nur noch die „groben Züge" darzustellen brauchte, und gleichzeitig veränderte sich auch ihre emotionale Reaktion auf die Sitzung.

Wie wir in vielen Beispielen in diesem Kapitel gezeigt haben, ändert sich die emotionale Erfahrung, sobald Sie eine wichtige Komponente verändern. Wenn in dem Beispiel die Modalität von *Notwendigkeit* zu *Möglichkeit* und die Beteiligung von *passiv* zu *aktiv* verändert worden wäre, hätte sich Katy eher herausgefordert als ängstlich gefühlt. Entsprechend ändert sich Ihre emotionale Reaktion, wenn Sie die Kriterien, die Sie verwenden, ändern und alle anderen Komponenten unverändert lassen. Wie die anderen Komponenten, die wir beschrieben haben, interagiert das Kriterium gleichzeitig mit allen anderen Bestandteilen Ihres Gefühls in einem beliebigen Augenblick.

Einige Beispiele sollen die Wirkung von Kriterien verdeutlichen: Nehmen wir an, ein Freund von Ihnen erlebt gerade folgendes: Einen zukünftigen Zeitrahmen, eine Modalität der Notwendigkeit („Es wird geschehen"), ein passives Gefühl der Beteiligung und ein hohes Intensitätsniveau. Nehmen wir nun einmal an, er habe gerade erfahren, daß seine Frau schwanger ist. Wie wird er sich mit den gerade beschriebenen Komponenten fühlen? Um darauf antworten zu können, müssen wir zuerst wissen, welches Kriterium er gebraucht. Gebraucht er das Kriterium „Bereicherung" (d.h. wenn er die Schwangerschaft als einen Gewinn wahrnimmt), wird er vermutlich so etwas wie Vorfreude oder Erregung fühlen. Wenn er jedoch mit den gleichen Komponenten das Kriterium „Verlust" gebraucht, wird er Furcht vor der Einschränkung an Freiheit erleben, den das Kind für ihn bedeuten kann. Das einzige, was sich geändert hat, ist das Kriterium: „Bereicherung" im ersten, „Verlust" im zweiten Beispiel.

Vater werden

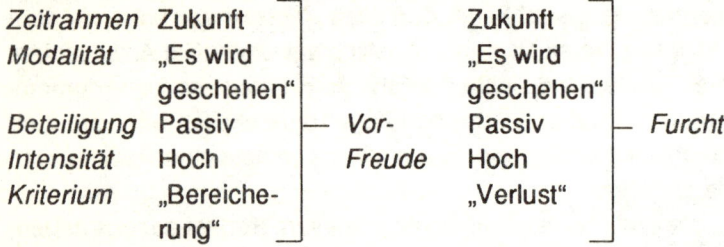

Zeitrahmen	Zukunft			Zukunft	
Modalität	„Es wird geschehen"			„Es wird geschehen"	
Beteiligung	Passiv	*Vor-*		Passiv	*Furcht*
Intensität	Hoch	*Freude*		Hoch	
Kriterium	„Bereicherung"			„Verlust"	

Ein weiteres Beispiel: Nehmen wir an, jemand wird von seinem Chef zum ersten Mal zu einem Geschäftsessen mitgenommen. Die emotionalen Komponenten sind ein *gegenwärtiger Zeitrahmen*, eine Modalität der *Möglichkeit* („Es könnte"), *aktive* Beteiligung, *Vergleich*, *hohe* Intensität und das Kriterium „akzeptiert werden" (d.h. es ist ihm wichtig, akzeptiert zu werden). Der Betreffende wird sich vermutlich dankbar oder erleichtert fühlen. In der gleichen Situation und bei sonst unveränderten Komponenten, aber mit dem Kriterium „Welchen Vorteil kann ich daraus ziehen?" wird er sich angespannt oder ehrgeizig fühlen.

Das erste Geschäftsessen mit dem Chef

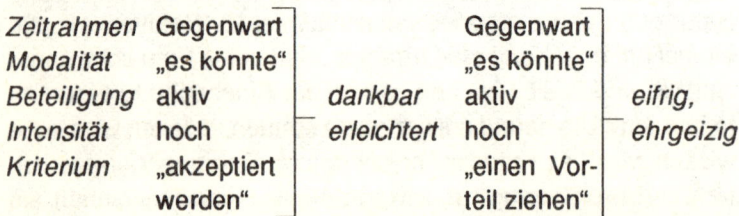

Zeitrahmen	Gegenwart		Gegenwart	
Modalität	„es könnte"		„es könnte"	
Beteiligung	aktiv	*dankbar*	aktiv	*eifrig,*
Intensität	hoch	*erleichtert*	hoch	*ehrgeizig*
Kriterium	„akzeptiert werden"		„einen Vorteil ziehen"	

Ähnlich wie Tempo, Zeitrahmen, Modalität, Beteiligtsein, Intensität und Übereinstimmung/Nichtübereinstimmung/Vergleich sind Kriterien Elemente Ihres emotionalen Erlebens, durch die Sie die Qualität Ihrer Erfahrung dramatisch beeinflussen können.

5.1.8 Chunkgröße

Wahrscheinlich hatte Katy, als sie an den Bericht dachte, die gesamte Aufgabe vor Augen. Ihre Gefühle wären vermutlich andere gewesen, wenn sie die Aufgabe statt dessen in kleinere Teile aufgegliedert hätte. Anstatt zum Beispiel an der entmutigenden Aufgabe DER BERICHT zu arbeiten, hätte sie sich nacheinander an die weniger abschreckenden Anforderungen machen können, wie die relevanten Informationen für die Zuhörer zusammenzustellen, die Reihenfolge der Darstellung zu planen, visuelle Hilfsmittel zu entwerfen und sich die wesentlichen Fakten zu merken. Katy hatte sehr wahrscheinlich alle diese vorbereitenden Aufgaben bereits erledigt. Der Unterschied liegt darin, wie sie über den Bericht denkt: Ob sie ihn als eine einzige große Aufgabe oder eine Reihe kleinerer Aufgaben sieht. Der Bericht kann so oder so wahrgenommen werden, doch die emotionale Wirkung wird sehr verschieden sein.

Frances' Bank hatte es versäumt, ihrem Konto eine Einzahlung gutzuschreiben, die sie zur Überweisung ihrer Steuern vorgenommen hatte, was dazu führte, daß ihr Konto im Soll blieb und ihre Schecks überall in der Stadt platzten. Obwohl Frances große Angst davor hatte, sich bei den unbewegten, Untadeligkeit demonstrierenden Gesichtern in der Bank beschweren zu müssen, ging sie trotzdem unverzüglich dorthin und verlangte, daß auf der Stelle ihr Kontostand richtiggestellt werde. Sie hatte keinen Erfolg und saß nun zuhause, voller Wut auf die Bank und zutiefst unzufrieden mit sich selbst. Als Frances ihrer Freundin erklärte, daß sie wütend ist, weil die Bank sich so rücksichtslos verhalten hat, und sie selbst nicht das erreichen konnte, was sie sich vorgenommen hatte, versuchte ihre Freundin sie mit dem

Hinweis zu trösten, daß sie zumindest ihr Bestes getan hätte. Frances konnte dieser Ansicht nicht zustimmen. Ihre Freundin versuchte es noch einmal, diesmal etwas bescheidener, und stellte fest, daß sie ja zumindest einen Versuch gemacht hätte. Frances schnaubte: „Naja, so etwas wie einen Versuch." Als quasi letzte Rettung versuchte es ihre Freundin mit der Bemerkung, daß sie doch wenigstens etwas erreicht haben müßte. Frances überlegte einen Augenblick und antwortete dann mit einem Lachen: „Stimmt. Obwohl ich Angst hatte, habe ich ihnen im Hinausgehen gesagt, daß sie noch von mir hören würden." Sie schnipste mit den Fingern: „Einfach so." Mit einem etwas skeptischen Blick wiederholte die Freundin das Fingerschnippen. Frances nickte und wiederholte „Einfach so." Sie war zufrieden darüber, daß sie wenigstens ihre Wut ausgedrückt hatte.

Für Frances war es wichtig, der „Festung" Bank angemessen gegenüberzutreten; ihr Kriterium war *Angemessenheit*. Als sie anfangs ihr Verhalten in der Situation bewertete, sah sie nur, daß sie sich nicht so verhalten hatte, wie sie es für angemessen hielt und war damit unzufrieden. Ihre Unzufriedenheit verwandelte sich in Zufriedenheit, als sie ihre Aufmerksamkeit auf einen Teil ihrer Leistung richtete, den sie für angemessen hielt. Dem Bankangestellten zu sagen „Sie hören noch von mir" und hinauszugehen war ein relativ kleiner Schritt hin zu dem Ziel, die Bank zu veranlassen, ihr Konto in Ordnung zu bringen. In unserer Terminologie stellt diese Forderung einen relativ „großen Chunk" dar, während dem Bankangestellten zu drohen und hinauszugehen ein relativ „kleiner Chunk" ist.

Die *Chunkgröße* gibt an, wieviel von dem, was in einer bestimmten Situation grundsätzlich wahrnehmbar ist, Sie in Ihrer Erfahrung tatsächlich bewußt wahrnehmen. Jedes Mal, wenn die Freundin versuchte, Frances etwas aufzumuntern, schlug sie ihr genaugenommen vor, daß sie ihre Aufmerksamkeit auf immer kleinere Chunks ihrer Erfahrung in der Bank richtete. So hat, „Ihr bestes getan zu haben", relativ gesehen eine kleinere Chunkgröße als „Ihr Ziel zu erreichen". Und „Du hast wenigstens einen Versuch gemacht" veranlaßt Frances dazu, die Angemessenheit ihres Verhaltens in einem noch kleineren Ausschnitt der

Auseinandersetzung zu bewerten. „Einen Versuch zu machen" ist ein kleinerer Chunk als „sein Bestes zu geben". Dem Bankangestellten zu sagen, daß er noch von ihr hören werde, ist ein noch kleinerer Chunk, da es sich dabei nur um den Teil von „einen Versuch machen" handelt, der den Ausdruck der Wut betrifft. In jedem angeführten Schritt beurteilte Frances die Angemessenheit ihres Verhaltens gegenüber der Bank anhand immer kleinerer Ausschnitte.

Wie dieses Beispiel zeigt, führt das Auflösen in kleinere Chunks dazu, immer kleinere Einheiten des Verhaltens zu berücksichtigen, während das Vergrößern der Chunks einen größeren, umfassenderen Überblick vermittelt. Stellen Sie sich beispielsweise vor, daß Sie einen Garten anlegen möchten. Wenn Sie dieses Vorhaben in kleine Chunks aufteilen, werden Sie damit beginnen, zu überlegen, was Sie pflanzen sollen, wie Sie den Boden vorbereiten müssen, wieviel Zeit Sie für die Gartenarbeit aufwenden können, usw. Das sind einige der Unterziele mit relativ kleinen Chunks, die zusammen das größere Ziel „einen Garten anlegen" ergeben. Wenn Sie ausgehend von dem Vorhaben „einen Garten anlegen" größere Chunks wählen, können Sie auf das übergeordnete Bedürfnis „sich produktiv fühlen" kommen. Mit anderen Worten: Einen Garten zu besitzen kann für Sie eines der Elemente sein, die zu einem höheren Ziel, nämlich dem Gefühl der Produktivität, führen.

Die Chunkgröße bietet eine der Möglichkeiten, unsere Emotionen zu ändern. Frances war in der Lage, Zufriedenheit zu erleben, indem sie die Chunkgröße ihrer Erfahrung so lange reduzierte, bis sie ihr Kriterium „sich angemessen verhalten" erfüllte. Wenn wir vor einer Aufgabe mit großer Chunkgröße stehen, die Teilschritte beinhaltet, die unsere Fähigkeiten überschreiten, so fühlen wir uns häufig gänzlich unfähig dazu. Gliedern wir dann solche überwältigenden Aufgaben in die verschiedenen Schritte und notwendigen Fähigkeiten auf, verändert sich das Gefühl in der Regel dahin, daß wir uns der Aufgabe gewachsen sehen. Sie können das selbst ausprobieren, indem Sie ein Ziel suchen, das Sie zwar anstreben, sich aber doch nicht recht zutrauen. Teilen Sie dieses Ziel dann in immer kleinere Teilschritte auf, bis Sie es auf solche Verhaltensweisen, Wahrnehmungen, Fähigkeiten oder Fertigkeiten reduziert haben, die Ihrer Einschätzung nach im Rahmen Ihrer Möglichkeiten liegen. Planen Sie nun Schritt für Schritt Ihr Vorhaben, und Ihr Gefühl wird sich ändern.

Wir wollen hiermit nicht ausdrücken, daß Sie jede Erfahrung auf eine kleine Chunkgröße reduzieren sollen. Keine Chunkgröße ist an sich gut oder schlecht. Die Wahrnehmung großer Chunks kann ebenfalls zu wunderbaren Erfahrungen führen.

Am ersten und zweiten Tag unseres Fluges machte jeder von uns vor allem sein Herkunftsland ausfindig und rief: „Dort ist meine Heimat", sagte Sultan ibn Salman al Saud von Saudi Arabien, der im letzten Juni zusammen mit französischen und amerikanischen Teammitgliedern an Bord der Raumfähre Discovery war. „Vom dritten Tag an konnte man nur noch Kontinente sehen. Vom fünften Tag an sah man nur noch die Erde – sie war zu einem einzigen Ort, zu unserem Zuhause geworden ... Es war ein großartiges Gefühl. (Los Angeles Times, 15. September 1985)

Einige emotionale Zustände werden durch die Chunkgröße bestimmt. Ehrfurcht, Staunen, Überwältigtsein und Entmutigung setzen fast immer voraus, daß relativ große Chunks wahrgenommen werden. Sie können Ehrfurcht fühlen, wenn Sie etwas so Großes wie den Grand Canyon oder etwas so Kleines wie ein Spinnennetz betrachten, aber in beiden Fällen werden Sie feststellen, daß Sie Ihre Aufmerksamkeit auf das Gesamte richten. Sobald Sie die Einzelheiten des Grand Canyons (die verschiedenen Ebenen, die abzweigenden Canyons, die Farbbänder) oder des Spinnennetzes (die Ornamente, die die Fäden bilden, die Grundstruktur, die funkelnden Stellen) ins Auge fassen, werden Sie bemerken, daß das Gefühl von Ehrfurcht verschwindet und durch Gefühle wie Faszination, Neugier oder Hochachtung ersetzt wird.

Gefühle, die typischerweise relativ kleine Chunks voraussetzen, sind Irritation und Ablehnung. Wenn Sie sich irritiert fühlen, achten Sie in der Regel auf all die Kleinigkeiten, die Sie im Verhalten einer Person nicht mögen. Die Neigung Ihres Kindes, Sie bei Gesprächen zu stören, kann Sie beispielsweise irritieren. Wenn Sie jedoch sein Verhalten in bezug auf einen größeren Chunk („Was braucht mein Kind?") bewerten, werden Sie vermutlich eine andere emotionale Reaktion gegenüber der Störung zeigen – möglicherweise Neugier, Geduld oder Besorgtheit. Entsprechend setzt ein Gefühl von Ablehnung voraus, daß Sie sich auf relativ kleine Chunks an Information beziehen, während sich meistens eine philosophische Haltung, das Gefühl der Herausforderung oder Toleranz einstellt, wenn Sie einen größeren Ausschnitt der gleichen Situation betrachten. (Erinnern Sie sich daran, daß zwischen irritiert sein und sich irritiert fühlen oder zwischen ablehnend sein und sich ablehnend fühlen ein Unterschied besteht: Sie können beispielsweise Sympathie für jemanden *empfinden* und sich dabei doch in einer ablehnenden Weise *verhalten*.)

Nur relativ wenige Emotionen setzen eine bestimmte Chunkgröße voraus, auch wenn die Qualität der meisten Emotionen durch die Chunkgröße beeinflußt wird. Die wichtige Frage in diesem Zusammenhang lautet: Welche Chunkgröße ist nützlich? Welches Ausmaß an Einzelheiten ist für *Sie* in dieser Situation angemessen? Nehmen wir beispielsweise an, Don fühlt sich zuversichtlich in bezug auf seine Fähigkeit, die verschiedenen Aufgaben zu bewältigen, die im Rahmen seiner Geschäftseröffnung auf ihn zukommen. Doch wenn er das Vorhaben als größeren Chunk „Ein neues Geschäft eröffnen" betrachtet, gerät seine Zuversicht ins Wanken und stürzt vielleicht ganz zusammen und an ihre Stelle tritt Entmutigung oder Hoffnungslosigkeit. In diesem Fall ist es für Don nützlicher, die „einzelnen Aufgaben" anstatt das „gesamte Vorhaben" als Chunk zu wählen.

Einfach nur kleinere Chunks zu wählen, führt allein allerdings noch nicht zu einem Gefühl der Zuversicht. Anders als Don fühlt sich Sue zuversichtlicher, wenn sie die Aufgabe als Ganzes zu lösen trachtet und wird häufig verwirrt und von den Details überwältigt, wenn sie kleinere Chunks wählt. Für Sue ist es nützlicher, große statt kleine Chunks zu wählen, um sich zuversichtlich zu fühlen. Die Angemessenheit einer bestimmten Chunkgröße hängt weitgehend ab von der betreffenden Person, der Situation, in der sie sich befindet und dem Gefühl, das sie benötigt oder sich wünscht. Sie müssen experimentieren, um herauszufinden, welche Chunkgröße für Sie in verschiedenen Situationen die beste ist. Gefühle, bei denen es besonders wichtig ist, nicht auf eine bestimmte Chunkgröße beschränkt zu sein, sondern sie in beide Richtungen verändern zu können, sind u.a. Zufriedenheit, Selbstvertrauen, Wertschätzung und Verständnis.*

5.2 Beispiele zur Vertiefung

Wir haben in diesem Kapitel die Komponenten besprochen, die wichtig sind, um Ihre Gefühle zu bilden: Zeitrahmen, Modalität, Beteiligung, Intensität, Vergleich, Tempo, Kriterien und Chunkgröße. Es gibt andere, die wir nicht erwähnt haben, weil sie für die Beeinflussung Ihres unmittelbaren Erlebens relativ unbedeutend sind. Wenn Sie mit den acht beschriebenen Komponenten vertraut sind, werden Sie in der Lage sein, Ihre Gefühle und somit Ihr augenblickliches Erleben frei zu wählen und zu verändern. Die Veränderung einer der wesentlichen Komponenten wird, wie wir gezeigt haben, Ihr Gefühl verändern. Es liegt in Ihrer Hand, Ihre Gefühle zu wählen und sie zu genießen, statt wie bisher nur auf sie zu reagieren und sie zu ertragen.

Wesentliche Komponenten sind solche, mit deren Veränderung sich Ihre Emotion verändert, in ein anderes Gefühl verwandelt oder einfach auflöst. Alle Ihre Gefühle haben z.B. ein bestimmtes Tempo (wie auch einen Zeitrahmen, eine Modalität, Intensität usw.), aber Tempo ist möglicherweise nicht *die* ent-

---

* Ausgezeichnete Beispiele zu Chunkgrößen und Kriterien finden Sie in dem Buch von Cameron-Bandler, Gordon und Lebeau: The EMPRINT Method: A Guide to Reproducing Competence (erscheint voraussichtlich 1991 in deutscher Übersetzung im Junfermann Verlag).

scheidende Komponente einer Emotion. Sie können zwar das Tempo, das Sie erleben, verändern, doch das Gefühl kann weiterhin relativ unverändert bleiben. Um Ihnen ein genaueres Verständnis von dem Zusammenwirken der einzelnen Komponenten bei der Entstehung von Gefühlen zu vermitteln, geben wir Ihnen im folgenden einige vertiefende Beispiele.

5.2.1 Lethargisch vs. neugierig

Einige ansonsten zielstrebige und energische Personen werden gleichgültig und faul, wenn es darum geht, alte Unterlagen, den Keller, die Garage oder die Abstellkammer aufzuräumen. Die Akten türmen sich, alte Fahrräder, Säcke voller Aluminiumbüchsen und Stapel von Altpapier verstellen den Weg in die Garage und das Gerümpel in der Abstellkammer wartet nur darauf, den ersten, der ahnungslos die Tür öffnet, unter sich zu begraben. Sie wissen, daß diese Dinge erledigt werden müssen ... aber Sie können sich einfach nicht dazu aufraffen. Das Gefühl, das man erlebt, wenn man weiß, was man tun sollte, aber nicht die Motivation oder den Willen dazu hat, ist „Lethargie". Das Gefühl der Lethargie beruht gerade auf der Ambivalenz, die man erlebt, wenn man weiß, welche Aufgaben man erledigen sollte, diese aber nicht erledigen will. Ein anderes häufiges Beispiel ist die Lethargie, die viele überkommt, wenn sie daran denken, die Quittungen, Rechnungen und Belege des letzten Jahres für die Steuererklärung vorzubereiten.

Lethargie hat typischerweise ein langsames Tempo. Ihre Sinne scheinen dumpf und Ihre Reaktionen träge. Einer unserer Klienten verglich es mit dem Gefühl, in Tapetenkleister zu schwimmen. Wenn Sie sich lethargisch fühlen, können sogar Geräusche verlangsamt, gedämpft und eintönig klingen. Ihr Körper wird schwer, Ihre Aufmerksamkeit sprunghaft. Daß Sie sich aus der Gegenwart zurückziehen, ist verständlich, denn typischerweise ist man wegen aktueller und nicht wegen vergangener oder zukünftiger Anforderungen lethargisch.

Zeitrahmen	Gegenwart	
Modalität	„Ich sollte/müßte, aber ich will nicht"	Lethargie
Beteiligung	Passiv	
Tempo	Langsam	

„Neugier" erlebt man dagegen gewöhnlich, wenn man die Lösung für ein Rätsel oder die Antwort auf eine Frage sucht. Sie können neugierig werden, wenn Sie eine Benachrichtigung in Ihrem Briefkasten finden, daß ein Paket für Sie im Postamt liegt, wenn Sie eine interessante unbekannte Pflanze in Ihrem Garten entdecken, ein Anrufer in dem Augenblick auflegt, als Sie den Hörer abnehmen, oder Sie ein Kind erwarten und gerne wissen möchten, ob es ein Junge oder ein Mädchen sein wird. Die Situation ist in jedem Beispiel die gleiche: Es ist eine Frage aufgetaucht, auf die Sie gerne eine Antwort hätten.

Neugier hat im Vergleich zu Lethargie ein schnelleres Tempo. Der Körper fühlt sich leichter an, die Sinne sind schärfer und wacher und die Aufmerksamkeit richtet sich auf alles, was eine Antwort geben könnte. Ihr innerer Dialog besteht, wenn Sie neugierig sind, aus einer Fülle von Fragen und manchmal spekulativen Antworten auf diese Fragen. (Wo ist es? Was ist es? Wie funktioniert das? Was wird geschehen? Wird es damit gehen? Ist noch mehr nötig? Was passiert, wenn ich hier ein bißchen drehe?)

Bei jeder dieser Fragen, die Ihre Neugier weckt und aufrechterhält, richten Sie Ihre Aufmerksamkeit auf eine mögliche Quelle für eine Antwort. Die Antwort kann in Ihnen selbst liegen, so wenn Sie z. B. versuchen, darauf zu kommen, wer Sie angerufen haben könnte, oder in der Außenwelt, wenn Sie z.B. etwas „daran" drehen, um zu sehen, was passiert. In beiden Fällen sind sie *offen für Input.* Diese Offenheit ist das Ergebnis bestimmter Kriterien, die dazu führen, daß Wissen, Begreifen und Verstehen in der jeweiligen Situation wichtig für Sie ist. Neugier macht Sie sehr empfänglich für Information, sei es in Form von Sinnesreizen, Ideen oder Meinungen anderer. Wenn wir Neugier, Skepsis und Mißtrauen auf einer Skala subjektiver Empfänglichkeit anordnen würden, stünde „Neugier" ganz oben. Tatsächlich akzeptiert man, wenn man neugierig ist, schnell auf den ersten Blick, was einem angeboten wird. Bei „Skepsis" dagegen suchen wir danach, was an dem Angebotenen faul sein könnte, während wir bei „Mißtrauen" davon überzeugt sind, daß eine böse Absicht im Spiel ist (das wichtigste Kriterium dieser Emotion), weshalb Mißtrauen auch am Ende unserer Skala für Offenheit steht. In Lernsituationen ist eine Mischung aus Neugier und Skepsis sehr nützlich.

Im Gegensatz zu Lethargie aktiviert uns Neugier zum Handeln. Haben Sie sich schon einmal unvermittelt an einen Gegenstand erinnert, der Ihnen gehört, den Sie aber seit Jahren nicht mehr gesehen haben und von dem Sie nicht wissen, wo er zuletzt aufbewahrt war? Während Sie darüber nachdenken, wird Ihre Neugier immer größer und schließlich durchwühlen Sie Schreibtisch, Abstellraum und Garage auf der Suche danach. Wenn Sie von bloßen Vermutungen darüber, wo dieser Gegenstand wohl sein könnte, dazu übergegangen sind, ihn zu suchen, wird sich Ihre Neugier möglicherweise schon in Entschlossenheit verwandelt haben.

Der einfachste Weg, um neugierig zu werden, besteht darin, sich Fragen zu einer Angelegenheit zu stellen, die Sie zumindest in Ansätzen interessiert. Die Wirkung solcher Fragen wird verstärkt, wenn es sich um etwas handelt, das von persönlichem Interesse für Sie ist. Ein engagierter Lehrer z.B. kann u.U. neugierig werden, wenn er sich fragt, worauf die Waschkraft der Seife beruht, aber er wird mit Sicherheit viel neugieriger sein, wenn er sich mit Fragen über menschliches Lernen beschäftigt. Ein Chemiker andererseits wird interessierter daran sein, etwas über die Eigenschaften von Seife zu erfahren, als über die Merkmale des Lernens.

Neugier eignet sich ausgezeichnet dazu, Verhalten auszulösen. Bei den meisten Menschen läßt sich Neugier leicht in Motivation und Entschlossenheit verwandeln. Diese Verwandlung ergibt sich gewöhnlich daraus, daß bei Ihrer Suche nach Antworten das, was Sie zunächst wissen möchten (Modalität der Möglichkeit), zu etwas wird, das Sie wissen müssen (Modalität der Notwendigkeit). Wenn Sie statt dessen das Tempo von Neugier erhöhen, kann Ihr Gefühl in Unruhe oder Ungeduld übergehen – Sie müssen die Antwort *sofort* finden.

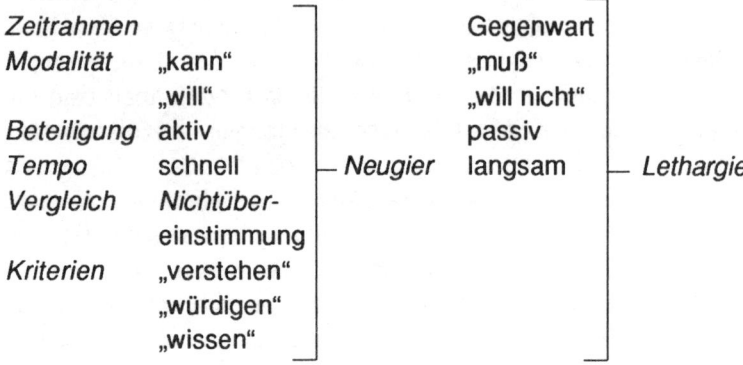

Zeitrahmen			Gegenwart	
Modalität	„kann"		„muß"	
	„will"		„will nicht"	
Beteiligung	aktiv		passiv	
Tempo	schnell	— *Neugier*	langsam	— *Lethargie*
Vergleich	Nichtüber-			
	einstimmung			
Kriterien	„verstehen"			
	„würdigen"			
	„wissen"			

Beachten Sie, daß Modalität, Beteiligung und Tempo die einzigen Komponenten sind, die sowohl für Neugier als auch für Lethargie bedeutsam sind. Auch wenn die Modalität, die Art der Beteiligung und das Tempo bei beiden Gefühlen verschieden sind, so ist es doch wichtig, festzuhalten, daß sie bei beiden Gefühlen vorkommen. Weil diese Komponenten für beide Emotionen entscheidend sind, kann die Veränderung einer oder mehrerer dieser Komponenten Ihnen einen Weg bieten, aus der Lethargie herauszukommen. Die Komponenten bilden für Sie eine Brücke zu Neugier und anderen Gefühlen.

Um neugierig zu sein, müssen Sie das Gefühl aktiver Beteiligung haben, ein Kriterium verwenden, das den Wunsch nach Wissen oder Verständnis beinhaltet und eine Diskrepanz feststellen zwischen dem, was Sie wissen und dem, was Sie beobachten. Die restlichen Komponenten haben keinen Einfluß auf Ihre Neugier. Ihre Neugier kann sich auf ein vergangenes, gegenwärtiges oder zukünftiges Ereignis richten; Sie können das Gefühl haben, verstehen zu müssen, verstehen zu können oder verstehen zu sollen; Ihre Neugier kann intensiv oder leicht sein; Ihr Tempo kann schnell sein und Sie zusätzlich ungeduldig machen oder langsam, so daß Sie auf geduldige Weise neugierig sind; die Chunkgröße kann irgendwo zwischen winzig und riesig liegen, und sie kann zu- oder abnehmen, je mehr Informationen Sie gewinnen.

Um sich lethargisch zu fühlen, müssen Sie an etwas denken, das Sie jetzt tun müßten oder sollten *und* nicht tun wollen (Zeitrahmen und Modalität), das Gefühl haben, nur wenig Einfluß auf das Ergebnis nehmen zu können und ein ziemlich niedriges Tempo erleben. Die anderen Komponenten sind für das Gefühl der Lethargie unwesentlich. Sie können sich zum Beispiel stark oder nur leicht lethargisch fühlen; Sie können wahrnehmen, wie das, was um Sie herum geschieht, mit anderen Erfahrungen übereinstimmt oder nicht übereinstimmt, Sie können beides miteinander vergleichen und Sie können eine Fülle von Kriterien verwenden, wie z.b. Zeit, Interesse, Anstrengung, Gewinn, Karriere, usw.

Um von einem Gefühl zu einem andern zu wechseln, müssen Sie die genannten Komponenten Ihrer subjektiven Erfahrung verändern. Wenn Sie sich lethargisch fühlen, werden Sie wahrscheinlich nicht viel leisten können. Das ist die Wirkung von Lethargie auf Ihr Verhalten. Sicher gibt es Situationen, in denen das kein Problem ist. Doch meistens wäre man, wenn man sich lethargisch fühlt, gern in der Lage, etwas zu tun. Entweder wartet man dann, bis sich diese Stimmung von alleine ändert, um mit der Arbeit fortfahren zu können, oder man zwingt sich, weiterzuarbeiten, obwohl man sich lethargisch fühlt, und ist nun zusätzlich belastet mit Ärger und Verdruß.

Wäre es da nicht besser, seine Gefühle so ändern zu können, daß sie in Einklang mit der jeweiligen Anforderung sind? Ein erster Schritt in diese Richtung ist, sich über die zu leistende Aufgabe Fragen zu stellen, die man nicht auf Anhieb beantworten kann. Diese Fragen sollten am besten Gebiete berühren, die für Sie persönlich von Bedeutung oder von Interesse sind. Wenn Sie z.B. Ihre Unterlagen für die Steuer zusammenstellen, könnten Sie sich fragen, wie eine langfristige Steuerplanung die finanzielle Sicherheit Ihrer Familie erhöhen könnte. Wenn Sie gleichzeitig Ihr Tempo erhöhen, werden Sie bemerken, daß Sie neugierig werden. Dies ist ein viel hilfreicheres und flexibleres Gefühl als Lethargie, wenn es darum geht, etwas zu erledigen.

Nehmen Sie an, es sei Ihnen gelungen, neugierig zu werden, aber Sie fühlen immer noch nicht den Drang, sich aus dem Sessel zu erheben und die Ärmel hochzukrempeln. Was Sie dann brauchen, ist Motivation und Entschlossenheit, die notwendige Anstrengung auf sich zu nehmen. Sie müssen *den Wunsch*, etwas zu wissen, in *die Notwendigkeit* oder *das Bedürfnis*, etwas zu wissen, verwandeln. Die Folge wird ein Gefühl der Motivation und Entschlossenheit sein, das Sie sehr wahrscheinlich zum Handeln bewegen wird. Wenn Sie dabei ein Gefühl der Unruhe oder Ungeduld bemerken, das Sie nicht haben möchten, können Sie Ihr Tempo verlangsamen, um wieder zu einem Gefühl der Neugier und Entschlossenheit zurückzufinden.

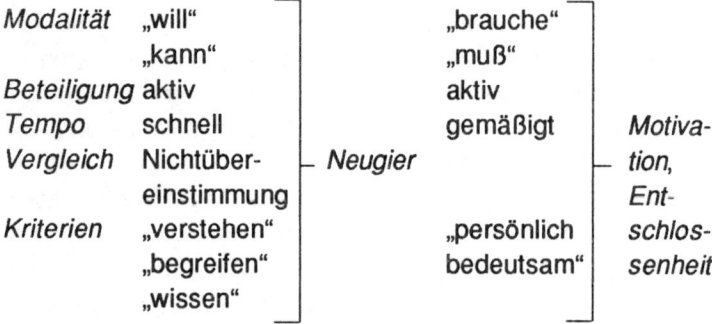

Modalität	„will" „kann"	„brauche" „muß"	
Beteiligung	aktiv	aktiv	
Tempo	schnell	gemäßigt	*Motiva-*
Vergleich	Nichtüber- — *Neugier*		*tion,*
	einstimmung		*Ent-*
Kriterien	„verstehen"	„persönlich	*schlos-*
	„begreifen"	bedeutsam"	*senheit*
	„wissen"		

Um es noch einmal hervorzuheben: Sie können Ihre Gefühle bestimmen, wenn Sie wissen, wie Sie Ihr Erleben beeinflussen können. Durch Ihre Gefühle können Sie darüber hinaus Ihr Verhalten in dramatischer Weise steuern, wie in dem vorhergehenden Beispiel, in dem Sie von Nichtstun zu aktivem Handeln wechselten. Kennen Sie Situationen, in denen Sie gerne neugierig wären, es aber nicht sind? Wie können Sie das nächste Mal, wenn Sie sich in einer solchen Situation befinden, Ihr Erleben beeinflussen, damit Sie neugierig werden? Oder sogar entschlossen? Sind Sie schon auf die Antworten neugierig?

5.2.2 Überfordert vs motiviert

Jeder von uns kennt das Gefühl, überfordert zu sein. Nehmen wir an, Sie erwarten Gäste zum Abendessen. Sie bereiten gerade das Essen vor, Ihre Kinder streiten, das Telefon klingelt alle fünf Minuten, Sie sind noch nicht angezogen, und nun hören Sie auch noch, daß soeben Ihr Besuch vorgefahren ist. Oder stellen Sie sich vor, Ihr Arbeitspensum ist verdoppelt worden und Sie müssen in der nächsten Stunde ein Dutzend Telefongespräche erledigen, von denen Ihnen jedes noch mehr Arbeit beschert. Unabhängig von der aktuellen Situation wird Ihr Gehirn mit unerledigten Aufgaben überladen sein, denen Sie dringend Ihre Aufmerksamkeit widmen müssen. Kurzum: Sie fühlen sich überfordert.

Das Gefühl der Überforderung ist das Ergebnis einer Reihe von Faktoren, die zusammenwirken. Zunächst müssen Sie an *alles*, was zu erledigen ist, gleichzeitig denken. Natürlich gibt es für jeden von uns ständig eine Reihe von Dingen, die wir tun könnten oder sollten. Trotzdem haben wir zumeist nur eine oder zwei dieser Aufgaben konstant in unserem Bewußtsein, während uns bei anderen Gelegenheiten alle möglichen Aufgaben bewußt sind. In diesem Fall sind wir bereits auf dem Weg dazu, uns überfordert zu fühlen.

Die andere Komponente, die nötig ist, um sich überfordert zu fühlen, ist das Gefühl, daß diese Aufgaben dringend erledigt werden müssen. D.h. die Aufgaben sind mit einer Modalität der Notwendigkeit verbunden und werden so zu Forderungen, denen Sie nachkommen „müssen", um bestimmte unangenehme Konsequenzen zu vermeiden (jemanden zu enttäuschen, ein Projekt zu ruinieren, den Respekt anderer zu verlieren, usw.). Dieses Gefühl der Dringlichkeit hält Sie in Atem, erhöht die Spannung in Ihrem Körper, überschwemmt Ihren inneren Dialog mit schnell wechselnden Fragen und Aussagen, während Ihre Aufmerksamkeit von einer Aufgabe zur anderen springt.

Das wichtigste Merkmal von Überforderung ist – wie wir anfangs festgestellt haben – *gleichzeitig* an eine ganze Lawine von Dingen zu denken, die erledigt werden *müssen*. Da Sie nur den Wust von Aufgaben wahrnehmen, setzen Sie keine Prioritäten, die es Ihnen erlauben würden, einige der Aufgaben zeitweise zugunsten anderer zurückzustellen, die Ihnen „wichtiger" oder „vordringlicher" erscheinen. Solange Sie gleichzeitig an alle Aufgaben denken, haben Sie mehr zu erledigen, als in der Ihnen zur Verfügung stehenden Zeit überhaupt möglich ist. Wenn das Gefühl der Überforderung fortbesteht, laufen Sie Gefahr, daß Sie sich schließlich gelähmt oder hoffnungslos erleben.

Es besteht eine Reihe von wichtigen Unterschieden zwischen den Gefühlen von Überforderung und Motivation. Wenn Sie sich motiviert fühlen, denken Sie in der Regel an ein Ergebnis, das eine starke Anziehungskraft auf Sie ausübt. Diese Anziehung ist das wesentliche Merkmal von Motivation. Motivation enthält ein „Ich will" (Modalität des Wunsches) zusammen mit einer Vorstellung des Gewünschten. Gewöhnlich wird gleichzeitig ein „Ich kann es erreichen" (Modalität der Möglichkeit) erlebt.

Das Tempo bei Motivation ist nicht so rasend wie bei Überforderung, doch es kann immerhin als relativ schnell erlebt werden. Wenn Sie sich motiviert fühlen, sind Sie auf die Zukunft orientiert. Es gibt etwas in der Zukunft, das Sie sich wünschen und vielleicht erreichen können. Es kann sich dabei um ein unmittelbar bevorstehendes oder ein in der fernen Zukunft liegendes Ereignis handeln. Sie können z.B. motiviert sein, einen Streit, den Sie mit Ihrem Partner haben, beizulegen, etwas zu essen, Ihren Lebenslauf für eine bevorstehende Bewerbung fertigzustellen oder sich um Ihre Altersversorgung zu kümmern.

Ein weiteres Merkmal von Motivation ist, daß es etwas gibt, das Sie noch nicht haben, und das angenehm oder wertvoll für Sie ist. Sie vergleichen das, was Sie im Augenblick haben, mit dem, was Sie in Zukunft erreichen können oder erreichen werden. Dieser Vergleich bewirkt, daß Sie Ihre Aufmerksamkeit darauf richten, wie es Ihnen in der Zukunft besser geht als im Augenblick. Meistens hat man dabei eine bestimmte Erfahrung im Blick, die mit dem erfüllten Wunsch oder Ziel verbunden ist.

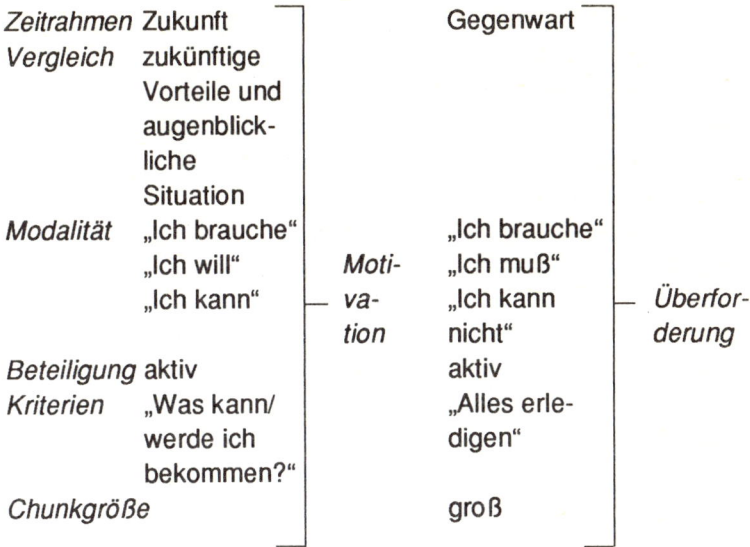

Zeitrahmen	Zukunft	Gegenwart	
Vergleich	zukünftige Vorteile und augenblickliche Situation		
Modalität	„Ich brauche"	„Ich brauche"	
	„Ich will"	*Moti-* „Ich muß"	
	„Ich kann"	*va-* „Ich kann	*Überfor-*
		tion nicht"	*derung*
Beteiligung	aktiv	aktiv	
Kriterien	„Was kann/ werde ich bekommen?"	„Alles erledigen"	
Chunkgröße		groß	

Es ist wichtig, die Struktur von Motivation zu verstehen. Die Nützlichkeit dieses Gefühls ist unbestreitbar – denken Sie nur an die Fülle von Büchern, Seminaren und Kassetten, die Ihnen beibringen wollen, wie Sie sich und andere motivieren können. Den erfolgreichen dieser Angebote gelingt es, manchmal vielleicht unbeabsichtigt, die Erfahrungselemente einzubauen, die dem Gefühl der Motivation zugrundeliegen und weiter oben beschrieben worden sind.

Es ist sicher nützlicher, wenn Sie selbst Ihre Motivation erzeugen können, als auf Kassetten oder Trainingsprogramme zurückgreifen zu müssen. Ermöglicht wird es Ihnen, indem Sie herausfinden, was Sie normalerweise dazu bringt, mit einer bestimmten Handlung zu beginnen. Dafür brauchen Sie nur einige Tätigkeiten zu bestimmen, für die Sie bereits spontan motiviert sind. Sobald Sie diese gefunden haben, suchen Sie nach den gemeinsamen Elementen. Zum Beispiel: Sind alle diese Tätigkeiten von Ihnen selbst initiiert? Oder beginnen Sie sie auf die Anregung von anderen hin? Handelt es sich um Tätigkeiten, die Sie gut beherrschen? Die Sie nützlich finden? Setzen diese Tätigkeiten Interaktion mit anderen Menschen voraus, oder sind es vor allem einsame Unternehmungen? Haben diese Tätigkeiten einen offenen Zeitrahmen (d.h. können Sie sich ihnen jederzeit widmen?), oder sind sie an feste Termine gebunden? Erhalten Sie eine bestimmte Belohnung, wenn Sie Ihr Ziel erreichen? Wie fühlen Sie sich, wenn Sie diese Tätigkeiten ausgeführt haben?

Sobald Sie die Bestandteile identifiziert haben, die dazu führen, daß Sie sich motiviert fühlen, können Sie damit beginnen, Ihre Aufmerksamkeit auf andere, bisher unattraktive Aktivitäten zu richten, damit Sie auch diese zum Ziel Ihrer Motivation machen können. Sie werden wissen, welche Eigenschaften Sie einer bestimmten Aufgabe oder einem Ziel geben müssen, um mit einem Gefühl der Motivation darauf reagieren zu können. Wenn eine Aufgabe z.Zt. unattraktiv ist, Sie aber gerne dazu motiviert wären, brauchen Sie die Aufgabe nur so zu gestalten, daß sie Ihre motivationalen Voraussetzungen erfüllt.

Nehmen Sie beispielsweise an, zu den Tätigkeiten, für die Sie in der Vergangenheit motiviert waren, gehörten das Anlegen eines Gemüsegartens, Bücherschreiben, Zoo- und Museumsbesuche mit Ihren Kindern. Wenn Sie diese Aktivitäten untersuchen, wird Ihnen auffallen, daß es für Sie wichtig ist, davon ausgehen zu können, daß auch andere einen Nutzen davon haben, Sie selbst etwas dabei lernen und es Spaß macht. Damit kennen Sie die Merkmale, die Tätigkeiten haben müssen, damit Sie sich unmittelbar motiviert fühlen, sie in Angriff zu nehmen.

Nehmen wir an, Sie müßten planen, wie Sie Ihre Finanzen verwalten wollen; etwas, wozu Sie gern motivierter wären. Mit dem, was Sie jetzt darüber wissen, wie Sie zu motivieren sind, brauchen Sie nur herauszufinden, wie das Verwalten Ihrer Finanzen Ihre Voraussetzungen für Motivation erfüllen könnte. Möglicherweise erkennen Sie, daß es Ihnen dabei hilft, besser für Ihre Familie zu sorgen, etwas über Volkswirtschaft zu lernen und Ihnen vielleicht in ähnlicher Weise Spaß macht wie das Material für ein Buch zu recherchieren oder die Idee für ein Buch auszuarbeiten. Sobald Sie das Verwalten Ihrer Finanzen mit diesen Eigenschaften versehen haben, werden Sie auf natürliche Weise dazu motiviert sein.

5.3 Zusammenfassung

Wir haben in diesem Kapitel wiederholt betont, daß Ihre Gefühle der Ausdruck bestimmter Wahrnehmungsmuster sind, deren Veränderung zu einer Veränderung des Gefühls führt. Der Satz von Gefühlsbausteinen, den wir in diesem Kapitel vorgestellt haben, erlaubt es Ihnen, jedes Gefühl in seinen wesentlichen Komponenten zu erfassen. Sobald Sie die Struktur einer Emotion kennen, können Sie auch verstehen, warum sie die Ihnen vertraute Wirkung auf Ihr Erleben und Verhalten hat. Wenn Sie um die entscheidenden Komponenten wissen, durch die eines Ihrer Gefühle erzeugt wird, haben Sie die Möglichkeit, dieses Gefühl in ein anderes zu verwandeln, das befriedigender oder nützlicher für Ihre augenblickliche Situation ist.

Die Kenntnis der Struktur Ihrer Gefühle kann für Sie zur Grundlage einer neuen Freiheit werden, in der Sie Ihre emotionale Erfahrung so gestalten, daß Ihr Wohlbefinden bewahrt bleibt, in der Sie so sein und sich geben können, wie Sie sind. Leslie und ich haben uns eine solche Welt geschaffen. Wir haben unser Wissen von der Struktur der Gefühle genutzt, und uns in der Macht über unsere Gefühle eine Freiheit erobert, die wir jetzt genießen. Wir haben gelernt, wie wir uns diese Freiheit erhalten können, indem wir die Komponenten von Emotionen benutzen – bei jeder Gelegenheit, jeden Tag.

So ändern wir beide unsere Gefühle, indem wir den Zeitrahmen verändern. Wir tun das häufig auf verschiedene Weise: Leslie verwandelt Frustration in Geduld, indem Sie sich bei „störrischen" Zielen mehr Zeit zugesteht. Von dem Druck befreit, eine Forderung umgehend bewältigen zu müssen und durch die für einen weiteren Fortschritt verbleibende Zeit beruhigt, kann Leslie ihrer Überzeugung vertrauen, daß „es schon klappen wird und ich mein Ziel erreichen kann". Für Michael steckt die Zukunft voll von unbegrenzten und verführerischen Möglichkeiten, was ihn in allen seinen Bemühungen anspornt. Wenn er sich zufrieden fühlen will, wechselt er von der Zukunft in die Gegenwart und richtet seine Aufmerksamkeit darauf, in welcher Weise das, was er jetzt hat, das Bestmögliche ist.

Leslie bleibt nachts häufig auf und denkt darüber nach, was sie alles zu erledigen hat. Um sich entspannen und schlafen zu können, verändert sie die wachhaltende Modalität der Notwendigkeit – das, was sie zu tun hat – in die beruhigende Modalität der Erwünschtheit und Möglichkeit. Mit anderen Worten: Sie denkt an all die wunderbaren Dinge, die sie tun möchte und tun könnte.

Michael hat die unterschiedlichen Konsequenzen von aktiver und passiver Beteiligung im Blick, wenn er, anstatt nur auf Besserung zu hoffen, entschieden gegen gewisse persönliche Gewohnheiten unseres Sohnes Mark angeht.

Viele Menschen sind außer sich über die Unannehmlichkeiten, Unzulänglichkeiten und Ungerechtigkeiten, die das Leben bereit hält. Ein verspätetes Flugzeug, ein Essen, das zu spät serviert wird, um es genießen zu können, oder ein Kleid, das in der Reinigung verdorben wird, kann für sie Anlaß zu spontaner und anhaltender Wut sein. Leslie hat gelernt, diese Wut in die mildere „Verdrossenheit" umzuwandeln, indem sie die Intensität verringert. Das gelingt ihr, indem sie sich Fragen stellt wie z.b.: „Werde ich mich in fünf Jahren überhaupt noch daran erinnern können?" Wenn es nötig ist, geht sie in Gedanken fünf oder zehn Jahre in die Zukunft und fragt sich aus dieser Perspektive, warum ihr ein solch unbedeutendes Ereignis jemals wichtig erscheinen konnte.

Leslie benutzt Tempo als Beruhigungsmittel, wann immer sie sich gehetzt fühlt. Ob sie nun unter Druck steht, weil sie einen Artikel fertigstellen muß oder weil ein Abendessen auf den Tisch zu bringen ist – sobald Leslie bemerkt, daß sie sich gehetzt fühlt, verlangsamt sie das Tempo ihrer Gedanken und Körperempfindungen. Indem sie das Tempo verlangsamt, kann sie von der Aufregung über den einzuhaltenden Termin oder das Abendessen wieder zu dem Gefühl der Sorge für die Menschen in ihrer Umgebung wechseln und dabei ihre jeweilige Arbeit weiterverfolgen.

Michael fühlte sich früher schuldig, wenn er sich vergnügte und es gleichzeitig etwas anderes gab, das er glaubte erledigen zu müssen. Weil er das Kriterium benutzte „Was sollte ich gerade tun?", konnte er nur selten seine Freizeit unbeschwert genießen. Das änderte sich, als er erkannte, daß er sein Kriterium ändern konnte. Nun richtet er in den gleichen Situationen seine Aufmerksamkeit auf die Tatsache, daß er etwas tut, was er auch wirklich tun möchte und fühlt sich dabei als ein glücklicher Taugenichts.

Wenn Leslie durch etwas, das jemand gesagt oder getan hat, gekränkt ist, ändert sie das Kriterium „Wie fühle ich mich gerade" zu „Was ist mit ihm oder ihr los?". Dieser Wechsel der Wahrnehmungsfilter färbt ihre emotionale Reaktion mit den Tönungen von Neugier, Empathie und Verständnis.

Jedes der folgenden Kapitel enthält spezifische Techniken, die die Komponenten der Emotionen verwenden, Techniken, die, wenn sie eingesetzt werden, das Versprechen voller emotionaler Entscheidungsfreiheit einlösen. Doch bevor wir uns diesen Techniken zuwenden, möchten wir noch eine Frage erörtern, die implizit in diesem Kapitel aufgeworfen worden ist. Stellen Sie sich vor, nicht nur Leslie, Michael und Sie verstünden die Struktur der Emotionen. In welcher Weise wäre die Welt anders,wenn jeder erkennen würde, daß emotionale Erfahrungen eine Struktur haben, die erlernbar und praktisch anwendbar ist?

Wir müßten nicht länger hilflos an der Seitenlinie stehen und darauf warten, daß die Menschen, die wir lieben, ihre destruktiven oder unangenehmen Gefühle ausspielen. Wir hätten statt dessen die Möglichkeit, ihnen zu helfen, ihr Erleben zu ändern, und damit ihr Verhalten und auch unsere eigene Erfahrung. Wir beeinflussen selbstverständlich die Gefühle anderer. Wir haben es schon immer getan. Doch gewöhnlich üben wir diesen Einfluß zufällig und ungerichtet aus, wie eine Taschenlampe, die an unserem Gürtel hängt, hin- und herbaumelt und mal das eine, mal das andere beleuchtet, während wir uns bewegen. In einer Welt emotionaler Wahlfreiheit, in der die uns allen gemeinsamen emotionalen Reaktionen von allen verstanden würden, trügen wir diese Taschenlampe in unserer Hand und wir könnten ihr Licht dorthin richten, wo wir es am dringendsten brauchen. Kurzum: Wir hätten eine Welt, in der die Suche nach emotionaler Zufriedenheit eine gemeinsame Unternehmung und kein einsames Bemühen mehr ist.

6 Orientierung auf die verschiedenen Folgen unterschiedlicher Gefühle

In Kapitel drei haben wir die vier Schlüsselfähigkeiten emotionaler Wahlfreiheit vorgestellt: Gefühle plazieren, sie ausdrücken, sie nützen und ihnen vorbeugen zu können. Nun, da Sie mit dem Konzept der emotionalen Wahlfreiheit und der Struktur von Emotionen vertraut sind, ist es an der Zeit, die einzelnen Techniken zu lernen, die diese Schlüsselfähigkeiten mit Leben erfüllen. Plazieren ist die Fähigkeit, in einer Situation die für Sie angemessenste Emotion zu finden. Das setzt voraus, daß Sie sich an den Folgen orientieren, die verschiedene Emotionen in verschiedenen Situationen bewirken. Sie müssen in der Lage sein, die für eine spezifische Situation besten Emotionen zu wählen und sich diese dann zugänglich machen können. In diesem Kapitel werden ausführlich die Möglichkeiten besprochen, sich über die Konsequenzen einzelner Gefühle klar zu werden. Techniken für die Auswahl und den Zugang zu Emotionen werden in den folgenden Kapiteln behandelt. Die in diesem und den nächsten beiden Kapiteln erörterten Fähigkeiten machen zusammen das Plazieren aus.

Plazieren → Orientieren Auswählen Zugänglich machen
Ausdrücken
Nutzen
Vorbeugen

Wenn Sie Emotionen auswählen, bevor Sie sich über deren Folgen orientiert haben, ist das das Gleiche, als würden Sie Werkzeug aus einer Werkzeugkiste nehmen, um eine Arbeit damit zu verrichten, ohne die Möglichkeiten und Grenzen der einzelnen Werkzeuge zu kennen. Eine Rohrzange ist eine sinnvolle Erfindung, aber Sie werden Schwierigkeiten haben, damit zwei Holzteile zusammenzuschrauben. Schraubenzieher haben zweifellos ihre Vorzüge, aber nicht, wenn ein Hammer oder eine

Säge gebraucht wird. Selbst Werkzeug, das ähnlich aussieht, kann für verschiedene Zwecke gedacht sein. Eine Schrotsäge hat andere Eigenschaften als eine Langsäge. Mit beiden werden Sie keine Freude haben, wenn es darum geht, ein Rohr durchzusägen, vor allem, wenn Sie eine Metallsäge zur Hand haben. Jede Emotion ist ein spezialisiertes Werkzeug, das am besten für den Zweck eingesetzt wird, für den es vor allem geeignet ist. Im Fall der Emotionen ist jedes „Stück Arbeit" ein verschiedener Kontext, und in einem gegebenen Kontext die falsche Emotion zu gebrauchen, kann kontraproduktiv oder sogar gefährlich sein. Mit *Kontext* meinen wir jede Situation, in der Sie Emotionen erleben und ausdrücken. Wenn Sie sich frustriert fühlen, während Sie versuchen, für Ihre Abschlußprüfung zu lernen, dann ist „für die Abschlußprüfung lernen" der Kontext Ihrer Frustration. Wenn Sie zuversichtlich in bezug auf einen möglichen Berufswechsel sind, dann ist „das Erwägen eines Berufswechsels" der Kontext für Ihre Zuversicht. Der Kontext bezieht sich auf die Umstände, die die Umgebung für Ihre emotionale Reaktion bilden.

Der Kontext kann enorm wichtig sein, wenn es darum geht, zu bestimmen, welche emotionale Reaktion am angemessensten ist. Viele Situationen verlangen eine bestimmte Art von Emotionen, wenn Sie zufriedenstellend und effektiv zugleich reagieren wollen. Emotionen wie Frustration und Herausforderung beispielsweise sind angemessen, wenn Sie für ein Fach lernen müssen, in dem Sie einiges aufzuholen haben, da diese Emotionen Ihre Bemühungen wachhalten werden. Sich niedergeschlagen oder unzulänglich zu fühlen ist eindeutig weniger angemessen, um eine Prüfung zu bestehen.

In bestimmten Situationen sind einige Emotionen tatsächlich besser (im Sinne von angemessener) als andere. Wirkliche emotionale Entscheidungsfreiheit ist dadurch gekennzeichnet, daß Sie in der Lage sind, die emotionalen Anforderungen einer bestimmten Situation zu erkennen, anstatt nur auf sie zu reagieren und später die Scherben aufzusammeln. Der beste Weg, den wir kennen, um den Blick für die emotionalen Anforderungen zu schärfen, die in verschiedenen Kontexten entstehen, besteht darin, einige kontrastierende Beispiele, wie die weiter unten aufgeführten, zu untersuchen. Sie profitieren am meisten von diesen Beispielen, wenn Sie eigene Situationen finden, die den beschriebenen ähnlich sind.

Sie müssen sich vielleicht gerade nicht auf ein schwieriges Fach vorbereiten (wie in dem letzten Beispiel), aber Sie können wahrscheinlich eine andere, Ihnen geläufige Situation finden, in der Sie eine Aufgabe erfüllen müssen, für die Sie sich schlecht vorbereitet fühlen, wie z.B. vor Kollegen ein Referat halten, einen Entwurf für Ihr neues Haus machen, oder eine intime Beziehung aufnehmen. Indem Sie jeweils ein eigenes Beispiel finden, werden Sie nicht nur wichtige Informationen darüber gewinnen, wie Sie eine bedeutsame Situation in Ihrem Leben verändern können, sondern auch lernen, die *situationalen Merkmale* zu erkennen, die eine bestimmte Art von Emotionen notwendig machen.

6.1 Situationale Merkmale

GEDULD hat zwei Merkmale: Das Erleben eines langsamen, gleichmäßigen Tempos und die Repräsentation eines bestimmten Zieles. Geduld erlaubt Ihnen, Ihre Bemühungen fortzusetzen und gibt Ihnen gleichzeitig Zeit genug, um Ihr Verhalten, Ihre Kriterien und das Ziel selbst wiederholt neu zu bewerten. Daher ist Geduld sehr hilfreich, wenn das Erreichen des Zieles längere Zeit dauern wird. Weben ist z.B. eine Tätigkeit, bei der Sie mit jedem „Schuß" nur um einen Faden weiterkommen und die ihnen mit Geduld leichter fallen wird. Wenn Sie Kinder erziehen, einen Garten pflegen, unterrichten, etwas reparieren oder zusammenbauen, werden Sie nicht immer Ihren Zeitplan einhalten können. Sie werden Geduld brauchen, wenn die Zeit, in der Sie Ihr Ziel verfolgen, für Sie und Ihre Umgebung angenehm bleiben soll.

Es ist *nicht* angemessen, geduldig zu sein, wenn Ihnen, falls Sie Ihr Ziel nicht erreichen, relativ unmittelbar negative Konsequenzen drohen. Wenn Ihr Haus in Flammen steht, müssen Sie handeln und Maßnahmen ergreifen – Hilfe rufen, hinauslaufen,

Haustiere retten, den Schlauch holen – auf jeden Fall dürfen Sie nicht geduldig sein. In der Regel ist Geduld auch nicht nützlich, wenn jemand Sie gerade in beträchtlicher Weise ausnutzt, Sie geschlagen werden, oder man Sie zum wiederholten Male bei einer Beförderung übergeht. Mit anderen Worten: Kontexte, in denen es gefährlich ist oder gefährlich sein könnte, eine Entwicklung nicht zu unterbrechen, sind für Geduld unangemessen.

RUHE ist wunderbar, wenn man nachts zu Bett geht, meditiert, sich entspannt, Urlaub macht oder eine Aussicht genießt. (Denken Sie daran, wir sprechen nicht davon, sich ruhig zu verhalten, sondern davon, sich ruhig zu fühlen.) Fast jede Situation, in der Sie nichts zu tun haben, wird durch Ruhe angenehmer. Natürlich ist es unangemessen, ruhig zu sein, wenn Sie unmittelbar reagieren müssen oder sich in einer Situation befinden, die Ihre volle Aufmerksamkeit verlangt.

Trotz einer Reihe von Ähnlichkeiten besteht ein wichtiger Unterschied zwischen Ruhe und Geduld. Geduld setzt ein Ziel voraus, das Sie innerhalb eines relativ ausgedehnten Zeitrahmens erreichen wollen. Ruhe hingegen setzt kein Ziel voraus.

ENTSCHLOSSENHEIT ist notwendig, wenn es darum geht, körperlich fit zu werden, ein Unternehmen erfolgreich zu führen, oder ein Studium zu beenden. Entschlossenheit ist von großer Bedeutung, wenn es nötig ist, sich über längere Zeit beständig einzusetzen, um ein Ziel zu erreichen. Die sehr gerichtete Aufmerksamkeit, die Entschlossenheit kennzeichnet und die dieses Gefühl so effektiv macht, kann aber unangemessen oder schädlich sein, wenn Ihr persönliches Wohlbefinden in irgendeiner Weise dadurch gefährdet wird. Entschlossenheit setzt uns Scheuklappen auf, die unsere Aufmerksamkeit ständig auf das Ziel gerichtet halten und alles andere, was um uns herum geschieht und nicht damit in Verbindung steht, ausblenden. Jemand, der entschlossen ist, eine Firma aufzubauen, wird lange Arbeitstage auf sich nehmen, häufig Geschäftsreisen unternehmen und sich selbst zuhause noch in Gedanken mit seiner Arbeit beschäftigen, ohne zu bemerken, daß er die Beziehung zu seiner Familie in gefährlicher Weise vernachlässigt oder seine Gesundheit sich zusehends verschlechtert. Entschlossenheit ist u.U. auch die falsche Wahl, wenn das Ziel, das Sie anstreben, die Mühe nicht lohnt. Wenn Sie versuchen, die Liebe einer Person zu gewinnen, obwohl Sie wissen, daß der andere Sie nicht einmal mag, so wäre das ein Ziel, das wahrscheinlich den Aufwand an Zeit, Energie und Gefühlen nicht rechtfertigt und somit keine gute Gelegenheit für Entschlossenheit darstellt.

ERMUTIGUNG werden Sie spüren, wenn Sie feststellen, daß Sie sich Ihrem Ziel annähern. Ermutigung ist ein wichtiges Gefühl, wenn Sie auf ein Ziel hinarbeiten, das nur schwer oder erst nach langer Zeit zu erreichen ist. Die Arbeit mit Schwerbehinderten oder der Einsatz für den Weltfrieden sind Kontexte, die in der Regel nur in sehr kleinen Portionen das bestärkende Gefühl vermitteln, daß man seinem Ziel näherkommt. Abnehmen und Schlanksein ist ein weiteres Beispiel für ein Ziel, das nur schwer und mühsam zu erreichen ist. Die Wachsamkeit und Selbstbeschränkung, die bei einer Diät notwendig sind, lassen sich am besten aufrechterhalten, wenn man sich beständig durch so kleine Erfolge, wie den Verlust eines Pfundes pro Woche oder den Verzicht auf ein Dessert nach dem Abendessen, ermutigt fühlt.

Da Ermutigung insbesondere die Fortschritte in unserem Bemühen hervorhebt, ist sie bei Erreichen eines Teilzieles häufig sinnvoller als Zufriedenheit. Wenn wir zufrieden sind, beenden wir häufig unsere Anstrengungen, während Ermutigung uns zu dem nächsten kleinen Schritt anspornt. Ermutigung ist nicht nützlich, wenn die Zielerkennungskriterien unangemessen sind und Sie daher nicht merken, daß Sie ein Ziel verfolgen, das den Aufwand nicht wert ist. Es ist z. B. nicht sinnvoll, sich ermutigt zu fühlen, wenn Sie versuchen, die Achtung einer Person zu gewinnen, die wiederholt gezeigt hat, daß sie für *niemanden* Achtung empfindet, unabhängig von seinen Eigenschaften oder Leistungen. Es ist auch nicht sinnvoll, sich aufgrund der anfänglichen angenehmen Gefühle, die man durch Alkohol oder Kokain erleben kann, zum Weitermachen ermutigt zu fühlen.

ERGEBENHEIT in das Schicksal ist angemessen, wenn Sie etwas, das Sie wollen, zurückstellen müssen, um ein Ziel zu verfolgen, das Vorrang hat. Zum Beispiel müssen Sie sich damit abfinden, eine Arbeit zu schreiben, um einem Lehrer zu gefallen oder das Wochenende mit den Kindern allein zu verbringen, damit Ihr Partner den verdienten Urlaub von der Familie nehmen kann oder Ihre Lieblingssendung im Fernsehen zu vermissen, um Ihrem Kind bei den Schularbeiten zu helfen. Wenn Sie Ergebenheit empfinden, geben Sie nicht auf, was Sie wollen (wie bei Enttäuschung), sondern stellen es nur zugunsten eines wichtigeren Zieles zurück. Es ist am besten, sich mit etwas abzufinden, das entweder kurzfristig oder vorübergehend ist, wie etwa ein lästiges Referat zu schreiben oder das Wochenende mit den Kindern zu verbringen. Es ist nicht angebracht, sich mit Situationen abzufinden, die dauerhaft sind oder werden könnten. Sich zum Beispiel damit abzufinden, daß Ihr Partner Sie täglich lächerlich macht oder Sie querschnittsgelähmt sind, würde nur dazu führen, daß Sie Wut und Unzufriedenheit aufstauen. In solchen Fällen sollte Ergebenheit nur als Übergang dienen, entweder zu Entschlossenheit, um etwas an der Situation zu ändern, wie im Beispiel mit dem Partner, oder zu Akzeptanz, wie im Beispiel mit der Querschnittslähmung.

AKZEPTANZ werden Sie u. U. brauchen, wenn Sie 1,55 m groß sind, Ihre Eltern Sie ständig fragen, wann Sie endlich heiraten, Ihre Tochter mit Vorliebe Punk Rock hört, Ihr Sohn nicht an Sport interessiert ist oder Ihr bester Freund die Angewohnheit hat, mit offenem Mund zu kauen. Das sind Dinge, die Sie entweder nicht ändern können, oder die die Mühe nicht wert sind, es zu versuchen. In solchen Situationen ist es meistens am sinnvollsten, die Dinge so zu akzeptieren wie sie sind, um seine Zeit und Energie für etwas anderes einsetzen zu können. Akzeptanz erleichtert es, sich von einem Ziel zu lösen. Daher ist es ein unangemessenes Gefühl, wenn es dazu gebraucht wird, ein erreichbares und lohnendes Ziel aufzugeben, so wenn Sie zum Beispiel eine schlechtbezahlte und unbefriedigende Arbeit akzeptieren. Akzeptanz hält länger an als Enttäuschung und ermöglicht es Ihnen, sich in den bestehenden Umständen wohlzufühlen.

FRUSTRATION kann nützlich sein, wenn Sie versuchen, Gewicht zu verlieren, das Finanzamt dazu zu bringen, Ihnen

Steuern zurückzuerstatten oder einen Computerfehler zu korrigieren, auf schlechtem Boden einen Garten anzulegen, oder eine persönliche Schwäche, die Sie plagt, zu überwinden. Wenn Sie sich frustriert fühlen, bleibt die Bedeutung Ihres Zieles erhalten, und Sie versuchen trotz Rückschlägen und Schwierigkeiten weiterhin, es zu erreichen. Frustration ist außerdem aktiv und richtet Sie auf Handeln aus. Frustration ist daher ein nützliches Gefühl, wenn es darum geht, Anstrengungen zur Erreichung eines Zieles zu intensivieren oder aufrechtzuerhalten.

Sobald das geschehen ist, sollten Sie zu einem anderen Gefühl übergehen, da die unangenehmen Anteile von Frustration Sie unter Umständen daran hindern können, angemessen zu handeln. Frustration läßt sich am besten als Übergang zu angenehmeren Emotionen einsetzen, die noch stärker verhaltensauslösend wirken, wie z. B. Neugier, Geduld oder Entschlossenheit. Frustration ist nicht nützlich, wenn es sich um Ziele handelt, die Sie besser aufgeben sollten. Es ist zum Beispiel fast immer sinnlos und vergeblich, darüber frustriert zu sein, daß Ihr erwachsener Sohn nicht nach Ihren Vorstellungen leben will.

ENTTÄUSCHUNG erleben Sie, wenn eine Beziehung, in die Sie große Hoffnungen gesetzt haben, nach kurzer Zeit zu Ende geht, wenn Sie eine Stelle, auf die Sie sich wirklich gefreut haben, nun doch nicht bekommen, oder Sie zu Ihrem Geburtstag nicht das spezielle Geschenk erhalten, das Sie sich gewünscht haben. Enttäuschung signalisiert Ihnen, daß ein gewünschtes Ereignis nicht eingetreten ist. Daher ist Enttäuschung nützlich, wenn es darum geht, ein Ziel nicht mehr weiterzuverfolgen, oder nicht länger darauf zu warten, daß ein bestimmter Wunsch von anderen erfüllt wird. Wenn Sie enttäuscht sind, haben Sie erkannt, daß etwas vorbei ist (bzw. es zu spät dafür ist oder es nicht mehr geschehen wird), und können so dieses Ziel aufgeben und sich anderen Zielen zuwenden. Manche Menschen fühlen sich auch nach dem Ende einer Beziehung noch weiterhin frustriert oder eifersüchtig und erhalten so auf schmerzhafte und nutzlose Weise die Bindung weiter aufrecht. Enttäuschung dagegen bewirkt lediglich eine passive Anteilnahme und erspart es

Ihnen, sich weiter zu bemühen. Natürlich kann es manchmal auch wichtig sein, sich weiter einzusetzen. Enttäuschung ist dann unangebracht, wenn Sie ein Ziel weiter verfolgen wollen, z.B. Ihr gewünschtes Gewicht noch nicht erreicht haben, trotz Tanzunterricht noch weit davon entfernt sind, eine zweiter Fred Astaire zu werden, oder Schwierigkeiten in Ihrer Ehe haben. Das sind Situationen, in denen Sie vermutlich eher Ihre Bemühungen, zumindest für bestimmte Zeit, fortsetzen wollen, als enttäuscht zu sein und aufzugeben.

VORSICHT ist eine angemessene Emotion, wenn Sie sich in einer potentiell gefährlichen Situation befinden, oder bestehende Risiken verringern wollen. Tauchen ist ein aufregender, aber auch gefährlicher Sport, daher müssen Sie sich dabei neben dem Spaß, der Faszination und Begeisterung auch ein Gefühl der Vorsicht bewahren. Es ist auch sinnvoll, vorsichtig zu sein, wenn Sie glauben, einen Grund zur Eifersucht zu haben, da überstürztes Handeln – z.B. Vorwürfe machen, nachspionieren oder sich zurückziehen – Ihre Beziehung und damit Ihr Wohlbefinden gefährden könnte. Vorsicht ist nicht nützlich, wenn Sie sich in einer vertrauten Situation befinden, in der keine Gefahr besteht, da Sie unnötigerweise einen großen Teil Ihrer Aufmerksamkeit binden würde. In manchen Situationen würde Vorsicht nur Ihr Vergnügen beeinträchtigen, so z.B. wenn Sie sich mit einem Freund unterhalten, tanzen, oder einen Nachmittagsspaziergang unternehmen.

MIßTRAUEN können Sie erleben, wenn jemand, von dem Sie wissen, daß er Sie nicht leiden kann, plötzlich ohne ersichtlichen Grund freundlich zu Ihnen ist. Sie erkennen in dieser Situation einen deutlichen Widerspruch zwischen dem gewohnten und jetzigen Verhalten dieser Person Ihnen gegenüber. Wenn Ihnen ein Handwerker verspricht, eine Arbeit doppelt so schnell zu erledigen wie andere, gleichzeitig aber in dem Ruf steht, unzuverlässig zu sein, so kann Sie das mit Recht mißtrauisch machen. Mißtrauen wird bei Ihnen auch aufkommen, wenn ein Kollege, der wiederholt persönliche Gespräche Ihren Vorgesetzten hinterbracht hat, Ihnen seine Sympathie erklärt. Mißtrauen ist angebracht, wenn Sie unter Menschen sind, die Ihnen Schaden zufügen können und das auch wissen, dabei aber so tun, als gäbe es nichts zu befürchten. Der Unterschied zwischen Mißtrauen und Skepsis liegt in der Intensität. Wenn die Möglichkeit eines großen Schadens besteht, verwandelt sich Skepsis in das besseren Schutz bietende Mißtrauen. Mißtrauen ist eine sehr unangebrachte Emotion, wenn es keinen Anhaltspunkt für einen Widerspruch zwischen dem früheren und jetzigen Verhalten der anderen Person gibt. Die Wirkung von Mißtrauen besteht darin, Sie dazu zu motivieren, in sicherer Entfernung zu bleiben und nach einer Bestätigung für die vermutete böse Absicht zu suchen. Mißtrauisch zu sein, wenn kein Anhaltspunkt für Gefahr und einen Widerspruch besteht, wird nur zu Verhalten führen, das mit Sicherheit Verwirrung, Groll und Wut bei anderen auslöst.

6.2 Das Überprüfen von Gefühlen auf ihre Nützlichkeit für Sie

Wesentlich für emotionale Entscheidungsfreiheit ist die Fähigkeit, Gefühle unter dem Gesichtspunkt ihrer Nützlichkeit in bestimmten Situationen sehen zu können. Es geht also darum, das richtige Werkzeug für die Aufgabe zu finden. Sie haben gerade einige Beispiele für verschiedene Emotionen gelesen, die in bestimmten Situationen angemessen sind, in anderen aber nicht. Sie werden nun Gelegenheit bekommen, diese Idee der Nützlichkeit auf Ihr eigenes Erleben anzuwenden und damit vertraut zu werden, in jeder gegebenen Situation das beste „emotionale Werkzeug" zu finden. Das folgende Schema zur Nützlichkeit Ihrer Gefühle ist (wie alle in den nächsten Kapiteln vorgestellten Schemata) mit den einzelnen numerierten Schritten in dem Kapitel „Schemata auf einen Blick" am Ende des Buches abgedruckt.

Um Ihre eigenen Gefühle selbst unter dem Gesichtspunkt der Nützlichkeit wahrnehmen zu können, wählen Sie eine Situation oder einen Kontext aus, der regelmäßig eine emotionale Reaktion bei Ihnen hervorruft – z. B. für eine Prüfung lernen, im Berufsverkehr fahren, Essen kochen, mit den Kindern spielen,

Berichte schreiben, Sport treiben oder technische Handbücher lesen. Dabei ist es wichtig, die unterschiedlichen Konsequenzen verschiedener Emotionen kennenzulernen, indem Sie nacheinander mehrere Emotionen in einer Situation ausprobieren und sich dazu überlegen, wie sie sich mit der jeweiligen Emotion verhalten würden. Wir schlagen Ihnen folgendes Verfahren vor: Finden Sie zunächst eine vertraute Begebenheit. Stellen Sie sich vor, Sie befänden sich in dieser Situation. Machen Sie diese Vorstellung so detailliert und konkret wie möglich. Was sehen Sie? Was hören Sie? Wenn Sie sich die Szene klar vorstellen können, wählen Sie eine Emotion. Stellen Sie sich dabei vor, Sie hätten dieses bestimmte Gefühl. Wie würden Sie sich verhalten? Wählen Sie, wenn Sie Ihre Reaktion eingehend untersucht haben, nunmehr eine andere Emotion und stellen Sie sich vor, diese in dem gleichen Kontext zu erleben. Wie ändert sich Ihre Reaktion auf die Situation mit diesem neuen Gefühl?

Halten Sie die Situation konstant, während Sie danach beliebig viele Emotionen ausprobieren und dabei die Änderungen in Ihrem Verhalten beobachten.

Wenn Sie eine Situation bestimmt haben, können Sie folgende Frage für Ihre Überlegungen nutzen.

Welche Folgen wird es haben, wenn ich mich in dieser Situation (das Gefühl) *fühle?*

Zum Beispiel:

Wenn Sie sich als Schüler „neugierig" fühlen, wird es Ihnen leicht fallen, zu lernen.

Wenn Sie sich als Schüler „unzulänglich" fühlen, wird das zu geringerer Beteiligung, mehr Grübeln, Zweifeln und Verwirrung führen.

Wenn Sie sich als Schüler „stur" fühlen, wird dies dazu führen, daß Sie sich in Auseinandersetzungen über den Unterrichtsstoff und Prüfungsbestimmungen verstricken.

Wenn Sie sich als Schüler „apathisch" fühlen, werden Sie durch Ihre Teilnahmslosigkeit vieles versäumen.

Der Kontext ist jedesmal gleich, Sie verändern nur die Emotion, die Sie erleben. Stellen Sie sich dann vor, wie dieses Gefühl Ihr Erleben und Verhalten beeinflussen würde. Versuchen Sie dabei, für jeden Kontext Emotionen zu finden, die sowohl nützliche Verhaltensweisen bewirken, als auch solche, die wenig nützen, oder sogar schädliches Verhalten herbeiführen. Hier sind weitere Beispiele, um Ihr Denken anzuregen.

Situation: Neue Leute kennenlernen

Wenn Sie sich „freundlich" fühlen, werden Sie Kontakt aufnehmen und interessiert sein.

Wenn Sie sich „ehrfürchtig" fühlen, können Sie sich nicht natürlich geben oder Sie selbst sein.

Wenn Sie sich „ängstlich" fühlen, werden Sie zurückhaltend sein und Hemmungen haben, sich zu äußern.

Wenn Sie sich „mißtrauisch" fühlen, werden Sie defensive oder sogar aggressive Verhaltensweisen zeigen, sich z.b. arrogant benehmen und abfällige Bemerkungen machen.

Situation: Prüfung

Wenn Sie sich „ehrgeizig" fühlen, werden Sie sich anstrengen und vielleicht mehr tun, als notwendig ist.

Wenn Sie sich „kompetent" fühlen, werden Sie während der Prüfung entspannt bleiben, sich Zeit nehmen und über Ihr Wissen verfügen können.

Wenn Sie sich „panisch" fühlen, werden Sie Ihr Wissen nicht abrufen können und katastrophal abschneiden.

Wenn Sie sich „unruhig" fühlen, werden Ihnen Flüchtigkeitsfehler unterlaufen.

Wenn Sie sich „apathisch" fühlen, werden Sie sich nicht anstrengen.

Situation: Bewerbungsgespräch

Wenn Sie sich „hoffnungsvoll" fühlen, werden Sie entspannt sein, Selbstvertrauen haben, laut und deutlich sprechen und sich Ihren Fähigkeiten gemäß verhalten.

Wenn Sie sich „wachsam" fühlen, werden Sie darauf achten, worauf Ihr Gesprächspartner abzielt und ausführlichere innere Bewertungen darüber anstellen, was Sie sagen und tun.

Wenn Sie sich „ängstlich" fühlen, werden Sie aufgeregt sein und sich Ihrem Gegenüber nicht von Ihrer besten Seite zeigen können.

Situation: Zum Flughafen fahren

Wenn Sie sich „überschwenglich" fühlen, werden Sie die Fahrt zum Flughafen genießen und sich auf mögliche Reisebekanntschaften freuen.

Wenn Sie sich „unruhig" fühlen, werden Sie zwar pünktlich ankommen, aber nervös sein und vieles von dem versäumen, was um Sie herum geschieht.

Wenn Sie sich „ängstlich" fühlen, werden Sie versucht sein, den Flug zu verpassen und darauf achten, daß Sie genügend Geld für Getränke, den Film während des Fluges und einen Stapel Zeitschriften haben, um sich ablenken zu können.

Natürlich können Sie sich, wenn Sie die oben genannten Emotionen erleben, auch anders verhalten, als es in den Beispielen angegeben ist. Was Sie letztlich tun, wenn Sie in einer besonderen Situation ein bestimmtes Gefühl erleben, hängt von Ihrer Lebensgeschichte, Ihrer Persönlichkeit und Ihren Ressourcen ab.

Wenn Sie es bisher noch nicht getan haben, suchen Sie sich jetzt einen Kontext aus, der Ihnen vertraut ist und stellen Sie sich vor, wie sich Ihr Verhalten ändern wird, wenn Sie die Gefühle verändern, die Sie in diesem Zusammenhang erleben. Denken Sie daran, sich ein Beispiel für eine Emotion zu suchen, die zu nützlichem Verhalten führt und ein weiteres Beispiel für eine Emotion, die unangebrachtes oder schädliches Verhalten hervorruft. Führen Sie diese Übung mit mindestens fünf verschiedenen Situationen aus, die für Sie bedeutsam sind. Kritisiert oder gelobt zu werden sind Kontexte, die sich gut zum Ausprobieren eignen.

Die Erfahrungen, die Sie mit diesen Übungen machen, sollen Ihnen verdeutlichen, daß Ihre Gefühle in einer bestimmten Situation großen Einfluß darauf haben, welche Erfahrungen Sie in dieser Situation machen und wie Sie sich in ihr verhalten. Darüber hinaus soll Ihnen ersichtlich werden, daß manche Emotionen für eine bestimmte Situation nützlicher sind als andere. Die Emotionen, die Sie wollen und brauchen, sind die, welche die Qualität Ihres Erlebens erhöhen und Sie Ihre Ziele leichter erreichen lassen. Im folgenden Kapitel möchten wir Ihnen zeigen, wie Sie herausfinden können, welche Emotionen für Sie die „maximierenden" sind.

7 Die Auswahl von Emotionen

Wenn Sie eine Reise in ein fremdes Land planen, können Sie aus einer Fülle von Büchern genügend Information darüber einholen, was Sie für Ihren Urlaub einzupacken haben. Sie werden aber kein Buch finden, das Ihnen sagt, welche Emotionen Sie mitbringen sollen. Welches Gefühl eignet sich am besten, um eine Insel zu erforschen? Geduld? Akzeptanz? Neugier? Mißtrauen? Faszination? Herausforderung? Abenteuerlust? Vorsicht? Einer unserer Bekannten, Steve, entschied sich anfangs dafür, sich in einen Zustand von Erregung zu bringen, wenn er in einem fremden Land war. Steve stellte jedoch bald fest, daß Erregung ein so schnelles Tempo zur Folge hatte, daß er unfähig war, mit den Menschen in diesem Land in Kontakt zu kommen, was sein eigentliches Ziel war. Steve ging deshalb zu dem relativ langsameren Tempo von Neugier über und fand sich bald als Gast in fremden Häusern.

Warum gibt es keine Bücher, die Ihnen sagen, welche Emotionen Sie auf Ihrem Weg brauchen, ob dieser Sie nun in ein fremdes Land, eine neue Beziehung oder zu beruflichem Erfolg führen soll? Die Antwort darauf ist, daß die meisten von uns davon ausgehen, sie hätten keine Entscheidungsfreiheit darüber, wie sie in verschiedenen Situationen emotional reagieren. Die meisten Menschen begreifen Gefühle als etwas, das mit ihnen geschieht, als unmittelbare Reaktionen auf das, was gerade vorgeht. Es kommt ihnen so gar nicht in den Sinn, ihre Emotionen selbst zu wählen. Doch es ist eine Tatsache, daß Sie Ihre Emotionen wählen können; und wenn man die Wahl hat, wählt man in der Regel das für sich Richtige.

Dieses Kapitel behandelt die Auswahl von Emotionen. Sobald Sie in der Lage sind, eine überlegte und begründete Wahl darüber zu treffen, welche Emotion für Sie in einer bestimmten Situation am angemessensten ist, werden Sie entsprechend dieser Entscheidung aktiv Einfluß auf Ihre Gefühle nehmen können.

Jeder kann eigene Beispiele für Situationen finden, in denen die erlebten Emotionen für die Situation oder das gewünschte Ziel unangemessen waren. Vielleicht waren Sie einmal bei einer Geburt dabei und haben sich vergnügt gefühlt, wo Sie mit Verantwortungsgefühl sicher eine größere Hilfe gewesen wären. Oder als Sie sich in einer wenig strukturierten beruflichen Situation befanden, in der Sie sich frei und verantwortungsbewußt verhalten wollten, statt dessen aber in einem Gefühl von Selbstzufriedenheit nichts erledigen konnten.

Wenn es möglich ist, sich zu entscheiden, und sich richtig zu entscheiden (auf eine Weise, die Ihr Wohlbefinden und Ihre Effektivität erhöht), stellt sich die Frage: Wie kann ich eine angemessene Emotion wählen? Diese Frage ist zu drei Zeitpunkten relevant: *Bevor* Sie in eine neue Situation kommen oder eine neue Rolle übernehmen; wenn Sie *während* einer Erfahrung feststellen, daß Ihre Gefühle und Ihr Verhalten anders sind, als Sie es sich wünschen und wenn Sie *nach* einer Erfahrung meinen, sich nicht so verhalten zu haben, wie Sie es gerne getan hätten. Wir werden diese Gelegenheiten der Reihe nach untersuchen und für jede ein *Auswahl-Schema* zur Verfügung stellen, das Sie verwenden können, um emotionale Entscheidungsfreiheit zu gewinnen.

7.1 Danach

Erinnern Sie sich daran, wie Sie das letzte Mal im Verkehr feststeckten und sich über die kilometerlange Schlange anderer stehender Autos aufregten, oder an Ihren freien Tag, als Sie Zementsäcke abluden, obwohl Sie schon müde waren, und sich dabei den Rücken verletzten; oder daran, wie Ihre Familie Weihnachten auf Ihr Kommando hin die Geschenke auspacken mußte, weil Sie die Bescherung mit der neuen Videokamera aufnehmen wollten und auf diese Weise die Spontaneität der Situation zerstörten; oder an das Vorstellungsgespräch, das Sie am liebsten vergessen würden, weil Sie so unterwürfig und selbstverleugnend auftraten, daß Sie sich damit um die Stelle brachten; oder an den Abend, als Sie Ihre Tochter anschrien, sie solle ihre Hausaufgaben zu Ende machen, und sie damit so durcheinanderbrachten, daß sie sich erst recht nicht mehr darauf konzentrieren konnte; oder daran, daß Sie Ihren Partner ein ganzes Wochenende lang mit boshaften und sarkastischen Bemerkungen traktierten, weil er sich mit einer Jugendliebe zum Mittagessen getroffen hatte.

Solche Gelegenheiten, an die man sich nur widerstrebend zurückerinnert, weil das nur ein „Verdamm mich" hervorruft, sind uns allen vertraut. Manchmal sind Sie sich in der Situation selbst nicht darüber im Klaren, daß Ihr augenblickliches Erleben Ihren Wünschen und Zielen entgegensteht. Erst später, wenn Sie nicht mehr damit beschäftigt sind, mit der Situation selbst zurechtzukommen, haben Sie genug Abstand, um zu erkennen, daß Ihre Gefühle und Ihr Verhalten genau das Gegenteil von dem bewirkt haben, was Sie erreichen wollten.

Natürlich ist an solchen Gelegenheiten nichts mehr zu ändern, wenn sie vorbei sind, doch es wäre unklug, die Möglichkeit außer acht zu lassen, daß sich so etwas wiederholen kann. Es wird in Ihrem Leben vermutlich weiterhin Verkehrsstaus geben, Zementsäcke, Vorstellungsgespräche und Kinder, die keine Lust haben, ihre Hausaufgaben zu machen. Der beste Gebrauch, den Sie von einer unangenehmen Erfahrung machen können, ist, sie als Lernmöglichkeit zu nutzen und dafür zu sorgen, daß Sie das nächste Mal in einer ähnlichen Situation auf eine Weise reagieren, die Ihren Wünschen und Zielen entgegenkommt.

Charlie, ein Klient von uns, hatte vor kurzem Gelegenheit dazu. Der Leiter der Schule, an der er unterrichtet, hatte ihn bei einer Lehrerkonferenz wegen seiner, wie er es nannte, „unverantwortlichen" und „unprofessionellen" Unterrichtsgestaltung angegriffen. Charlie wurde rot und fing an zu stottern, als er seine Methoden zu rechtfertigen versuchte, doch er fühlte sich gekränkt und verteidigte sich, als sei er schuldig. Es war nicht das erste Mal, daß Charlie in einer solchen Situation so reagiert hatte, dennoch, er hoffte stark, dies nicht wieder erleben zu müssen. Auf die Frage, wie er sich lieber verhalten hätte, als der Schulleiter seinen Angriff begann, antwortete Charlie, daß er seine Meinung gern klar und überlegt vertreten hätte, um den Schulleiter so für alle Zeit in seine Schranken zu verweisen. Wir fragten Charlie dann, wie er sich lieber gefühlt hätte, und er antwortete: „Ich glaube, wenn ich Vertrauen in meine eigene Kompetenz gehabt hätte, wäre es mir leichter gefallen, damit umzugehen."

Wir ließen Charlie die Situation in seiner Vorstellung noch einmal durchleben, doch dieses Mal mit einem Gefühl der Sicherheit und Kompetenz. Er merkte, daß diese Gefühle sein Verhalten in der Situation stark beeinflußten. Die Anschuldigungen brachten ihn nicht so aus der Fassung, und er hätte darauf eingehen können, indem er dem Schulleiter ruhig Fragen gestellt hätte, die, in respektvoller Form, auf den Inhalt der Vorwürfe selbst, als auch auf die Art und Weise der Kritik eingegangen wären.

Nachdem er mit diesem vergangenen Ereignis versöhnt war, baten wir Charlie, sich vorzustellen, in einer künftigen ähnlichen Situation aus einem Gefühl der Sicherheit und Kompetenz heraus zu handeln, und er stimmte zu, daß das in der Tat in dieser Situation angemessene Emotionen für ihn wären. Schließlich stellten wir sicher, daß Charlie in der Lage war, ein Gefühl von Sicherheit und Kompetenz zu erzeugen, wenn er es brauchte.

In der Regel reicht es nicht aus, sich nur zu wünschen, man hätte sich anders verhalten. So hatte Charlie sich schon oft gewünscht, sich besser behaupten zu können, doch half ihm das wenig, als sein Schulleiter ihn angriff. Da unsere Emotionen so viel Einfluß auf unser Verhalten haben, ist es viel leichter und wirksamer, unser Verhalten zu ändern, indem wir die Emotionen ändern, die dieses Verhalten hervorrufen. Ausgehend von dieser Überlegung möchten wir Ihnen mit dem folgenden Schema (d.h. einer Sequenz von Schritten) einen Weg zeigen, wie Sie in Zukunft Emotionen wählen können, die befriedigender und effektiver sind als die, die Sie bisher in bestimmten Situationen erlebt haben.

1. Finden Sie eine Erfahrung, bei der Sie jetzt wegen Ihrer Gefühle und/oder Ihres Verhaltens in dieser Situation unzufrieden sind; untersuchen Sie dann, was geschehen ist, indem Sie sich fragen „Was ist passiert?" und „Was wollte ich?". (Die Antworten auf diese Fragen können Emotionen, Verhaltensweisen und Ziele enthalten.)

2. Bestimmen Sie, wie Sie gerne gehandelt hätten.

3. Raten Sie nun, welche Emotion Sie brauchen würden, um genau dieses Verhalten hervorrufen zu können.

4. Wenn Sie eine Emotion gefunden haben, von der Sie glauben, daß Sie Ihnen geholfen hätte, sich so zu verhalten, wie Sie es wollten, stellen Sie sich vor, eine ähnliche Situation wiederhole sich in der Zukunft. Halten Sie die Emotion, die Sie gewählt haben konstant, und stellen Sie sich vor, wie sie Ihr Erleben und Verhalten beeinflussen wird. Berücksichtigen Sie bei Ihren Überlegungen die Reaktionen Ihrer Umwelt, die Wahrung Ihres eigenen Wohlbefindens und Ihre Effektivität beim Erreichen des gewünschten Zieles. Wenn Ihnen die gewählte Emotion unangemessen oder unzureichend erscheint, kehren Sie zu Punkt 3 zurück und wählen Sie entweder eine andere Emotion, oder fügen Sie der bereits gewählten eine neue hinzu.

5. Wenn die gewählte Emotion die gewünschte Absicht in der besonderen Situation erfüllt, sorgen Sie dafür, daß Sie in der Lage sind, sich das nächste Mal in einer vergleichbaren Situation so zu fühlen, wie Sie sich fühlen wollen. (Wie Sie Zugang finden zu bestimmten Gefühlen, ist Gegenstand des nächsten Kapitels.)

Diese Sequenz erleichtert Ihnen, Ihr Erleben und Ihr Verhalten als natürliche Konsequenzen bestimmter Emotionen zu verstehen. Sie orientiert Sie auch darauf, Ihr Ziel als natürliche Folge Ihrer Erfahrung und Ihres Verhaltens zu verstehen. Lassen Sie uns an Charlies Beispiel verdeutlichen, was bei den einzelnen Schritten in diesem Schema geschieht.

Charlie wurde während einer Konferenz von einem Vorgesetzten vor Kollegen heftig angegriffen. Zurückschauend sieht er, daß er gekränkt war und sich rechtfertigend verhielt.

Er hätte es vorgezogen, klar und überlegt seine Meinung zu vertreten, und den Schulleiter endgültig von solchen Angriffen abzubringen. Auf die Frage, wie er sich damals lieber gefühlt hätte, entschied sich Charlie für „sicher" und „kompetent". Er glaubte, daß er sich mit diesen Gefühlen so verhalten haben könnte, wie er es gewollt hatte.

Charlie erlebte die Situation noch einmal in seiner Vorstellung, diesmal mit dem Gefühl der Sicherheit und Kompetenz. Der Unterschied, den er mit diesen Emotionen in seinem Verhalten erlebte, entsprach dem, was er sich gewünscht hatte.

Charlie stellte sich dann vor, in der nahen Zukunft in einer ähnlichen Situation zu sein, diesmal wieder mit einem Gefühl der Sicherheit und Kompetenz. Er stellte fest, daß diese Emotionen auch weiterhin das gewünschte Verhalten bewirkten.

Mit den Techniken, die im nächsten Kapitel vorgestellt werden, stellte er dann sicher, daß er diese Emotionen zur Verfügung haben würde, wenn er sie brauchte.

Dieses „Danach"-Schema führt dazu, daß Sie genau spezifizieren, was Ihr gewünschtes Ziel für einen bestimmten Kontext war und beim nächsten Mal wieder sein soll. Es führt weiter dazu, daß Sie herauszufinden, welche Emotionen die Erfahrungen und Verhaltensweisen hervorrufen, die Sie in dieser Situation wollen.

Nehmen Sie als weiteres Beispiel eine Unterhaltung, die Sie mit einer fremden Person geführt haben, und bei der Sie sehr verlegen und unsicher waren. Wenn Sie untersuchen, was geschehen ist, können Sie erkennen, daß der Betreffende sich Ihnen gegenüber viel offener und überschwenglicher verhalten hat, als Sie erwartet haben.

Sie entscheiden, daß Sie sich gern natürlicher verhalten und Ihre Sympathie gezeigt hätten. Es wäre Ihnen lieber gewesen, wenn Sie Gefühle von Wertschätzung und Zuvorkommenheit erlebt hätten. Sie stellen sich vor, wie Sie sich verhalten hätten, wenn Sie diese Gefühle gehabt hätten und erkennen, daß Sie die Anerkennung offen annehmen und mit gutem Gefühl Ihre Zuneigung hätten erwidern können.

Sie stellen sich eine ähnliche Situation in der Zukunft vor, in der Sie wieder Wertschätzung und Zuvorkommenheit fühlen und sich entsprechend verhalten können. Sie entscheiden daraufhin, daß diese Emotionen für Ihre Wünsche in diesem Kontext tatsächlich angemessen sind. Sorgen Sie dann dafür, daß Sie diese Emotionen erzeugen, und sich damit so verhalten können, wie Sie es für richtig halten.

Es ist möglich, daß Sie dieses Schema durchlaufen, ohne auf eine Emotion oder Kombination von Emotionen zu stoßen, die zu den gewünschten Erfahrungen oder Zielen führen. Wenn das der Fall ist, brauchen Sie mehr Informationen darüber, wie Sie sich angemessen in der betreffenden Situation verhalten können. Darüber hinaus werden Sie jedesmal, wenn Sie eine unangemessene Emotion wählen, etwas Neues und Wichtiges über das richtige Plazieren Ihrer Emotionen lernen.

Geri z.B. hatte versucht, Hochstimmung und Freude zu erleben, als sie ihre gehässige, neidische Schwester besuchte. Als sie merkte, daß diese Gefühle in Gegenwart ihrer Schwester unweigerlich zu Wut und Frustration verkamen, beschloß sie einen anderen Zugang auszuprobieren. So wurde ihr klar, daß es viel angemessener war, sich in Gegenwart der Schwester geduldig und wohlwollend zu fühlen. Selbst die Wahl einer falschen Emotion bietet daher Gelegenheit, etwas über diese Emotion und das Plazieren von Emotionen zu lernen und auf diese Weise Zufriedenheit und Bestätigung zu erleben.

7.2 Während der Situation

Haben Sie manchmal den Eindruck, daß das, was Sie fühlen und tun, unangemessen und unbefriedigend ist? Sie sitzen z.B. bei einem Elternabend und wollen etwas sagen, tun es dann aber doch nicht, weil Sie durch Ihre Angst und Unsicherheit gelähmt sind; Ihre Kinder laufen im Supermarkt umher, und Sie wissen nicht, was Sie tun können, außer ihnen hilflos hinterherzurufen;

Ihr Partner hat Ihren Rat nicht befolgt und sich bei der Arbeit überanstrengt, und Sie verhalten sich nun besserwisserisch und machen herzlose Bemerkungen, obwohl Sie lieber Mitgefühl und Fürsorge zeigen würden; Sie sind in einer Lage, in der Sie wirklich Hilfe brauchen, trauen sich aber nicht, darum zu bitten, weil Sie sich dumm und inkompetent fühlen. Das sind Beispiele für Gelegenheiten, bei denen Sie feststellen, daß Ihre Gefühle und Ihr Verhalten nicht dem entsprechen, was Sie eigentlich wollen.

Viele glauben in solchen Situationen keine andere Wahl zu haben, als darauf zu warten, daß sich ihre Stimmung wieder ändert. Sie verlassen sich vor allem darauf, daß Veränderungen in ihrer Umwelt zu Veränderungen in ihren Gefühlen und ihrem Verhalten führen werden. Beim Elternabend bleiben wir stumm und hoffen, daß jemand anderer unsere Meinung ausspricht und wir uns bestätigt fühlen können. Im Supermarkt versuchen wir, die Kinder unter Kontrolle zu bringen, damit wir die Kontrolle über uns selbst behalten. Oder wir versuchen, unseren Partner dazu zu bringen, unseren Rat zu befolgen, damit wir nicht besserwisserisch und grausam sein müssen. Oder wir hoffen, daß die Person, deren Hilfe wir erwarten, unsere unausgesprochenen Bedürfnisse erkennt und uns ermutigt, sie zu äußern. Wenn man so darauf angewiesen ist, daß die anderen einem entgegenkommen, steht man natürlich ständig vor dem Problem, daß sie einem diesen Gefallen nicht tun.

Leslie war zum Abendessen in einem vornehmen Restaurant, aber sie hatte wenig Freude daran. Sie fühlte sich durch den um sie herumtanzenden Kellner und die protzige Umgebung eingeschüchtert. Sie entschuldigte sich und verließ ihre Begleiter, um an die frische Luft zu gehen. Sobald sie draußen war, ging es ihr besser. Sie dachte an die Szene im Restaurant und stellte fest, daß es da wirklich nichts gab, was sie einschüchtern könnte. Auf dem Weg zurück zu ihrem Tisch fragte sie sich, was sie eigentlich in dieser Situation wollte. Ihre Antwort war, daß es ihr vor allem darum geht, einen angenehmen Abend mit ihren Freunden zu verbringen. Sie überlegte dann, wie sie sich fühlen müßte, um den Abend zu genießen und stellte fest, daß dazu ein Gefühl der Verbundenheit und Vorfreude nötig wäre. Leslie fühlt sich in ihrer Umgebung wohl, wenn sie sich zugehörig erlebt, und sie ist angeregt und gesprächig, wenn sie positive Erwartungen hat.

Sie überprüfte ihre Schlußfolgerung noch einmal, bevor sie in die einschüchternde Welt des Nobelrestaurants zurückkehrte, indem sie sich vorstellte, ein Gefühl der Zugehörigkeit und Vorfreude zu erleben. Sie spürte, daß diese Gefühle es ihr deutlich erleichtern würden, den Abend zu genießen. Zufrieden kehrte Leslie an ihren Tisch zurück und tat nun das Nötige, um das Gefühl der Zugehörigkeit und Vorfreude zu erleben.

Sie sind nicht an Ihre augenblicklichen Emotionen gefesselt. Natürlich können Sie auch, wenn Sie merken, daß Sie gerade nicht das tun und fühlen, was Sie eigentlich wollen, die Unannehmlichkeit dieses Zustandes einfach aushalten und warten bis es vorüber ist, und dann das „Danach"-Schema anwenden. Leslie hätte den ganzen Abend eingeschüchtert verbringen und sich dann zu Hause überlegen können, was zu tun ist, um so etwas in Zukunft nicht noch einmal zu erleben. Doch zu dem Zeitpunkt, als sie merkte, daß sie sich eingeschüchtert fühlt, befand sie sich im Restaurant und wollte einen angenehmen Abend verbringen. Da sie keinen Grund sah, sich den ganzen Abend zu verderben, tat Leslie das für sie Notwendige, um ihren Zustand zu verändern. *Wenn Sie bemerken, daß Ihr augenblickliches Erleben nicht dem entspricht, was Sie wollen, haben Sie die Möglichkeit, es zu ändern.* Das folgende Schema zeigt Ihnen einen Weg, wie Sie entscheiden können, welche emotionale Veränderung Sie brauchen, um sich in einer beliebigen Situation so fühlen und verhalten zu können, wie Sie wollen.

1. Wenn Sie merken, daß ihre augenblickliches Erleben unbefriedigend ist, benennen Sie Ihr Gefühl und Ihr Verhalten in der Situation.

2. Atmen Sie tief ein und treten Sie dann innerlich einen Schritt zurück. (Stellen Sie sich vor, Sie könnten für einen Augenblick zu einem unbeteiligten Beobachter werden und sich selbst in dieser Situation sehen.) Fragen Sie sich aus

dieser unbeteiligten Perspektive: „Was will ich? Welches Ziel will ich erreichen?"

3. Wählen Sie eine oder mehr Emotionen, die für das, was Sie wollen, in der augenblicklichen Situation nützlicher sind.

4. Identifizieren Sie, welche Verhaltensweisen die *natürlichen Konsequenzen* der Emotion sind, die Sie gewählt haben. D.h. welche Verhaltensweisen zeigen Sie gewöhnlich, wenn Sie diese Emotion erleben? Werden diese Verhaltensweisen das bewirken, was Sie beabsichtigen? Wenn nicht, kehren Sie zu Schritt 3 zurück und wählen Sie eine andere Emotion für diesen Kontext.

5. Stellen Sie sich vor, die Emotion, die Sie gewählt haben, zu erleben und überlegen Sie, wie sich die Situation wahrscheinlich weiterentwickeln wird, wenn Sie diese Emotion erleben. Berücksichtigen Sie bei Ihren Überlegungen die Reaktionen Ihrer Umwelt, die Wahrung Ihres eigenen Wohlbefindens und Ihre Effektivität beim Erreichen Ihres gewünschten Zieles. Wenn die gewählte Emotion nicht ausreicht, kehren Sie zu Schritt 3 zurück und fügen Sie eine weitere Emotion, die Sie für nützlich halten, hinzu.

6. Wählen Sie dann eine Möglichkeit, ist (sind) die gewünschte(n) Emotion(en) in der betreffenden Situation zugänglich zu machen. (Der Zugang zu Emotionen ist, wie Sie wissen, Gegenstand des nächsten Kapitels).

Mit diesem Schema können Sie sich subjektiv von einer unbefriedigenden Situation distanzieren und sich eine Atempause verschaffen. Sie haben so Gelegenheit, von einer unbeteiligten Perspektive aus zu beurteilen, was gerade passiert, und was Ihnen lieber wäre. Um den Gebrauch dieses Schemas zu verdeutlichen, möchten wir noch einmal darstellen, welche Schritte Leslie unternahm, um Ihren Zustand zu ändern.

Leslie ißt in einem vornehmen Restaurant zu Abend und merkt, daß sie sich durch die prätentiöse Umgebung eingeschüchtert fühlt. Sie verläßt die Situation und beschließt, daß sie den Abend und die Gesellschaft ihrer Freunde genießen will.

Sie denkt an das Abendessen und entscheidet, daß sie die Emotionen Zugehörigkeit und Vorfreude erleben will. Leslie weiß, daß sie, wenn sie sich zugehörig fühlt, zwanglos aus sich herausgehen kann und aufgeschlossen ist; bei Vorfreude wird sie angeregt und gesprächig.

Sie stellt sich vor, wie sie diese Gefühle den Abend über erlebt und entscheidet, daß sie ihr in der Tat helfen, ihren Wunsch nach einem angenehmen Abendessen und Zusammensein zu erfüllen. Leslie verschafft sich daraufhin diese Gefühle und verändert so den Verlauf des Abends.

Diese deutliche Veränderung, die Leslie in ihrem Erleben an diesem Abend bewirkte, war das direkte Ergebnis dessen, sich gerade so lange aus dem Geschehen zurückzuziehen, wie für die Entscheidung nötig war, welche Emotion ihr auf natürliche Weise die gewünschte Erfahrung vermitteln würde. Einige Sekunden reichten aus, um den ganzen Abend für sie zu verändern. Scheint es Ihnen nicht auch vorteilhafter, sich für kurze Zeit zurückzuziehen und dann den Rest des Abends angenehm zu verbringen, als ein unangemessenes und unerfreuliches Gefühl ertragen zu müssen.

Nehmen wir noch ein Beispiel für das „Während"-Schema. Stellen Sie sich vor, Sie quälten sich gelangweilt und trübsinnig durch Ihre Hausarbeit. Sie unterbrechen für einen Augenblick Ihre Anstrengungen, „treten einen Schritt zur Seite" und entscheiden, daß Sie die Arbeit gut erledigen wollen, und zwar so schnell und angenehm, wie möglich.

„Entschlossenheit" und „Vergnügen" sind sicher angemessene Gefühle bei der Erledigung der Hausarbeit; oder vielleicht auch Vorfreude auf das, was Sie tun wollen, wenn Sie die Hausarbeit hinter sich haben. Wenn Sie entschlossen sind, gehen Sie ausdauernd an Ihre Aufgaben heran, ohne dabei stürmisch oder zwanghaft zu werden. Vergnügen motiviert Sie durchwegs dazu, mit dem weiterzumachen, was Sie gerade tun. Alle diese Verhaltenskonsequenzen sind in Einklang mit Ihren Zielen bei der Hausarbeit.

Zur Kontrolle können Sie sich noch einmal vorstellen, das Haus mit der emotionalen Orientierung „entschlossen" und „vergnügt" zu putzen und dabei überprüfen, ob diese Emotionen wirklich die Grundlage für die Erfahrung schaffen werden, die Sie während dieser Beschäftigung haben möchten. Sie machen sich diese Gefühle zugänglich, und können dann Ihre Hausarbeit in einer angenehmeren Verfassung und auf effektivere Weise beenden.

Wenn Sie das „Während"-Schema dreimal durchlaufen haben, ohne eine Emotion zu finden, die Ihre Bedürfnisse erfüllt, sollten Sie aus der Situation herausgehen und sich fragen, ob Sie weiter in der Situation bleiben, mehr Information sammeln, oder gehen sollen. Wenn Sie z.B. auf einer Hochzeitsgesellschaft sind und sich sehr unbehaglich fühlen, könnten Sie sich ins Bad zurückziehen, oder einen Spaziergang machen, um in Ruhe Ihre Bedürfnisse herausfinden zu können.

Diese Beispiele zeigen Ihnen, wie Sie das Schema verwenden können. Je häufiger Sie es mit eigenen Beispielen ausprobieren, desto verständlicher und handhabbarer wird es für Sie werden. Auch wenn es vieler Worte bedarf, das Schema zu beschreiben, so ist die Anwendung selbst doch sehr einfach und unkompliziert und beansprucht erstaunlich wenig Zeit.

7.3 Vorher

Manchmal gerät man in eine Situation, oder muß eine Rolle übernehmen, die gänzlich neu für einen ist, die man aber irgendwie bewältigen muß. Durch die Geburt eines Kindes bekommen Sie die neue Rolle der Mutter, Großmutter, Taufpatin, des Vaters, Onkels, usw. Durch eine berufliche Veränderung müssen Sie sich mit der neuen Rolle des Geschäftsführers, Angestellten oder Beraters vertraut machen. Auch zu einem Rendezvous gehen, zu Geld kommen oder Geld verlieren, in die Schule zurückkehren oder die Schule verlassen, in einen anderen Kulturkreis ziehen, die Bezugsgruppe wechseln, oder auch zum ersten Mal die Oper besuchen, sind mögliche neue Erfahrungen, die häufig neue emotionale Orientierungen und Verhaltensweisen verlangen.

Wenn eine Situation oder Rolle neu für Sie ist, fehlt Ihnen häufig die Vorstellung davon, wie Sie ihr emotional am besten begegnen können. Sollten Sie z.B. mit einem Gefühl von Furcht zu Ihrer ersten Verabredung mit einer neuen Bekannten gehen? Oder besser mit Vorsicht? Neugier? Selbstvertrauen? Zufriedenheit? Wenn Sie nicht wissen, wie Sie am besten einer neuen Situation begegnen können, entschließen Sie sich u.U., mit denselben Emotionen zu reagieren, die Sie üblicherweise in ähnlichen Situationen erleben, anstatt auszuwählen, wie Sie sich gern fühlen möchten, und sich dann so zu verhalten. Sie gehen vielleicht mit dem vertrauten, aber unangenehmen Gefühl der Angst zu der ersten Verabredung und tragen so dazu bei, daß der Abend ein Reinfall wird. Wäre es dagegen nicht besser gewesen, z.B. mit einem Gefühl der Neugier zu der Verabredung zu gehen?

Martin war sehr verängstigt, als er zu uns kam. Er hatte vor, einen Tauchkurs zu besuchen, und obwohl er wirklich tauchen lernen wollte, ängstigte ihn der Gedanke, längere Zeit unter Wasser zu sein und vollständig von einem technischen Lebenserhaltungssystem abzuhängen. Da er nicht mit solchen Gefühlen den Sport beginnen wollte, bat er uns um Hilfe. Wir fragten ihn, was er in seinem Tauchkurs erreichen will und er antwortete: „Ich möchte Spaß haben und dabei in Sicherheit sein – auf alle Fälle in Sicherheit sein – und einfach mal sehen wie es ist." Wir fragten Martin dann, wie er sich während des Tauchunterrichts fühlen will und er antwortete, ohne lange überlegen zu müssen, „sicher und geschützt". Das Gespräch verlief dann wie folgt:

Autoren: Nun, Martin, was tust du, wenn du dich sicher und geschützt fühlst?

Martin: Ich überlasse mich ganz dem Geschehen. Ich „schwimme mit dem Strom", wie man so sagt.

Autoren: Ist das vereinbar mit der Erfahrung, die du während des Tauchens haben willst?

Martin: Nein.

Autoren: Warum nicht?

151

Martin:	Fragen Sie das im Ernst? Wenn ich mich sicher und geschützt fühlen würde, könnte ich etwas Leichtsinniges tun. Ich glaube, wenn es mir darum geht, mich sicher und geschützt zu fühlen, kann ich auch gleich am Strand bleiben und mich sonnen.
Autoren:	Wie möchtest du dich statt dessen fühlen?
Martin:	Nun, ich möchte keine Angst haben – es ist immerhin ein recht großer Ozean da draußen. Ich möchte mich lieber wach fühlen, vielleicht auch interessiert oder fasziniert.
Autoren:	Was sind die Folgen, wenn du dich wach, interessiert und fasziniert fühlst?
Martin:	Ich achte auf das, was passiert. Es fängt dann an, abenteuerlich zu werden, aber ich verfolge noch genau, was passiert.

Die Kombination der Emotionen „wach, interessiert und fasziniert" schien Martin genau zu der Erfahrung zu verhelfen, die er während des Tauchens haben wollte. Um das zu überprüfen, baten wir Martin, sich vorzustellen, wie seine Ausbildungsstunden und seine ersten Tauchversuche verlaufen werden, wenn er dabei wach und interessiert ist. Er stellte fest, daß diese Emotionen tatsächlich seinen Wunsch nach einer angenehmen, sicheren und explorativen Erfahrung während der Tauchausbildung erfüllen. Wir halfen ihm dann dabei, Zugang zu den Gefühlen von Wachheit und Faszination zu finden.

Wenn Sie entscheiden können, wie Sie Ihre Gefühle am besten ausrichten, *bevor* Sie in eine neue Situation kommen, so wie Martin es in dem Beispiel mit dem Tauchen getan hat, schaffen Sie sich ein höheres Maß an Flexibilität und Entscheidungsfreiheit. Wenn Sie erwünschte Gefühle für bestimmte Situationen benennen können, gibt Ihnen die eigene Erfahrung das nötige Feedback, ob Sie auf der richtigen Spur sind. Das folgende Schema wird Ihnen dabei helfen, die am ehesten angemessenen und befriedigenden Gefühle für eine zukünftige Situation auszuwählen.

1. Beschreiben Sie die Situation und gehen Sie dabei besonders darauf ein, was vertraut, und was neu und ungewohnt ist.

2. Überlegen Sie, was Sie in dieser Situation erreichen wollen, selbst wenn es nur darum geht, die Zeit angenehm zu verbringen, hilfsbereit zu sein, oder sich zu schützen.

3. Entscheiden Sie, wie Sie sich in dieser Situation fühlen wollen.

4. Identifizieren Sie die Verhaltensweisen, die natürliche Konsequenzen der gewählten Emotion sind. Das heißt, welches Verhalten zeigen Sie üblicherweise, wenn Sie diese Emotionen erleben? Sind dies die Verhaltensweisen, die Sie in der zukünftigen Situation haben wollen? Sind sie mit dem Ziel, das Sie sich für die Situation gesteckt haben, vereinbar? Wenn nicht, kehren Sie zu Punkt 3 zurück, und wählen Sie eine andere Emotion, die Sie in dieser Situation erleben wollen.

5. Stellen Sie sich vor, wie sich die zukünftige Situation weiterentwickeln wird, wenn Sie die gewählten Emotionen erleben. Berücksichtigen Sie dabei die Reaktionen anderer, die Wahrung Ihres eigenen Wohlbefindens und Ihre Effektivität in bezug darauf, das gesetzte Ziel zu erreichen. Wenn das Gefühl, das Sie gewählt haben, nicht ausreicht, um Ihre Bedürfnisse zu erfüllen, kehren Sie zu Punkt 3 zurück und fügen Sie eine Emotion hinzu, die Sie für angemessen halten.

6. Wählen Sie eine Möglichkeit, um Zugang zu dem Gefühl zu finden, das Sie in dieser zukünftigen Situation haben wollen. (Die Methoden hierzu lernen Sie im nächsten Kapitel.)

Diese Sequenz bietet Ihnen einen Weg, von vornherein beurteilen zu können, wie Sie am besten Ihre Emotionen ausrichten können, um die Erfahrung zu machen, die Sie machen wollen. Sie hilft Ihnen auch, Ziele zu erreichen, die Sie sich für eine besondere Situation gesteckt haben. Es ist die gleiche Sequenz, durch die wir Martin geführt haben, um ihm zu helfen, beim Tauchen die Erfahrung zu haben, die er haben wollte. Martin beabsichtigt, Tauchunterricht zu nehmen. Er hat schon früher Sport getrieben, doch das Neue an dieser Erfahrung ist, daß er längere Zeit unter Wasser bleiben muß und auf ein technisches Lebenserhaltungssystem angewiesen ist. Er möchte erreichen, daß er dabei Spaß hat, sicher bleibt und sich darauf einlassen kann.

Während er tauchen lernt, möchte er sich sicher und geschützt fühlen. Auf die Frage, wie er sich verhält, wenn er sich sicher und geschützt fühlt, antwortet Martin, daß er „sich dem Geschehen überläßt" und „geradezu mit dem Strom schwimmt". (Das sind seine natürlichen Verhaltenskonsequenzen, wenn er sich sicher und geschützt fühlt.) Er überlegt dann, ob dieses Verhalten mit seinem Ziel, sicher zu bleiben, vereinbar ist („Ich könnte etwas Leichtsinniges tun.") und erkennt, daß „sicher" und „geschützt" nicht die Emotionen sind, die er braucht.

Als er die Wahl der Emotionen von neuem überdenkt, entscheidet Martin, daß er sich „wach, interessiert und fasziniert" fühlen möchte. Wenn er diese Emotionen erlebt, ist er aufmerksam und hat zugleich ein Gefühl von Abenteuer. Das steht im Einklang mit dem Ziel, das er sich für den Tauchunterricht gesteckt hat. Er überprüft das, indem er sich vorstellt, bei seinem Tauchunterricht und seinen ersten Tauchversuchen wach und interessiert zu sein. Er stellt fest, daß das Verhalten, zu dem diese Emotionen führen, ihm hilft, seinen Wunsch nach einer sicheren und erfreulichen Taucherfahrung zu verwirklichen. Martin lernt dann, wie er in dem beabsichtigten Kontext Zugang zu diesen Gefühlen finden kann.

Hier ein anderes Beispiel für den Gebrauch dieses Schemas: Mary, ein Mitglied einer unserer Trainingsgruppen, beabsichtigt, ein Seminar zu besuchen. Sie hat zwar bereits an vielen Seminaren teilgenommen, aber diesesmal ist ihr das Thema nicht vertraut. Die Theorie, die in diesem Seminar vorgestellt wird, und auch die Personen, die es besuchen, sind neu für sie.

Mary möchte diese Theorie kennenlernen, und falls sie ihr nützlich erscheint, lernen, wie sie sie anwenden kann. Darüber hinaus möchte sie die Gelegenheit beruflicher und privater Kontakte zu den anderen Teilnehmern wahrnehmen. Sie entscheidet, daß sie sich in dem Workshop wohlfühlen möchte. Als sie die Folgen überlegt, die die gewählte Emotion natürlicherweise bewirkt, erkennt Mary, daß „sich wohlfühlen" sie veranlaßt, sich zurückzulehnen. Sie fragt sich dann, ob dieses Verhalten für den Workshop nützlich sein wird und erkennt, daß dies nicht der Fall ist, da ihr dieses Gefühl nicht helfen wird, das zu erreichen, was sie will. Sie wiederholt den betreffenden Schritt der Sequenz und entscheidet sich für „neugierig" und „freundlich" als neue Orientierung für ihre Gefühle.

Mary überdenkt die natürlichen Folgen dieser Emotionen und erkennt, daß sie, wenn sie sich neugierig fühlt, in der Regel sehr lernbegierig ist und überlegt, wie sie das, was sie lernt, anwenden kann. Wenn sie sich „freundlich" fühlt, nimmt sie Kontakt zu anderen auf und begegnet ihnen aufgeschlossen. Die natürlichen Konsequenzen von „Neugier" und „Freundlichkeit" richten Mary daher mit hoher Wahrscheinlichkeit in die gewünschte Richtung aus und ermöglichen ihr, den Wunsch, etwas zu lernen und andere Seminarteilnehmer kennenzulernen, zu verwirklichen.

Als letzte Überprüfung stellt Mary sich vor, mit den Emotionen „Neugier" und „Freundlichkeit" das Seminar zu besuchen und das Geschehen zu verfolgen. Sie ist mit dem Ergebnis sehr zufrieden. Sie sieht sich, wie sie mit Eifer lernt und anderen aufgeschlossen begegnet und diese positiv auf sie reagieren.

Zuletzt wählt Mary eine Methode, die sicherstellt, daß sie sich so fühlen wird, wie sie es möchte, wenn sie sich tatsächlich in dem Seminar befindet.

Indem sie diese Sequenz durchlaufen hat, hat Mary die Möglichkeit ergriffen, ihre Gefühle frei auszuwählen, bevor sie die Seminarsituation tatsächlich aufsucht, anstatt, möglicherweise unangemessen, lediglich auf das, was sie dort antrifft, zu reagieren. Schritt 4 des Schemas führt dazu, daß Sie Ihre Aufmerksamkeit auf die Verhaltensweisen richten, die es Ihnen ermöglichen, die Erfahrungen zu machen, die Sie machen wollen, und auf die Emotionen, die Ihnen natürlicherweise Zugang zu diesen

Verhaltensweisen verschaffen. Die kurze Zeit, die nötig ist, um die Fragen des Schemas zu beantworten, hat für Mary die Gelegenheit geschaffen, sich frei zu entscheiden.

Wenn Sie das Schema dreimal durchgearbeitet haben, und noch nicht mit den gewählten Emotionen zufrieden sind, dann müssen Sie von jemandem, der mit der Situation, die Ihnen bevorsteht, vertraut ist, mehr Informationen einholen. Wenn Sie sich z.b. „ängstlich" oder „eingeschüchtert" fühlen, weil Sie zum ersten Mal als Zeuge vor Gericht geladen sind, versuchen Sie mit jemandem darüber zu sprechen, der nicht nur bereits Zeuge war, sondern dem es auch gelungen ist, sich während dieser Erfahrung wohlzufühlen und sie als lohnende Aufgabe wahrzunehmen. Fragen Sie den Betreffenden, was Sie zu erwarten haben und welche Emotionen er während dieser Erfahrung erlebte. Es ist nicht unwahrscheinlich, daß diese Emotionen auch Ihnen helfen können.*

7.4 Zusammenfassung

Die meisten Menschen erdulden ihre unerwünschten Emotionen, oder tun alles, um Situationen zu vermeiden, in denen sie auftreten können. Sie haben keine Entscheidungsfreiheit in bezug auf ihre Emotionen, weil es ihnen nie in den Sinn gekommen ist, daß sie ihre Emotionen wählen können. Aber genau das ist möglich. Sie haben inzwischen die Mittel, die für Sie nützlichen und von Ihnen gewünschten Emotionen auswählen zu können. Sie kennen nun ein Schema, das Sie anwenden können, bevor Sie eine ungewohnte Situation aufsuchen, ein zweites, auf das Sie sich stützen können, während Sie bereits in einer Situation sind, in der Sie nicht fühlen oder handeln, wie Sie es möchten, und ein drittes Schema, auf das Sie nach einer unbefriedigenden Erfahrung zurückgreifen können, um Ihre Reaktion in ähnlichen

---

* Mehr darüber, wie Sie Informationen von Personen, die Sie nachahmen wollen, erhalten können, finden Sie in dem Buch von Cameron-Bandler, Gordon, Lebeau: „The Emprint Method: A Guide to reproducing competence" (erscheint in deutscher Übersetzung 1991 im Junfermann Verlag).

Situationen in der Zukunft zu verändern. Sie können Ihre Emotionen auswählen und dadurch Ihr eigenes Erleben in einem Maße beeinflussen, wie es den meisten Menschen nicht gelingt. Mit dieser Kontrolle Ihres Erlebens gewinnen Sie wirkliche Entscheidungsfreiheit. Jeder weiß, wie es ist, eine unangemessene Emotion zu erleben und dadurch seine aktuellen Wünsche und Bedürfnisse nicht erfüllen zu können. Die Fähigkeit, Ihre Emotionen auszuwählen, bedeutet, daß Sie das Gefühl haben können, welches am besten mit dem, was Sie tun, in Einklang steht. Wenn Sie auf diese Weise auf das, was gerade geschieht, eingehen können, wird es Ihnen leichter fallen, sich auf das gewünschte Ziel zu konzentrieren, anstatt unangenehme und unangemessene Emotionen ertragen zu müssen. Diese größere Kongruenz befähigt Sie, in stärkerem Maße der zu sein, der Sie sein wollen, und sich so zu fühlen, wie Sie sich fühlen wollen. Ihre Umgebung wird in zweifacher Hinsicht davon profitieren: Die anderen werden Sie besser kennenlernen, weil sie Sie so erleben, wie Sie sind. Auch wird es Ihren Mitmenschen leichter fallen, auf Ihr kongruentes Verhalten zu reagieren, als sich angemessene Antworten auf Ihre inkongruenten Botschaften überlegen zu müssen. Schließlich wird Ihnen die Freiheit, die Sie dadurch erlangen, daß Sie Ihre Emotionen wählen können, die Gelegenheit geben, mögliche Ziele zu erwägen, die Sie sonst nicht ins Auge gefaßt hätten, weil sie emotionale Entscheidungen voraussetzten, die Sie sich nicht zutrauten.

Was wäre, wenn alle Menschen die Fähigkeit hätten, ihre Emotionen zu wählen? Jeder würde sich nach seinen Möglichkeiten und im Einklang mit seinen Bedürfnissen und Zielen verhalten. Das Ergebnis wäre eine offenere Kommunikation und ein besseres Verstehen, die es uns erleichtern würden, miteinander – anstatt neben- und gegeneinander – zu leben. Darüber hinaus könnten wir immer besser die Angemessenheit von Gefühlen beurteilen, da wir ständig Gelegenheit hätten, die Wirkung verschiedener Emotionen zu beobachten und zu erleben. Kurzum: Wir alle wären zugleich als Lehrer und als Schüler daran beteiligt, etwas über die Vielfalt menschlicher Gefühle und Erfahrungen zu lernen.

8 Sich Emotionen zugänglich machen

Wir fuhren auf dem Freeway, als Micheal plötzlich von einem Lastwagen abgedrängt wurde, der ohne zu blinken die Spur wechselte. Michael lief rot an und fluchte zwischen zusammengebissenen Zähnen, als er zu dem Übeltäter hinübersah. Einen Moment später atmete er tief durch, lehnte sich in seinem Sitz zurück und grinste genüßlich. Auf die Frage, was er denn getan habe, um seinen emotionalen Zustand zu verändern, erklärte Michael: „Immer, wenn ich mich so aufrege, wiederhole ich innerlich zwei Regeln zur Vorbeugung von Herzerkrankungen, die ich in einem Buch gefunden habe: ‚Ärgere dich nicht über Kleinkram' und ‚Alles ist Kleinkram.' Dann atme ich tief durch, und alles sieht schon viel besser aus."

Michael hatte beschlossen, sein Gefühl zu verändern und dies dann einfach getan. Wenn Sie entschieden haben, welche Emotion für Sie zufriedenstellend und angemessen ist, brauchen Sie einen Weg, um diese Emotion zu bekommen, wenn Sie sie benötigen und wollen. Sobald sie wissen, was sie wollen, sind viele von uns schon in der Lage, sich die nötigen Emotionen zugänglich zu machen. Wenn Sie Ihr Ziel in einer Situation kennen und wissen, welche Emotionen Sie gewöhnlich dazu bringen, sich in Übereinstimmung mit diesem Ziel zu verhalten, dann haben Sie möglicherweise schon die nötige Ausrichtung und den erforderlichen Antrieb, um Ihren Gefühlswunsch zu verwirklichen.

Manchmal weiß man zwar, wie man sich fühlen will, ist aber unfähig, diese Gefühle bei sich zu erzeugen. Es gibt Dutzende von Methoden, Emotionen bei sich selbst und anderen hervorzurufen, doch sind diese alle lediglich Variationen von vier grundlegenden Vorgehensweisen. Anstatt alle verschiedenen Methoden einzeln zu besprechen, möchten wir uns lieber direkt den vier Basis-Prinzipien zuwenden.

8.1 Das „Anschalten" von Emotionen

Das erste Prinzip beruht auf Ihrer Vertrautheit mit Ihrer eigenen emotionalen Erfahrung und den Möglichkeiten, sie zu beeinflussen. In einfachen Worten heißt das, daß Sie einen Zugang bekommen zu den Gefühlen, die Sie benötigen, indem Sie bei sich die Erfahrungen oder Verhaltensweisen hervorrufen, von denen Sie wissen, daß sie gewöhnlich zu diesen Gefühlen führen. Von dem surrealistischen Maler Rene Magritte wird berichtet, daß er sich emotional auf seinen Arbeitstag zu Hause vorbereitete, indem er sich tadellos anzog, seine Aktentasche nahm, seiner Frau einen Abschiedskuß gab, einmal um den Block ging und dann, wieder zu Hause angekommen, mit der Arbeit begann.

Sie haben vielleicht, bevor Sie dieses Buch in die Hand bekamen, nicht in Begriffen wie emotionale Entscheidungsfreiheit und Kontrolle gedacht. Dabei finden sich die Grundlagen für emotionale Entscheidungsfreiheit in jedem von uns. Wenn Sie sich an die letzte Woche erinnern, können Sie zweifellos Beispiele für Situationen finden, in denen sich durch eine Änderung Ihres Denkens oder Handelns auch das Gefühl veränderte, das Sie zuvor erlebten. Oft gehen diese unbeabsichtigten Beispiele emotionaler Entscheidungsfreiheit vorüber, ohne daß Sie bemerken, wie Sie selbst, wenn auch unabsichtlich, Ihr Gefühl verändert haben.

Weil wir diese emotionalen Veränderungen, die wir täglich in uns bewirken, meistens für selbstverständlich halten, mag es für Sie leichter sein, zunächst darauf zu achten, wie andere ihren emotionalen Zustand zu verändern, so wie Michael auf dem Freeway oder Magritte vor der Arbeit. Wenn Sie sich wieder an die letzte Woche erinnern, können Sie vielleicht Beispiele dafür finden, daß jemand, der offensichtlich mitten in einem unangenehmen Gefühl steckte, in wenigen Augenblicken irgendeine interne Korrektur vornehmen und sich daraufhin anders fühlen und verhalten konnte. Wir kennen z.B. eine Frau, die sehr genaue – und ausgesprochen kostspielige – Vorstellungen davon hat, wie das Haus, das sie eines Tages besitzen möchte, aussehen soll. Sie erlebt dabei häufig einen Anflug von Entmutigung oder sogar Hoffnungslosigkeit. Sobald sie jedoch bemerkt, daß dies geschieht, stellt sie sich in sehr deutlichen Bildern vor, „wie es eines Tages sein wird" und fühlt sich dadurch wieder angespornt. Eine andere Frau, die durch ihre fünf kleinen Kinder gelegentlich aus der Fassung gebracht wird, führt sich in solchen Augenblicken vor Augen, wie unschuldig und lieb sie aussehen, wenn sie schlafen. Dieses Bild erzeugt ein warmes Gefühl in ihrer Brust, das dann in ihren ganzen Körper ausstrahlt. Die Folge ist, daß sie sich geduldig fühlt und ihren Sinn für Humor wiedergewinnt. Diese beiden Frauen haben emotionale Entscheidungsfreiheit, wenn sie Gefühle wie Entmutigung bzw. Überforderung erleben. Sie kennen wirksame Möglichkeiten, ihre Gefühle zu verändern und benutzen sie.

Der Schlüssel zum Erschließen Ihrer Gefühle liegt darin, herauszufinden, wie Sie gewöhnlich selbst Ihre Gefühle verändern und welche Strategien andere anwenden, die Sie eventuell übernehmen können. Für den Anfang schlagen wir vor, daß Sie aus der letzten Zeit Beispiele für Gelegenheiten finden, in denen Sie, ob absichtlich oder nicht, Ihren emotionalen Zustand verändert haben und daß Sie dann herausfinden, was Sie in Ihrem Verhalten oder Ihrer inneren Erfahrung getan haben, um die Veränderung zu bewirken.

Sie können eine Vorstellung von der Vielfalt an Möglichkeiten bekommen, mit denen Sie Ihre Erfahrung und Ihr Verhalten so regulieren können, daß Sie damit Einfluß auf Ihre Gefühle haben, wenn Sie sich einmal anschauen, wie viele verschiedene Wege es gibt, ein Gefühl von Zuversicht zu erreichen.

Zuversichtlich

- Nehmen Sie eine Körperhaltung ein, die Zuversicht ausstrahlt.
- Denken Sie an eine Zeit zurück, in der Sie sich zuversichtlich gefühlt und verhalten haben.

- Sagen Sie sich selbst, daß Sie großartig sind und denken Sie an Eigenschaften, die Sie an sich mögen.
- Stellen Sie sich vor, daß Sie etwas Beeindruckendes tun, z.b. einen Berg besteigen oder ein Flugzeug fliegen.
- Finden Sie etwas in der Situation, über das Sie bereits zuversichtlich sind.
- Spüren Sie Ihre Wirbelsäule und stellen Sie sich vor, sie sei eine Eisenstange.
- Bestimmen Sie ein eindeutiges Ziel für die Situation.
- Spielen Sie sich innerlich eine besonders mitreißende Musik vor, die Sie zuversichtlich macht.
- Denken Sie an Menschen, in deren Gegenwart Sie sich zuversichtlich fühlen und stellen Sie sich vor, daß diese hinter Ihnen stehen und Ihnen ins Ohr flüstern.

Auf welche Weise erzeugen Sie in sich ein Gefühl der Zuversicht? Wie Sie aus der obigen Liste sehen können, gibt es eine ganze Reihe von Möglichkeiten. Stellen Sie sich nun vor, Sie möchten sich gefaßt fühlen angesichts einer Situation, in der es besser scheint, überlegt als hastig zu handeln; oder Sie möchten lieber Interesse und Neugier erleben bei einer Aufgabe, die Sie langweilt; oder Sie möchten sich belustigt fühlen, wenn Sie eine Sache gerade zu ernst nehmen.

Gefaßt

- Stellen Sie sich einen kleinen, stillen Teich vor.
- Stellen Sie sich vor, Sie stehen in einem japanischen Garten.
- Atmen Sie tief durch, schließen Sie Ihre Augen und ändern Sie Ihre Körperhaltung.
- Stellen Sie sich vor, Sie hören eine langsame und beruhigende Musik.
- Legen Sie Ihre Hände zusammen und fühlen Sie sich eins mit sich und der Welt.
- Zählen Sie langsam bis zehn.

Neugierig

- Stellen Sie sich Fragen, die Sie wirklich interessieren, am besten solche, die mit dem augenblicklichen Geschehen zu tun haben.
- Stellen Sie anderen Personen Fragen, z.B. „Wie machen Sie das?" und „Wie funktioniert das?".
- Verändern Sie Ihre Körperhaltung so, daß sie stärker nach vorne gerichtet ist und mehr Beteiligung ausdrückt.
- Versuchen Sie Antworten auf Fragen zu bekommen, ohne diese vorher laut zu stellen.
- Suchen Sie in dem, was um Sie herum geschieht, nach Antworten.

Belustigt

- Stellen Sie sich vor, Sie hätten übernatürliche Kräfte, die Sie jedoch nicht gegen einfache Sterbliche einsetzen.
- Stellen Sie sich vor, alle liefen in Windeln herum.
- Überlegen Sie sich unerhörte Bemerkungen, die Sie machen könnten, sich aber verkneifen.
- Denken Sie sich Streiche aus, die Sie für sich behalten oder auch mitteilen können.
- Suchen Sie nach Zweideutigkeiten in dem, was andere sagen.
- Stellen Sie sich die gleiche Situation aus einer anderen zeitlichen Perspektive vor – vielleicht zehn Jahre später oder früher.
- Stellen Sie sich vor, was Ihr Lieblingskomiker in dieser Situation tun würde.

Diese Listen sind nur als Beispiele gedacht. Auch wenn einige unserer Vorschläge sehr gut für Sie funktionieren können, sollten Sie bedenken, daß Sie bereits über Ihre eigenen Möglichkeiten verfügen, um diese Emotionen zu erzeugen – Möglichkeiten, die Sie spontan zu diesen Emotionen führen.

Während Sie die oben aufgeführten Beispiele gelesen haben, ist Ihnen möglicherweise aufgefallen, daß sie in verschiedene Kategorien fallen. Um eine Emotion „einzuschalten", können Sie folgendes ausprobieren:

Eine Erinnerung	„Zuversichtlich." Denken Sie an eine Zeit, in der Sie sich zuversichtlich gefühlt und entsprechend gehandelt haben.
Eine Vorstellung	„Belustigt." Stellen Sie sich vor, Sie hätten übernatürliche Kräfte, die Sie nicht gegen einfache Sterbliche einsetzen.
Veränderung der Körperhaltung	„Neugierig." Verändern Sie Ihre Körperhaltung so, daß sie stärker nach vorne gerichtet ist und mehr Beteiligung ausstrahlt.
Umlenkung der Aufmerksamkeit	„Zuversichtlich." Bestimmen Sie ein eindeutiges Ziel für die Situation.
Veränderung des Zeitrahmens	„Belustigt." Stellen Sie sich die gleiche Situation aus einer anderen zeitlichen Perspektive vor – vielleicht zehn Jahre später oder früher.
Veränderung der Intensität	„Gefaßt." Stellen Sie sich vor, Sie hören eine langsame und beruhigende Musik.
Veränderung des Tempos	„Gefaßt." Zählen Sie langsam bis zehn.
Veränderung der Beteiligung	„Neugierig." Suchen Sie in dem, was um Sie herum geschieht, nach Antworten und Mustern.

Veränderung der Kriterien	„Motiviert." Denken Sie daran, wie wichtig es ist, für Ihre Familie zu sorgen.
Veränderung der Chunkgröße	„Leistungsfähig." Teilen Sie eine überfordernde Aufgabe in kleinere, handhabbarere Anforderungen ein.
Stellen Sie fest, was noch fehlt und was bereits gegeben ist	„Neugierig." Stellen Sie sich Fragen über etwas, das Sie wirklich interessiert.

Das sind alles Methoden, mit denen Sie Ihr eigenes Erleben beeinflussen können; sie bereiten Ihnen den Weg zu den Emotionen, die Sie brauchen und wollen.

Eine wichtige Bemerkung: Setzen Sie nicht Drogen oder Essen als Mittel zur Veränderung emotionaler Zustände ein. Der Gebrauch stimmungsverändernder Mittel führt zu Abhängigkeit und unangenehmen, häufig sogar verheerenden Nebenwirkungen, wie z.B. Leistungseinbrüche, Stimmungsschwankungen, Bluthochdruck, Krebs oder Fettleibigkeit.

Nicht nur aus Ihren eigenen Erfahrungen, sondern auch aus den Erfahrungen anderer können Sie viel darüber lernen, wie sich emotionale Zustände verändern lassen. Sie können spezifische Strategien anderer übernehmen, wenn Ihre eigenen Änderungsversuche einer Emotion bisher erfolglos waren. Erinnern Sie sich an einige Beispiele für die Veränderung emotionaler Zustände, die Sie bei Freunden oder Bekannten beobachten konnten und finden Sie heraus, was jene tun, um die Veränderung zu bewirken. (Möglicherweise müssen Sie den anderen erst dabei helfen, es für sich selbst herauszubekommen, weil sie vorher nicht darüber nachgedacht haben, was sie tun.)

Wenn Sie sich mit den einzelnen Methoden vertraut gemacht haben, mit denen Sie und andere ihre Emotionen verändern, können Sie dazu übergehen, quasi „nebenher" zu beobachten, wie Sie Ihre emotionale Erfahrung beeinflussen. Das Ziel dabei ist, aufmerksam zu werden, wenn Sie Ihre Emotionen verändern und zu sehen, was genau Sie, internal wie external, dafür tun. Auf diese Weise werden Sie zu Ihrem eigenen Lehrmeister, Ihr Verständnis der beteiligten Prozesse wird sich vertiefen und Sie können sich einen wertvollen Vorrat persönlicher Strategien anlegen.

Dieses Kapitel soll Ihnen die Informationen und die Erfahrungsgrundlage vermitteln, die Sie brauchen, um tatsächlich emotionale Entscheidungsfreiheit auszuüben. Im folgenden finden Sie ein Schema dafür, wie Sie Ihr Wissen und Ihre Erfahrungen einsetzen können, um erwünschte Gefühle „anzuknipsen".

1. Bestimmen Sie, wie Sie sich fühlen wollen. (Diese Information können Sie durch eines der drei Selektions-Schemata aus dem letzten Kapitel gewinnen.)

2. Fragen Sie sich: „Was kann ich hier und jetzt (oder in der zukünftigen Situation) tun, um diese Emotion zu erzeugen?"

3. Finden Sie in Ihrer persönlichen Geschichte Wege, die Sie oder eine andere Person zu der gewünschten Emotion hingeführt haben.

4. Wählen Sie die Methode, die Ihnen am geeignetsten erscheint.

5. Setzen Sie die Methode in die Tat um. Wenn das Ergebnis Sie nicht zufriedenstellt, kehren Sie zu Schritt 3 und 4 zurück und wählen Sie einen anderen Weg, um einen Zugang zu dem gewünschten Gefühl zu bekommen.

Wie Sie sehen, kann man sich kaum ein unkomplizierteres Schema wünschen. Ihre persönlichen Ressourcen für die Beeinflussung von Gefühlen sind unerschöpflicher, als Sie annehmen und sie werden noch deutlich wachsen, wenn Sie unsere Anregung befolgen und eigene und fremde Methoden zum Anschalten bestimmter Emotionen sammeln. Es ist allerdings nicht sinnvoll, eine neue und aufwendigere Methode zu wählen, wenn

Sie bereits über eine verfügen, mit der Sie einen sicheren und direkten Zugang zu der gewünschten Emotion haben. Doch auch wenn Sie wissen, daß Sie wählen können, müssen Sie immer noch handeln, um diese Wahl in Ihrem Erleben zu verwirklichen.

Leslie verwendet das Schema zum Einschalten eines Gefühls als Gegengift für Langeweile. Sobald sie beginnt, sich unbeteiligt zu fühlen und ein Abrutschen in lähmende Langeweile droht, schaltet sie in sich Neugier und Faszination an, indem Sie sich Fragen über die Leute neben ihr stellt: „Was denkt und fühlt diese Person?", „Was passiert gerade in ihrem Leben?", „Wie ist es möglich, daß dieses Paar nicht miteinander redet?". Wenn Leslie alleine ist und niemanden unmittelbar beobachten kann, sucht sie sich einen Gegenstand in Sichtweite und stellt sich Fragen wie: „Wer hat das hergestellt?", „Warum haben sie wohl diese Form gewählt?", „Was finden sie wohl hübsch daran?", „Haben sie genau die Wirkung beabsichtigt, die dieser Gegenstand auf mich hat?"

Mehr als einmal haben wir ein ansonsten ödes Essen im Restaurant in eine interessante und witzige Erfahrung verwandelt, indem wir einfach beobachtet haben, wie sich Leute an anderen Tischen benehmen – wie nah sie zusammensitzen, ob sie sich berühren oder nicht, wer am häufigsten redet und wer eher zuhört, wie jeder auf die Redegeschwindigkeit und den Tonfall des anderen reagiert, usw. Diese Umlenkung der Aufmerksamkeit und die Veränderung der Beteiligung führt zu Spekulationen über Fragen wie: „Was geht wohl in jedem von ihnen vor, aus dem dieses Verhalten entsteht?", „Wer ist der Außenseiter in dieser Familie oder Gruppe?", „Wer wird wohl die Rechnung zahlen?"

Wir verwenden dieses Schema auch, um unseren Sohn Mark in seinen Kämpfen zu unterstützen. Wenn er sich mit einem Mädchen verabreden wollte, aber nicht wußte wie, und sich deshalb blockiert und unzulänglich fühlte, ließen wir ihn in der Vorstellung verschiedene Versuche mit verschiedenen Mädchen ausprobieren. Wir achteten darauf, daß er sich wohlwollende wie ablehnende Reaktionen vorstellte, damit er üben konnte, auf beide Möglichkeiten angemessen zu reagieren. Mit dieser Erfahrung verwandelte sich sein Gefühl von Unzulänglichkeit zu Selbstvertrauen. Eine andere Gelegenheit, dieses Schema auszuprobieren, bot sich, als Mark sich für die Tennismannschaft der Schule vorbereitete. Er wußte, daß seine Chancen nicht sehr groß waren, aber da er viel Spaß daran hatte und neue Freunde kennenlernte, trainierte er zwei Wochen lang jeden Nachmittag im Anschluß an den Unterricht. Der Tag der Mannschaftsaufstellung kam und Mark erhielt eine Absage. Obwohl er gewußt hatte, daß er keine großen Aussichten hat, ins Team zu kommen, war er dennoch enttäuscht. Wir halfen ihm, seine Enttäuschung in Entschlossenheit zu verwandeln, indem wir einfach die Kriterien und den Zeitrahmen veränderten und sein Denken und seine Aufmerksamkeit auf das richteten, was er zu tun hatte, um nächstes Jahr in die Mannschaft zu kommen.

Auch wenn es Leute gibt, denen es leichtfällt, ihre Wahrnehmung und ihr Verhalten zu regulieren, um ihre Gefühle zu ändern, kann es sein, daß Sie eher zu denen gehören, die sich damit schwertun. Je schwerer es Ihnen fällt, Ihr Erleben und Verhalten zu ändern, umso wichtiger ist es gerade für Sie, diese Fähigkeit zu erwerben. Ihre Schwierigkeiten, Einfluß auf Ihr Erleben und Verhalten zu nehmen, deuten auf einen Mangel an Flexibilität hin, der zweifellos Ihren Wunsch nach emotionaler Entscheidungsfreiheit in der Vergangenheit untergraben hat. Je mehr Energie Sie künftig in das Entdecken und Ausprobieren emotionaler Veränderungsmöglichkeiten investieren, um so tiefer wird sich die Waagschale zugunsten von Flexibilität und Entscheidungsfreiheit senken.

8.2 Selbst-Ankern

Ankern ist eine Technik, die einen Stimulus, den Sie kontrollieren können, mit dem emotionalen Zustand verknüpft, zu dem Sie hinkommen möchten. Jeder von uns hat bereits eine Vielzahl unbeabsichtigter, dabei aber hochwirksamer Anker, auf die er automatisch reagiert. Eine Melodie z.B. kann Sie augenblicklich in einen bestimmten Abend zurückversetzen, ein Duft kann Ihre Gefühle für eine Person wiederaufleben lassen, eine liebevolle Umarmung kann unmittelbar ein Gefühl von Sicherheit und Zuneigung bewirken. Jedes dieser „Ereignisse" – die Musik, der Duft, die Umarmung – ist ein Anker für die Erinnerungen und Gefühle, die mit der früheren Erfahrung verbunden sind. Wenn Sie in einer bestimmten Situation emotionale Entscheidungsfreiheit haben wollen, müssen Sie in der Lage sein, die in dem Kontext angemessene Emotion zu bestimmen und sich diese dann zugänglich zu machen. Sie wollen sich beispielsweise im Unterricht neugierig fühlen, scheinen dazu aber außerstande zu sein, sobald Sie im Klassenzimmer sitzen. Offensichtlich brauchen Sie eine Möglichkeit, das Gefühl der Neugier in Ihrer gegenwärtigen Erfahrung im Hier und Jetzt zu erzeugen. Das Schema zum Anschalten Ihrer Gefühle ist eine Methode, die Sie anwenden können. Eine andere sehr wirksame Möglichkeit besteht darin, einen Anker für das Gefühl von Neugier zu etablieren, auf den Sie später im Unterricht zurückgreifen können.

Jonelle, eine Freundin von uns, nutzte das Ankern, um ihre Angst vor öffentlichen Reden zu überwinden. Sie war wie gelähmt bei dem Gedanken, vor einer feindselig blickenden Zuhörerschaft zu stehen. Als Leslie, die selbst eine erfahrene Seminarrednerin ist, von Jonelles Angst hörte, versicherte sie ihr, daß ihr die Zuhörer viel eher ein gutes Gelingen wünschen. Diese Mitteilung wirkte unmittelbar ermutigend auf Jonelle, doch sie befürchtete, daß ihre Zuversicht verfliegen könnte, sobald sie tatsächlich vor einem Publikum stünde. Um das Gefühl der Zuversicht auch dann noch verfügbar zu haben, wenn sie es wirklich brauchte, verstärkte Jonelle die Intensität ihrer gegenwärtigen Zuversicht so weit sie konnte und faßte dann die Tischplatte an, als handle es sich um ein Rednerpult. Sie wiederholte das einige Male, bis sie schon beim Griff an den Tisch spüren konnte, wie ein Gefühl der Zuversicht in ihr entstand. Als Jonelle schließlich ihre Rede halten mußte, trat sie etwas nervös auf das Podium. Doch als sie den Rand des Rednerpultes umfaßte, schwand ihre Nervosität und sie spürte die Gewißheit, daß alle im Publikum sie insgeheim anfeuerten.

Jonelle benutzte das Ankern, um Zugang zu einem Gefühl der Zuversicht zu bekommen, wenn sie es brauchte. Der Anker, den sie etabliert hatte, das Festhalten an der Pultkante – eine hervorragende Wahl, da sie genau in diesem Augenblick das Gefühl der Zuversicht brauchen würde – und sie sorgte auch dafür, daß tatsächlich ein Rednerpult da sein würde. Nun ist Zuversicht nicht das einzige Gefühl, das Sie mit einem Anker herbeiführen können. Sie können über Anker schnellen Zugang zu jeder Emotion bekommen.

Hier ist ein Schema für die Technik des Ankerns:

1. Bestimmen Sie ein Gefühl, das Sie erleben wollen.

2. Erinnern Sie sich an eine Zeit, in der Sie dieses Gefühl intensiv erlebt haben. Wenn Sie eine entsprechende Situation vor Augen haben, falten Sie Ihre Hände zusammen. (Sie können auch jede andere unterscheidbare Berührung als Signal verwenden, z.B. Ihr Ohrläppchen mit Daumen und Zeigefinger greifen oder Ihren Nasenrücken berühren.)

3. Erleben Sie die erinnerte Situation von neuem, indem Sie sehen, was Sie damals gesehen, hören, was Sie damals gehört, und vor allem das fühlen, was Sie damals gefühlt haben.

4. Sobald Sie das gewünschte Gefühl wieder intensiv erleben, verstärken Sie langsam den Druck Ihrer Hand, während Sie das Gefühl weiter konstant halten. Dadurch wird die Berührung als Anker für das Gefühl etabliert.

5. Orientieren Sie sich wieder auf Ihre augenblickliche Umgebung, während Sie weiter den Druck aufrechterhalten und so die gewünschte Emotion bewahren. Wenn die Emotion durch die Orientierung auf die Gegenwart schwächer wird, kehren Sie zu den Schritten 3 und 4 zurück, vertiefen Sie sich wieder in die Erinnerung und ankern Sie sie von neuem.

6. Lösen Sie die Berührung und genießen Sie das Gefühl. Wenn das Gefühl schwächer wird, wiederholen Sie die Berührung, um das Gefühl wieder aufleben zu lassen. Wiederholen Sie das so lange, bis Sie sowohl die Emotion mit dem Anker hervorrufen, als auch nach Aufheben des Ankers eine Zeitlang bewahren können.

7. Testen Sie Ihren Anker später, indem Sie die Berührung wiederholen. Wenn der Anker nicht die gewünschte Emotion herbeiführt, durchlaufen Sie die ganze Technik von neuem, und sorgen Sie dafür, die Erinnerung so intensiv wie möglich werden zu lassen. Wenn nötig, ergänzen Sie sie durch andere Erinnerungen.

Das Prinzip des Ankerns besteht darin, daß Sie eine spezifische Emotion erzeugen, indem Sie sich an intensive frühere Erlebnisse erinnern und dann ein Berührungssignal etablieren, das Sie unmittelbar in das gleiche Gefühl versetzen kann. Wenn Sie Zugang zu einem Gefühl der Verliebtheit haben wollen, könnten Sie sich an Gelegenheiten erinnern, bei denen Sie sich besonders leidenschaftlich gefühlt haben, und dann einen Anker etablieren. Wenn Sie sich friedlich fühlen wollen, könnten Sie sich an eine Zeit erinnern, in der alles in Ihrem Leben ausgesprochen ruhig verlief. Wenn Sie sich an eine Erfahrung erinnern, als Sie sich unter Mühen bis zur Ziellinie durchgekämpft haben, können Sie sie nutzen, um ein Gefühl der Entschlossenheit zu ankern.

Diese Technik ermöglicht Ihnen, bestimmte Emotionen zu ankern, so daß Sie Zugang zu ihnen haben, *wenn Sie sie brauchen.* Es leuchtet ein, daß der Anker gesetzt wird, bevor Sie die Emotion brauchen.

Roy, ein Klient von uns, hielt sich für sozial inkompetent. Er nahm nur selten Einladungen zu Parties an, weil sie ihm meistens nur Gelegenheit boten, erneut festzustellen, wie isoliert er sich in Gesellschaft anderer Menschen fühlt. Nachdem Roy ankern gelernt hatte, beschloß er, es auszuprobieren und nahm eine Einladung zu einer Party in seinem Appartementhaus an. Er entschied, daß er, um so auf die anderen zugehen zu können, wie er es wollte, sich freundlich fühlen müsse. Es gab einige

Menschen, für die er sehr freundliche Gefühle hatte. Er versammelte sie in seiner Vorstellung, verstärkte das Gefühl der Freundlichkeit und faltete dann seine Hände zusammen, um das Gefühl zu ankern. Er wiederholte diesen Vorgang, bis allein schon das Zusammenfalten der Hände das Gefühl der Freundlichkeit auslöste. Auf der Party leistete ihm der Anker gute Dienste. Zu Beginn des Abends mußte er ihn einige Male einsetzen, doch als die anderen Gäste anfingen, auf sein freundliches Verhalten zu reagieren, wurde sein Gefühl der Freundlichkeit eine natürliche Folge der angenehmen Interaktion, und der Anker war nicht mehr notwendig.

Sie müssen als Anker nicht unbedingt das hier vorgeschlagene Zusammenfalten der Hände verwenden. Jede unterscheidbare Berührung wird funktionieren. Wenn Sie z.B. den Daumen gegen den Ringfinger drücken, oder das linke Handgelenk mit der rechten Hand fassen, so sind das unterscheidbare und ungewohnte Berührungen, die gut als Anker verwendet werden können, ähnlich dem Greifen der Pultkante, das Jonelle als Anker wählte. Wenn Sie andererseits die Gewohnheit haben, Ihre Hände zusammenzufalten oder über Ihren Nasenrücken zu streichen, dann wäre beides keine gute Wahl für einen Anker. Sie wären als Anker ungeeignet, da Sie unabsichtlich eine andere Emotion mit der gleichen Berührung ankern könnten und so die ursprünglich geankerte Emotion abgeschwächt oder sogar vollständig überdeckt wird. Falls Sie mehrere Emotionen ankern, die Sie in verschiedenen Situationen einsetzen wollen, müssen Sie für jede dieser Emotionen einen eigenen Anker etablieren.

Wie gut ein Anker funktioniert, hängt vor allem davon ab, wie stark er ist. Wenn Sie eine Emotion zum ersten Mal ankern, sollten Sie Ihre Erinnerung an die Situation, in der Sie diese Emotion ursprünglich erlebt haben, so lebendig und plastisch wie möglich gestalten. Sie können die Erfahrung intensivieren, indem Sie dem Bild mehr Farbe, Helligkeit, Bewegung geben, die Lautstärke und das Tempo der Geräusche erhöhen und Ihre Empfindungen verstärken. Sie können einen Anker auch dadurch intensivieren, daß Sie eine Emotion mehrere Male ankern, so wie Jonelle und Roy es getan haben. Um die Emotion ausreichend intensiv werden zu lassen, ist es manchmal notwendig, eine Erinnerung zu finden, die noch immer besonders stark auf Sie wirkt. Wenn Sie einen Anker für die Liebe zu Ihrer Frau etablieren wollen, ist es u.U. besser, sich an die berauschende erste Zeit Ihrer Beziehung zu erinnern, anstatt das Gefühl, das Sie jetzt haben, zu intensivieren.*

8.3 Das Aufbrechen von Ursache-Wirkungs- Zusammenhängen

Es kann passieren, daß eine besonders belastende Situation Sie in einen emotionalen Zustand versetzt, den Sie nicht in gewohnter Weise verändern können. Bei solchen Erfahrungen haben die äußeren Ereignisse einen so starken Einfluß auf Sie, daß Sie nicht in der Lage sind, die Wahrnehmungskomponenten zu verändern, oder die Verhaltensweisen einzusetzen, die die Grundlage emotionaler Entscheidungsfreiheit sind. Selbst die Anker, die Sie zuvor etabliert haben, versagen unter Umständen in dieser Situation.

Wir haben hier Situationen im Blick, in denen ein spezifischer und erkennbarer Auslöser ein Gefühl in Ihnen bewirkt, das Sie nicht haben möchten. (Viele glauben, daß *alle* Ihre Emotionen das Ergebnis verschiedener Auslöser in Ihrer Umgebung sind und versuchen daher, Ihre Gefühle zu kontrollieren, indem Sie Ihre Umgebung kontrollieren – ein Versuch der scheitern muß.) Eine solche Situation kann z.B. gegeben sein, wenn Ihr Onkel wieder seine rassistischen Stammtischreden führt, oder Sie Niedergeschlagenheit überkommt, wenn Sie die Nachrichten anhören oder von jemand angeschrien werden, oder wenn Sie Angst bekommen, weil Ihre Bücher vom Finanzamt geprüft wer-

---

* Eine ausführliche Darstellung der Technik des Ankerns und ihrer Anwendungen findet sich in „Wieder Zusammenfinden, NLP – neue Wege der Paartherapie" von Leslie Cameron-Bandler, Junfermann Verlag. (Siehe dazu auch: Thies Stahl, „Triffst du 'nen Frosch unterwegs", ebenfalls Junfermann Verlag.)

den sollen. In solchen Situationen werden Sie kontrolliert, ohne frei entscheiden zu können. Die Kontrolle kann von Onkel Joe, den Nachrichten, der Lautstärke oder dem Finanzamt ausgehen. Wenn das geschieht, ist es das Beste, den Ursache-Wirkungs-Zusammenhang zu unterbrechen, d.h. die Wirkung, die dieser Auslöser auf Sie hat, zu neutralisieren und aufzuheben. Sobald der Ursache-Wirkungs-Zusammenhang unterbrochen ist, können Sie, wenn nötig, das „During"-Schema verwenden, um wieder Entscheidungsfreiheit über Ihre Emotionen zu erreichen. Das Unterbrechen eines Ursache-Wirkungs-Zusammenhangs hat den doppelten Vorteil, daß es Sie soweit von dem Einfluß der Situation befreit, wie nötig ist, um die belastenden und unangemessenen Emotionen abzuschütteln und Ihnen gleichzeitig die Gelegenheit gibt, Ihre Wahrnehmung und Ihre Reaktionsmöglichkeiten neu zu organisieren, damit Sie sich das nächste Mal zu Ihren Bedingungen wieder in die Situation begeben können.

Es gibt drei Möglichkeiten, die kontrollierende Wirkung eines Auslösers aufzuheben, die alle voraussetzen, daß Sie sich in irgendeiner Weise aus dem Geschehen zurückziehen. Die erste Möglichkeit besteht darin, Ihre Perspektive so zu verändern, daß Sie die Situation unbeteiligt verfolgen können. Sie können entweder die Situation von einem Zeitpunkt in der Zukunft aus betrachten und auf das zurückblicken, was geschehen ist, oder visuell aus der Situation heraustreten und sie aus der Perspektive eines neutralen außenstehenden Zuschauers sehen, so wie Sie vielleicht eine Fernsehsendung verfolgen würden.

Eine zweite Möglichkeit, die Wirkung des kontrollierenden Auslösereizes aufzuheben, ist darin gegeben, daß Sie Ihre Aufmerksamkeit auf einen anderen Reiz richten. Wenn Sie sich beispielsweise bei einer Vorlesung tödlich langweilen, könnten Sie Ihre Aufmerksamkeit bewußt auf eine attraktive Person in der Zuhörerschaft richten oder auf etwas im Raum, das ausgefallen genug ist, um Ihre Neugier zu erregen – kurz auf jeden beliebigen Reiz, der stark genug ist, eine andere emotionale Reaktion in Ihnen hervorzurufen. Eine sehr ähnliche Möglichkeit, die Ursache-Wirkungs-Beziehung zu unterbrechen, besteht da-

rin, sich Fragen zu stellen, die dazu führen, daß Sie Informationen verarbeiten. Wenn Sie in dem Augenblick, in dem Sie von einer Emotion überwältigt werden, beginnen, sich Fragen zu stellen, die einen Problemlösecharakter haben, führt das in der Regel dazu, daß Sie sich emotional von der Wirkung des Reizes lösen. Um z.b. die Sie zur Raserei treibende Wirkung der rassistischen Äußerungen Onkel Joes aufzuheben, könnten Sie sich folgende Fragen stellen: „Wie ist er zu dieser Auffassung gekommen?" oder „Wie bin ich zu meiner Auffassung gekommen?" oder „Was könnte ich tun, um sein Verhalten zu ändern?".
Die dritte Möglichkeit besteht darin, die Situation tatsächlich (physisch) zu verlassen. Wenn ein Reiz Ihnen die Fähigkeit nimmt, Ihre Gefühle zu wählen, besteht keine Notwendigkeit, dies mit zusammengebissenen Zähnen zu erdulden. Es besteht ein großer Unterschied zwischen *Davonlaufen* und *Fortgehen*. Es kann durchaus sein, daß Sie sich physisch von dem Reiz entfernen müssen, um wieder Entscheidungsfreiheit über Ihre Emotionen zu gewinnen. In Kapitel 7 befand Leslie, daß sie das Restaurant verlassen muß, um ihre aktuellen emotionalen Ziele herauszufinden und sie auch erreichen zu können. Sobald sie die Entscheidungsfreiheit über ihre Gefühle zurückgewonnen hatte, konnte sie in das Restaurant zurückkehren, diesmal mit dem Gefühl, das sie haben wollte. Hier sind weitere Beispiele dafür, wie Sie sich aus überwältigenden, lähmenden Situationen befreien können.

Die quengelige Stimme, mit der jemand spricht, macht Sie nervös und reizbar.

– Richten Sie Ihre gesamte Aufmerksamkeit auf andere Anwesende.

– Versuchen Sie herauszufinden, welche Spannungsmuster in den Muskeln notwendig sind, um einen so abscheulichen Klang zu erzeugen.

– Versuchen Sie, den Klang nachzuahmen.

– Tun Sie so, als ob diese Stimme das Symptom einer lebensgefährlichen Krankheit sei.

- Gehen Sie.
- Dominieren Sie die Unterhaltung mit Ihrer eigenen Stimme.

Sie wohnen zeitweise in der Wohnung eines Freundes, die so unordentlich ist, daß Sie sich angewidert und abgestoßen fühlen.

- Räumen Sie auf.
- Schaffen Sie sich einen kleinen ordentlichen Platz, den Sie Ihr eigen nennen können.
- Gehen Sie.
- Schalten Sie das Licht aus.
- Fassen Sie die Unordnung als wohlüberlegtes Kunstwerk auf.
- Versuchen Sie, sich vorzustellen, welche Ereignisse zu der Ablagerung der verschiedenen Schichten des Durcheinanders geführt haben.

Sie werden in einer Gruppe ignoriert und fühlen sich deshalb gekränkt und verbittert.

- Gehen Sie.
- Machen Sie eine Szene.
- Flüstern Sie jemandem etwas ins Ohr.
- Genießen Sie es, unsichtbar zu sein, und beobachten Sie die belustigenden Verhaltensweisen der Anwesenden.
- Lauschen Sie den Gesprächen und überlegen Sie sich, wie Sie das Gehörte später verwenden können.
- Nehmen Sie jemanden zur Seite und beginnen Sie mit ihm eine Unterhaltung.

Diese Beispiele sollen Ihr Denken anregen hinsichtlich der Fülle an Möglichkeiten, die Ihnen offenstehen, um Situationen, die zu belastenden und unangemessenen Reaktionen bei Ihnen führen, zu unterbrechen. Es lohnt sich, wenn Sie sich die Zeit nehmen, einige neuere Beispiele zu finden, in denen Sie selbst von einer Situation überwältigt waren und sich zu Gefühlen und Verhaltensweisen verführen ließen, die Ihnen nicht behagt haben. Machen Sie dann eine Liste mit möglichen Reaktionen, durch die Sie sich aus der Situation hätten befreien können. Nachdem Sie sich mit diesem Verfahren zur Erzeugung von Alternativen vertraut gemacht haben, können Sie das folgende Schema verwenden, wenn Sie sich das nächste Mal in einer emotional erdrückenden Situation befinden.

1. Finden Sie heraus, was dazu führt, daß Sie eine Emotion erleben, die unangenehm oder unangemessen ist (mit anderen Worten: Finden Sie die Ursache!).
2. Wählen Sie eine Möglichkeit, um die Wirkung dieser Ursache aufzuheben, indem sie entweder a) Ihre Perspektive ändern und die Situation rückschauend aus der Zukunft oder als unbeteiligter Zuschauer betrachten; oder b) Ihre Aufmerksamkeit auf einen anderen Reiz richten; oder c) die Situation physisch verlassen.
3. Ziehen Sie sich auf die Weise aus der Situation zurück, die Sie gewählt haben. Wenn Sie sich noch immer überwältigt fühlen, kehren Sie zu dem zweiten Schritt zurück und wählen Sie eine andere, u.U. dramatischere Möglichkeit, die Ursache-Wirkungs-Beziehung zu unterbrechen.
4. Nachdem Sie die Wirkung des Reizes neutralisiert haben, können Sie, wenn Sie wollen, das „Während"-Schema verwenden und sich eine andere Zugangsmöglichkeit eröffnen.

Es kann sein, daß Sie schon mit der Erleichterung, die Sie erfahren, wenn Sie sich aus der Situation zurückziehen, zufrieden sind. In diesem Fall können Sie schon beim dritten Schritt aufhören. Bevor Sie sich jedoch wieder anderen Dingen zuwenden, sollten Sie sich einen Augenblick Zeit nehmen und überlegen, ob Sie in Zukunft in der Lage sein wollen, eine ähnliche Situation zu bewältigen, ohne wieder die gleiche Erfahrung machen zu müssen wie bisher. Wenn Sie das wünschen, sollten Sie entweder das „Während"-Schema verwenden und Ihre emotionale Rektion auf die gegenwärtige Situation verändern, oder das „Danach"-Schema, mit dem Sie eine angemessene emotionale Reaktion für die nächste Gelegenheit wählen, bei der Sie in eine ähnliche Situation geraten. Ganz gleich, ob Sie eines dieser beiden Schemata verwenden, oder einfach nur den Ursache-Wirkungs-Zusammenhang unterbrechen und sich dann anderem zuwenden – das Ziel ist in jedem Fall, die Situation unter Ihre Kontrolle zu bringen, anstatt sich weiter durch die Situation kontrollieren zu lassen.

8.4 Das Umformen von Emotionen

Als wir im 5. Kapitel den Begriff „Zeitrahmen" erläuterten, führten wir als Beispiel Stephen an, dessen kleiner Sohn ihn mit seinen ständigen Unterbrechungen zur Weißglut getrieben hatte. In dem Augenblick, als er ihn gerade anbrüllen wollte, „stand Stephen unvermittelt die Zukunft vor Augen. Er sah seinen Sohn als unbeherrschten Erwachsenen, isoliert und unglücklich. In dem Moment wurde das Gespräch für ihn zur Nebensache. Die Wut verschwand aus Stephens Blick. Er kniete sich neben seinen Sohn und erklärte ihm, welche Folgen es hat, unbeherrscht zu sein und was er tun könnte, um das zu vermeiden." Wenn auch unbeabsichtigt, so hat Stephen seinen emotionalen Zustand doch auf sehr subtile Weise verändert, indem er in seinen Intentionen von einem gegenwärtigen zu einem zukünftigen Zeitrahmen übergegangen ist. In dem Moment, als er die Zeitrahmen-Komponente veränderte, wechselte seine Emotion von Ungeduld zu Geduld.

Ebenfalls im 5.Kapitel erwähnten wir Frances und ihre Auseinandersetzung mit der Bank. Sie hatte keinen Erfolg mit ihrer Absicht, die Bank dazu zu zwingen, ihren Kontostand zu berichtigen, und war gänzlich unzufrieden mit sich selbst. Doch als ihre Freundin sie drängte, etwas zu finden, was ihr in der Auseinandersetzung gelungen war, erinnerte sich Frances „Obwohl ich Angst hatte, habe ich ihnen beim Hinausgehen gesagt, daß sie noch von mir hören würden". Sobald Frances ihren kleinen Erfolg erkannt hatte, fühlte sie sich zufrieden.

Wie Frances fühlen sich die meisten von uns unzufrieden, wenn die Dinge nicht so laufen, wie sie es gerne hätten. Um mit sich zufrieden sein zu können, mußte Frances ihre Aufmerksamkeit auf die Anteile ihres Verhaltens richten, die ihren Erwartungen entsprochen hatten. Sie mußte ihr Verhalten in immer kleinere Teile zergliedern, bis sie schließlich mit dem, was sie getan und erreicht hatte, zufrieden war.

Manchmal werden Sie nur Schritt für Schritt – d. h. Komponente um Komponente – Zugang zu einer Emotion finden können, so wie Stephen und Frances es getan haben, und sie nicht mit einem Mal erzeugen können, was das Ziel der Schemata für „Anschalten" und „Ankern" ist. Sie können so stark in einem emotionalen Zustand gefangen sein, daß Sie von dort aus nicht direkt zu dem emotionalen Zustand gelangen können, den Sie anstreben. Es ist wichtig, daß Sie über verschiedene Möglichkeiten verfügen, Ihre emotionale Erfahrung zu verändern, und eine der wirksamsten Möglichkeiten, Einfluß auf Ihre Gefühle zu nehmen, besteht darin, daß Sie Ihre Wahrnehmungen auf der Ebene der Komponenten ändern.

Eine Emotion in eine andere, angemessenere umzuformen setzt voraus, daß man sich darüber im klaren ist, welche Komponenten für die gewünschte Emotion bedeutsam sind. Es wird Ihnen leicht fallen, die Komponenten einer Emotion zu identifizieren, wenn Sie sich folgende Frage stellen: „Wie würde ich es wissen, wenn ich diese Emotion erleben würde?" Wenn Sie die Komponenten kennen, können Sie damit beginnen, sie zu verändern. Aus den Beispielen in den vorangegangenen Kapiteln wissen Sie bereits, daß die Komponenten, die einer bestimmten Emotion zugrundeliegen, ein einzigartiges Muster sich gegenseitig beeinflussender Wahrnehmungen bilden. Verändern Sie eine dieser Komponenten, und Ihre Gefühle werden sich unmittelbar mitverändern. Einzelne dieser Komponenten werden eine tiefgreifendere Wirkung auf bestimmte Emotionen haben als andere.

Wir möchten Ihnen damit nicht nahelegen, einen Aspekt Ihres inneren Er-lebens zu verändern, nur um eine Emotion in irgendeine andere zu verwandeln. Sie werden vermutlich eine Vorstel-

179

lung davon haben, was Sie anstelle ihres gegenwärtigen Gefühls erleben möchten. Die Richtung, in die Sie Ihren emotionalen Zustand verändern wollen, kann Ihnen als Orientierung dienen, an der Sie die Qualität Ihres Er-lebens überprüfen können, während Sie es verändern. Während Sie Ihre Wahrnehmungen neu ausrichten, können Sie sich die Frage stellen: „Ist das die Emotion, die ich wollte, und wenn nicht, welche Eigenschaften vermisse ich noch?" Wenn Sie wissen, welche Emotion Sie erleben wollen, können Sie Ihre Wahrnehmungen so lange korrigieren, bis Sie die gewünschte Emotion erreicht haben.

Stellen Sie sich beispielsweise vor, daß Sie gerade ungeduldig sind und sich gerne geduldig fühlen möchten. Sie machen sich Ihr inneres Er-leben bewußt und stellen fest, daß Ihr Tempo recht schnell ist. Sie bemerken auch, daß Sie Ihr Ziel in der unmittelbaren Zukunft repräsentiert haben und die Modalität der Notwendigkeit verwenden („Ich muß es haben!"). Sie experimentieren zunächst damit, das Tempo zu verlangsamen. Das verändert zwar Ihren emotionalen Zustand, aber nicht auf die Weise, die Sie wünschen, denn Sie müssen Ihr Ziel schnell erreichen und ein langsames Tempo führt dazu, daß Sie sich unzulänglich fühlen. Sie experimentieren weiter und verlegen Ihr Ziel diesmal in eine ferne Zukunft. Dies führt zusammen mit der Verlangsamung des Tempos dazu, daß Sie sich geduldig fühlen.

Sie können jede Emotion erleben, wenn Sie wissen, aus welchen Komponenten diese sich wie zusammensetzt. Das mag sich nach einem komplizierten und anspruchsvollen Ansatz zur Veränderung von Emotionen anhören, doch nach einigen Versuchen wird er Ihnen leichtfallen. Der Nutzen dieser Methode geht über den bloßen Zugang zu einer bestimmten Emotion hinaus; sie bietet Ihnen gleichzeitig eine Orientierung und einen wachsenden Fundus an Information, der Ihre Erfahrungen und die emotionalen Reaktionen Ihrer Umwelt zu einer ständigen Quelle neuen Wissens über die Struktur menschlichen Erlebens werden lassen. Mit diesem Wissen werden Sie auch ein Maß an Entscheidungsfreiheit und emotionaler Erfahrung erlangen, das Sie auf keinem anderen Weg erreichen können.

Die folgenden Beispiele, die helfen sollen, Ihr Verständnis der Umformung von Emotionen zu vertiefen, sind weitgehend typisch, d.h. die meisten Menschen werden die gleichen Komponenten in der beschriebenen Weise verändern müssen, um die angeführte unerwünschte Emotion in die erwünschte Emotion zu verwandeln. Nehmen Sie beim Lesen der Beispiele Einfluß auf die einzelnen Komponenten und achten Sie darauf, wie sich Ihre Gefühle verändern. Wenn Sie die angestrebte Emotion nicht erreichen, finden Sie heraus, was noch fehlt und fügen Sie die entsprechende Wahrnehmung den anderen Komponenten hinzu.

Von Unzulänglichkeits- zu Kompetenzgefühlen

Sie haben zugesagt, an einer Podiumsdiskussion teilzunehmen, doch als Sie feststellen, daß die anderen Teilnehmer höhere akademische Titel haben als Sie selbst, fühlen Sie sich plötzlich unzulänglich. Die wichtigste Komponente, um das Gefühl von Unzulänglichkeit zu erzeugen, ist in der Regel der Vergleich zwischen dem, was Sie haben oder können, und dem, was jemand anderer hat oder kann. Sie können ein Gefühl von Eignung schaffen, indem Sie sich an Ihre Fähigkeiten erinnern und an frühere Beweise Ihrer Kompetenz zurückdenken, bis Sie das Gefühl haben, daß Sie neben der anderen Person durchaus bestehen können – oder in unserem Beispiel, daß Sie geeignet und kompetent für diese Podiumsdiskussion sind.

Von Überwältigungsgefühlen zu kreativen Antworten

Obwohl es ein ziemlicher Aufwand war, haben Sie es geschafft, alles für den Kindergeburtstag vorzubereiten. Doch als schließlich doppelt so viele Kinder erscheinen, wie Sie erwartet haben, sind Sie völlig überfordert. Wenn Sie sich überfordert fühlen, ist Ihr Tempo schnell, da Sie versuchen, sich um zu viele Aufgaben gleichzeitig zu kümmern, ohne Prioritäten zu setzen. Um zu einem Gefühl von positiver Herausforderung zu gelangen, sind drei Veränderungen notwendig. Verlangsamen Sie als erstes Ihr Tempo, setzen Sie Prioritäten in bezug auf das, was Sie tun müssen und stellen Sie eine Reihenfolge auf. Sie verkleinern den Chunk dieser überwältigenden Aufgabe, unterteilen sie in die verschiedenen kleineren Aufgaben, aus denen sie sich zusammensetzt, und konzentrieren sich dann nur auf das, was zuerst zu erledigen ist. Dann gehen Sie zu der nächsten Aufgabe über – z.B. könnten Sie die kleinen Gäste irgendwie beschäftigen, dann überlegen, was an zusätzlichem Essen nötig ist, jemanden finden, der es besorgt, usw. Fügen Sie dann als zweites dem Kriterium „Alles erledigen" das Kriterium „Spaß haben" hinzu. Verändern Sie als drittes die Modalität von „ich muß" zu „ich will/ich kann". Die Kombination dieser Veränderungen wird dazu führen, daß Sie Ideen für Unternehmungen und Bewirtung bekommen – z.b. Gruppenspiele im Freien veranstalten oder Plätzchen backen –, die Ihnen und den Kindern Spaß machen und gleichzeitig das Problem des Verpflegungsmangels lösen.

Von Angst zu Selbstvertrauen

Es ist Samstag abend und Sie sitzen händeringend vor Angst an Ihrem Schreibtisch, weil Sie am Montag eine Prüfung haben, die darüber entscheidet, ob Sie Ihre Ausbildung erfolgreich abschließen können oder nicht. Angst entsteht oft, wenn Sie in der Zukunft eine Gefahr erwarten und sich darauf unvorbereitet glauben. Sie können diese Angst in ein Gefühl von Selbstvertrauen und Zuversicht verwandeln, indem Sie Ihre Aufmerksamkeit auf das richten, was im Augenblick passiert, bis Sie sich in der gegenwärtigen Situation sicher fühlen: „Das Haus ist gut geheizt und wohnlich, ich habe meine Lieblingsbücher und -bilder um mich herum, ich habe Freunde, Menschen, die mich lieben." Wählen Sie dann als Modalität „Es ist möglich" und beginnen Sie den Chunk zu verkleinern, indem Sie daran denken, wie Sie sich sinnvoll auf diese bedrohliche Zukunft vorbereiten können: „Zunächst muß ich meine Notizen durchsehen und versuchen herauszufinden, was höchstwahrscheinlich drankommen wird, das nehme ich mir dann als erstes vor und später, wenn noch Zeit bleibt, kann ich mit dem weitermachen, was vielleicht auch noch geprüft wird."

Von Enttäuschung zu Frustration

Ein Mitarbeiter, in den Sie hohe Erwartungen gesetzt haben, hat Sie enttäuscht. Wenn Sie etwas erwarten, an dem Ihnen viel liegt, und es dann nicht bekommen, führt das meistens zu Enttäuschung. Die wesentliche Komponente ist hier, daß Sie nicht mehr an die *Möglichkeit* glauben, dennoch zu bekommen, was Sie wollen. Indem Sie das, was Sie wollen, in einen Zeitrahmen stellen, der in die Zukunft hineinreicht (z.b. indem Sie sich sagen, daß Ihr Mitarbeiter die Ansprüche *noch* nicht erfüllt hat), werden Sie wenigstens zu einem Gefühl der Frustration übergehen können. Das ist in diesem Fall eine sinnvolle Veränderung, denn Frustration hält Sie dazu an, Ihr Ziel weiter zu verfolgen, also z.b. weiter zu versuchen, Ihren Mitarbeiter so auszubilden, daß er schließlich das Niveau erreichen kann, das Sie ihm zutrauen. Wenn Sie von Frustration zu dem angenehmeren Gefühl von Erwartung übergehen wollen, können Sie sich an frühere Gelegenheiten erinnern, bei denen Ihr Mitarbeiter seine Lernfähigkeit bewiesen und Fortschritte gemacht hat. Nehmen Sie diese Beispiele als Bestätigung und ersetzen Sie nun, während Sie den zukünftigen Zeitrahmen weiter konstant halten, die Modalität „Er könnte sich ändern" durch „Er wird sich ändern". Das wird Ihnen ermöglichen, sich eine Zukunft vorzustellen, auf die Sie sich freuen können. Darüber hinaus kann es Sie mit neuem Enthusiasmus erfüllen.

Von Enttäuschung zu Akzeptanz

Ihre heranwachsende Tochter geht zum Friseur, um sich die Spitzen und den Pony nachschneiden zu lassen und kommt mit einer knallgrünen Punkfrisur zurück. Manchmal werden Sie ein Ziel nicht weiter verfolgen wollen oder können, wenn sich Ihre Bemühungen als aussichtslos erwiesen haben. In diesem Fall werden Sie von Entäuschung zu Akzeptanz übergehen wollen, um sich neuen Zielen zuwenden zu können. Sie können das erreichen, indem Sie in Gedanken einige Jahre in die Zukunft gehen und aus dieser Perspektive auf das zurückschauen, was Sie nicht erreicht haben. Während Sie auf dieses Ziel zurückschauen, können Sie es in Ihrer Wahrnehmung immer kleiner und immer unwichtiger werden lassen, bis Sie Akzeptanz fühlen. Wenn Sie sich vorstellen, daß Sie sich in zehn Jahren an die grelle Haartracht Ihrer Tochter zurückerinnern werden, wird es zu einer dieser merkwürdigen und amüsanten Episoden im Leben eines Teenagers.

Von Niedergeschlagenheit zu Ermutigung

Sie haben das Gefühl, nichts wirklich Bedeutsames zu tun oder je getan zu haben; wenn Sie in die Zukunft blicken, sehen Sie nur weitere, sinnlose Jahre in der Tretmühle ... und das ist bedrückend. Wenn Sie sich niedergeschlagen fühlen, sehen Vergangenheit, Gegenwart und Zukunft gleichermaßen trostlos aus. Um sich aus dieser Niedergeschlagenheit zu befreien, müssen Sie *etwas* finden, daß jetzt besser ist, als es früher war. Übertragen Sie diesen kleinen Unterschied in die Zukunft und finden Sie dann etwas anderes, das jetzt besser ist, als es früher war und übertragen Sie den Unterschied wiederum in die Zukunft. Auf diese Weise werden Sie sich schließlich eine Zukunft erschaffen, die Ihre Niedergeschlagenheit zerstreut und ein Gefühl von Ermutigung nährt. Die Niedergeschlagenheit wird sich jedoch nicht sofort in Ermutigung verwandeln. Vergleichen Sie diese Aufgabe mit dem Vorhaben, einen schweren Gegenstand vom Meeresboden zu heben, indem Sie ständig mehr Luft in ihn hineinpumpen.

Von (passiver) Hoffnung zu (aktivem) Verantwortungsgefühl

Sie haben herausgefunden, daß Ihr Sechsjähriger einige kleinere Gegenstände gestohlen hat und hoffen stark, daß er diese sehr schädliche Angewohnheit aufgeben wird. Wenn Sie etwas wollen, aber Ihre Orientierung auf dieses Ziel passiv ist, werden Sie vermutlich hoffen, Ihr Ziel zu erreichen, ohne notwendigerweise etwas dafür zu tun. Wenn Sie sich statt dessen verantwortlich fühlen, werden Sie sehr wahrscheinlich etwas unternehmen, um Ihr Ziel zu erreichen. In diesem Fall werden Sie aus einem Gefühl der Verantwortlichkeit für die Zukunft Ihres Kindes bemüht sein, ihm zu vermitteln, daß er fremdes Eigentum respektieren soll. Sie können sich auf ein Gefühl von Verantwortlichkeit hinbewegen, indem Sie das internale „Ich wünschte, es würde geschehen" durch „Es muß geschehen" oder „Ich muß es erreichen" (Modalität der Notwendigkeit) ersetzen, sich an andere Erziehungsziele erinnern, die Sie erreicht haben, so daß Sie sich sagen können „Ich *kann* das tun, was dazu nötig ist" und dann beginnen, sich Schritte zu überlegen, mit denen Sie Ihr Ziel erreichen.

Von Langeweile zu Vorfreude

Sie müssen eine weite Strecke durch ein Gebiet fahren, das für Sie weder interessant noch attraktiv ist, und langweilen sich. Wenn Sie sich langweilen, ist Ihre Aufmerksamkeit auf die Gegenwart gerichtet, aber auf eine Gegenwart, in der nichts Interessantes passiert. Sie können Ihre Langeweile in Vergnügen und Vorfreude umformen, indem Sie Ihre Aufmerksamkeit auf die Zukunft richten und sich positive Möglichkeiten überlegen. Im Fall der Autofahrt könnten Sie sich in Ihrer Vorstellung ausmalen, welche angenehmen Erfahrungen Sie am Ziel Ihrer Reise erwarten.

Von Trauer und Akzeptanz

Sie haben einen nahestehenden Menschen verloren, jemanden dessen Zukunft mit der Ihren verbunden war, und versinken in Trauer. Außer über den Tod einer geliebten Person können Sie auch Schmerz empfinden über den Verlust Ihres Arbeitsplatzes, Ihres Hauses, eines Traums oder einer Beziehung. Weil wir dazu neigen, Trauer mit Tod zu assoziieren, erkennen manche von uns nicht, daß Sie Trauer über den Verlust von etwas anderem erleben, einer Beziehung oder eines Arbeitsplatzes zum Beispiel. Wenn Sie trauern, vergleichen Sie das, was gegenwärtig *nicht ist*, mit dem, was *sein könnte*, und das, was in der Zukunft *nicht sein wird*, mit dem, was in der Zukunft *hätte sein können*. Um zu Akzeptanz überzugehen, müssen Sie, ausgehend von der Gegenwart, eine nahe und kontinuierliche Zukunft schaffen, in der Sie das sehen, was da sein wird und zufriedenstellend sein wird, in der Sie sehen, was Sie tun werden, das Sie zufriedenstellen wird, und wie Sie es tun werden. Sie richten Ihre Aufmerksamkeit somit auf eine Zukunft und vergleichen nicht mehr „das, was sein wird" mit „dem, was hätte sein können".

Von Zufriedenheit zu freudiger Erregung

Ihre siebenjährige Tochter zeigt Ihnen Ihre Rechenaufgaben, die sie alle richtig gelöst hat, und Sie sind über ihre Fortschritte zufrieden. Zufriedenheit erleben Sie, wenn das geschieht, was Sie gewollt haben. Die Intensität dieses Gefühls ist in der Regel nicht sehr hoch. Wenn Sie sich in einer Situation, die noch viel mehr Positives bietet (z.B. wenn Ihre Tochter eine mathematische Begabung zeigt), nur zufrieden fühlen, können Sie die Intensität Ihrer Zufriedenheit steigern – vielleicht indem Sie diese Begabung als Vorstufe künftiger Erfolge, Größe und Erfüllung für Ihr Kind sehen –, bis Sie freudig erregt sind.

Probieren Sie selbst die angeführten Beispiele aus, wiederholen Sie sie ein paarmal und Sie werden sehen, daß Sie sie bald als eigene Strategie übernehmen können und so zusätzliche emotionale Entscheidungsfreiheit in Kontexten gewinnen, die in der Vergangenheit für Sie problematisch waren.

Die folgende Übung gibt Ihnen die Gelegenheit, das Umformen von selbstgewählten Emotionen auszuprobieren und zu erleben.

1. Identifizieren Sie eine Emotion, die Sie gerade erleben.(Z.B. „Ich fühle mich neugierig.")

2. Identifizieren Sie die wesentlichen Komponenten dieser Emotion, indem Sie sich die Frage stellen: „Wie weiß ich,

daß ich ___(die Emotion)___ erlebe und nicht ein anderes Gefühl?" Mit anderen Worten, wenn Sie den Zeitrahmen, das Tempo, die Modalität, den Grad Ihrer Beteiligung, die Intensität, die Übereinstimmung/Nichtübereinstimmung, die Kriterien und die Chunkgröße überprüfen, was scheint dann wesentlich zu sein, um die Emotion zu dem zu machen, was sie ist? (Zum Beispiel: „Wenn ich mich neugierig fühle, bemerke ich einen Unterschied zwischen dem, was ich weiß und dem, was sich mir zeigt, ich bin mit der Gegenwart beschäftigt, ich fühle mich stark beteiligt und das Kriterium ist ‚Verständnis'. Die Nichtübereinstimmung, das Kriterium ‚Verständnis' und die starke Beteiligung scheinen mir am wichtigsten zu sein.")

3. Verändern Sie eine der wesentlichen Komponenten in ihrer Qualität oder Quantität. Wenn Ihre Aufmerksamkeit auf die Gegenwart gerichtet ist, könnten Sie sie statt dessen auf die Vergangenheit oder die Zukunft richten. Wenn das Tempo schnell ist, verlangsamen Sie es; wenn es langsam ist, beschleunigen Sie es. Wenn eine Modalität der Notwendigkeit vorliegt („Ich muß"), ersetzen Sie sie durch eine Modalität der Möglichkeit („Ich könnte", „Ich sollte") oder umgekehrt. Wenn Sie eine aktive Beteiligung erleben, verwandeln Sie sie in eine passive, wenn Sie eine passive Beteiligung erleben, in eine aktive. Sie können die Intensität des Gefühls entweder erhöhen oder senken. Wenn Sie darauf achten, wie Dinge übereinstimmen, dann richten Sie Ihre Aufmerksamkeit darauf, wo sie nicht übereinstimmen. Sie können das Kriterium – d.h. das, was in der Situation wichtig ist – durch ein anderes Kriterium austauschen oder das Kriterium beibehalten und die Chunkgröße, die Sie gerade in bezug auf das Kriterium verwenden, ändern.

4. Achten Sie darauf, wie sich Ihre Emotionen als Folge der Variation verschiedener Komponenten Ihres Erlebens verändern. (Zum Beispiel: „Sobald ich anfange, mich zu vergleichen, fühle ich mich nicht mehr neugierig, sondern *motiviert*, etwas zu tun. Wenn ich die Intensität reduziere,

verblaßt meine Neugier zu *Interesse*, und wenn ich die Intensität erhöhe, platze ich fast vor Neugier. Wenn ich zu einer passiven Beteiligung übergehe, bin ich nur noch interessiert.")

Wir möchten Sie ermutigen, diese Übung mehrmals zu wiederholen und zwar mit so verschiedenen Emotionen und Komponenten wie nur möglich. Die Übung mag vielleicht einfach erscheinen, doch sie ist trotzdem ein hervorragendes Training, um die Struktur der subjektiven Erfahrung kennenzulernen. Diese Art von Experiment ist wertvoll für Sie, um die internalen Prozesse, die Ihre Emotionen erzeugen, kennenzulernen und sich mit Ihnen vertraut zu machen. Es ist ohne Übertreibung ein grundlegender Aspekt emotionaler Wahlfreiheit.

Hier ist noch ein sehr hilfreicher Tip, um schnell Zugang zu einer Emotion zu bekommen. Er wird Ihnen auch helfen, sich verschiedene Gefühle zu verschaffen, die Sie in der letzten Übung verwenden können. Es handelt sich dabei um eine Frage, mit der wir bereits tausendfach die Emotionen von Menschen verändert haben. Wir gebrauchen diese Frage, wenn jemand eine bestimmte Emotion erleben will, oder wenn wir eine bestimmte Emotion in jemandem hervorrufen wollen. Nehmen wir Ehrgeiz als Beispiel. Die Frage lautet: „Wie würden Sie es wissen, wenn Sie sich ehrgeizig fühlen würden?" Um diese Frage beantworten zu können, muß der Betreffende sich zuerst die Emotion zugänglich machen, damit er dann die Beurteilung vornehmen kann, die zur Beschreibung der einzelnen Komponenten nötig ist. Sie können sich diese Frage selbst stellen. Jedesmal, wenn Sie sich eine bestimmte Emotion verschaffen wollen, fragen Sie sich: „Wie würde ich es wissen, wenn ich mich ehrgeizig (oder verständnisvoll, entschlossen usw.) fühlen würde?" Wenn Sie das betreffende Gefühl dann erleben, können Sie es, wenn Sie wollen, zusätzlich ankern.

Wenn Sie erst einmal Übung mit dem Variieren der Komponenten von Emotionen haben, können Sie das folgende 4-Schritt-Schema zum Umformen Ihrer emotionalen Zustände nach Belieben einsetzen. Die vier Schritte entsprechen den Stufen, die in diesem Kapitel besprochen worden sind.

1. Bestimmen Sie die wesentlichen Komponenten, die einer unerwünschten Emotion zugrundeliegen.

2. Verändern Sie die Ausprägung der Komponenten, eine nach der anderen.

3. Überprüfen Sie, ob diese Veränderung die gewünschte Emotion erzeugt.

4. Fahren Sie mit der Veränderung der wesentlichen Komponenten der erwünschten Emotion so lange fort, bis Sie die gewünschte Emotion erleben.

Noch drei abschließende Bemerkungen zum Umformen Ihrer Emotionen: Die erste bezieht sich darauf, wie groß der emotionale Sprung sein soll, den Sie beabsichtigen. Wenn Sie erschöpft sind, ist es u.U. zu viel verlangt, sich vital oder strebsam fühlen zu wollen. Wenn Ihr Ziel zu weit entfernt ist, um mit einem emotionalen Sprung erreicht zu werden, nähern Sie sich ihm in mehreren Etappen, indem Sie sich von einer leicht zu erreichenden Emotion zur nächsten bewegen. Sie können z.b. von dem Gefühl der Erschöpfung über Langeweile und Unruhe zu Motivation und schließlich zu Ehrgeiz kommen. Diese Emotionen sind sich von der Struktur her näher, was es Ihnen ermöglicht, ohne Mühe von einer zur anderen überzugehen.

Die zweite Bemerkung betrifft die Zeit, die zum Umformen einer Emotion nötig ist. Manchmal werden Sie einen ausgedehnten Zeitrahmen für Ihre Fortschritte beim Umgestalten ansetzen müssen. Wenn Sie auch häufig in der Lage sein werden, Ihre Emotionen innerhalb von Sekunden umzuformen, werden einige emotionale Veränderungen doch Stunden oder Tage dauern – wie z.B. bei Niedergeschlagenheit. Wieder andere Gefühle, wie z.B. Trauer, werden Wochen in Anspruch nehmen. Innere Bilder von einer neuen befriedigenden Zukunft zu erzeugen – einer der notwendigen Schritte, um Trauern in Akzeptanz zu verwandeln –, braucht seine Zeit.

Die dritte Bemerkung ist für alle in diesem Kapitel besprochenen Methoden von Bedeutung. Vermutlich werden Sie diese Verfahren anwenden, um Zugang zu bestimmten Emotionen zu gewinnen, die Sie in bestimmten Kontexten brauchen. (Meistens werden Sie sich nicht gerade *in* der Situation befinden, wenn Sie versuchen herauszufinden, welche Emotion Sie bei sich erzeugen wollen und wie Sie es anstellen können.) Daher ist es wichtig, daß Sie sicherstellen, daß Ihnen ein gewünschtes Gefühl jederzeit zur Verfügung steht. Wir nennen diesen Prozeß *Überbrücken in die Zukunft* (Future-Pacing). Wenn Sie Zugang zu der gewünschten Emotion gefunden haben, ermöglicht Ihnen das Future-Pacing, es mit dem Kontext zu koppeln, in dem Sie sie brauchen.

Future-Pacing heißt, daß Sie sich die nächste Situation, in der Sie diese neuerworbene emotionale Reaktion brauchen werden, so lebhaft wie möglich vorstellen. Gehen Sie *mit der gewünschten Emotion* in die vorgestellte Situation hinein und fühlen Sie, was Sie fühlen werden, sehen Sie, was Sie sehen werden und hören Sie, was Sie hören werden. (Das ist zugleich eine hervorragende Gelegenheit, um für diese Emotion einen Anker zu etablieren, den Sie als Stütze oder Verstärkung benutzen können, wenn Sie sich später wirklich in der Situation befinden.) Außer, daß es Ihnen einen letzten Test ermöglicht, ob die Emotion tatsächlich das ist, was Sie in der Situation erleben wollen, hilft Ihnen das Future-Pacing auch, den Zugang zu dieser Emotion sicherzustellen, wenn Sie ihn brauchen. Das erspart Ihnen eine Wiederholung des Auswahl- oder Zugang-Schemas.[*]

8.5 Zusammenfassung

Bei Entscheidungsfreiheit geht es um mehr als das Wissen, was Sie wollen, und die Auswahlmöglichkeiten. Jeder von uns ist schon durch die verschiedenen Abteilungen des emotionalen

---

[*] Leslie Cameron-Bandlers Buch „Solutions: Practical and Effective Antidotes for sexual and Relationship Problems" enthält eine Besprechung und zahlreiche Demonstationen zum Gebrauch des Future-Pacing.

Supermarktes geirrt und wollte mal dies, mal jenes, bis er schließlich mit leeren Händen wieder gegangen ist, weil ihm das nötige Zahlungsmittel fehlte für das, was er wollte. Emotionale Wahlfreiheit zu haben, bedeutet, gut wählen zu können und die Fähigkeit zu besitzen, diese Wahl zu verwirklichen.

In diesem Kapitel sind effektive Methoden vorgestellt worden, wie Sie sich Emotionen, die Sie ausgewählt haben, zugänglich machen oder erwerben können. Diese Methoden umfassen das *Anschalten von Emotionen*, bei dem Sie Ihre eigenen bereits bestehenden Methoden zum Erschließen von Emotionen nutzen, das *Ankern*, bei dem Sie ein physisches Signal etablieren, das Ihnen erlaubt, die Emotionen, die Sie wünschen, jederzeit hervorzurufen, das *Unterbrechen von Ursache-Wirkungs-Zusammenhängen*, bei dem Sie Zugang zu Ihren emotionalen Ressourcen gewinnen, indem Sie sich zunächst von der emotional überwältigenden Situation lösen, und das *Umformen von Emotionen*, bei dem Sie die wesentlichen Komponenten einer gewünschten Emotion identifizieren und Ihre Wahrnehmung dann so lange verlängern, bis Sie die erwünschte Emotion erleben.

Wenn Sie den sicheren Zugang zu Emotionen erlernen, werden Sie in der Lage sein, die Auswahl an Emotionen, die Sie getroffen haben, auch zu verwirklichen; dies ist die Vollendung Ihrer Wahl. Die Fähigkeit zum Plazieren – die Fähigkeit sich an den Folgen von Emotionen zu orientieren, sie auszuwählen und herbeizuführen – kann für Sie ein neues Ausmaß an Entscheidungsfreiheit bedeuten und Ihnen enorme Effektivität beim Erreichen Ihrer kurz- und langfristigen Ziele verschaffen. Wie bei vielen anderen lohnenden Dingen werden Sie einige Zeit und Energie brauchen, bis Sie die Schemata, die wir hier beschrieben haben, beherrschen. Doch Sie investieren dabei in eine Zukunft beständig wachsender Erlebnis- und Handlungsmöglichkeiten.

9 Das Ausdrücken von Emotionen

Ganz gleich, ob sich unser Freund Barry wütend, frustriert, verwirrt, müde, enttäuscht, heiter oder zufrieden fühlte, sein Verhalten war immer das selbe – er schloß sich in sein Zimmer ein, hackte auf den Tasten seines Computers herum und starrte auf das matte Grün des Monitors. Seine Familie war so gut wie ausgesperrt und konnte über seine Laune nur spekulieren. Zwischen Vorsicht und Sorge schwankend nahmen sie das Schlimmste an, ließen ihn in Ruhe und hofften, daß seine „miese" Stimmung irgendwann wieder vergehen würde. Schließlich lernten sie, ohne ihn zu leben.

Immer wenn Laura wütend oder frustriert, verwirrt, müde, enttäuscht, einsam, nostalgisch oder verängstigt war, weinte sie. Es dauerte nicht sehr lange, bis sich niemand mehr um ihre Tränen kümmerte. Die Menschen in ihrer Umgebung seufzten nur: „Jetzt ist es wieder so weit. Nun ja, sie wird schon darüber hinwegkommen." Und gingen dann weiter ihren eigenen Angelegenheiten nach.

In den meisten Fällen schließen andere von Ihrem beobachtbaren Verhalten auf das, was in Ihnen vorgeht. Diese Schlußfolgerung auf Ihren emotionalen Zustand kann natürlich falsch sein, wie wir gerade mit zwei extremen (aber authentischen) Beispielen verdeutlicht haben. Das Verhalten, das Barry und Laura für den Ausdruck ihrer Emotionen zur Verfügung hatten, ist so begrenzt und unangemessen, daß es nicht überrascht, wenn die Familienangehörigen und Freunde ihre Stimmungen ständig falsch deuten. Die Schwierigkeiten, Emotionen angemessen auszudrücken, sind uns z.T. allen bekannt. Jeder von uns kennt eigene Beispiele für Emotionen, die er in ungeschickter, schädlicher oder irreführender Weise ausdrückt.

Diese Begrenztheiten beim Ausdruck von Emotionen sind nicht naturgegeben. Sie können nicht nur Ihre Emotionen wählen, sondern auch die Art und Weise, wie Sie sie ausdrücken wollen. Dadurch, daß Sie frei entscheiden können, wie Sie Ihre Gefühle zeigen, werden Sie Ihre Effektivität beim Erreichen Ihrer

Ziele und Ihre Kommunikation mit anderen, wie auch Ihre eigene Erfahrung verbessern. Durch den Ausdruck unserer Emotionen offenbaren wir uns als fühlende Wesen.

In den vorangegangenen drei Kapiteln haben Sie die Fähigkeiten kennengelernt, die angemessenes Plazieren ausmachen, die erste Schlüsselfähigkeit emotionaler Entscheidungsfreiheit. In diesem Kapitel werden Sie etwas über die zweite Schlüsselfähigkeit – Ausdruck – erfahren, und zwar mit Hilfe eines Schemas, das Ihnen die Auswahl von Verhaltensweisen erleichtert, die das Gefühl, das Sie erleben, auf eine für Sie kongruente Weise ausdrücken, und die für die Umstände, in denen Sie sich befinden, angemessen sind.

Die meisten Menschen zeigen wenig Flexibilität, wenn es darum geht, ihre Emotionen auszudrücken. Sie scheinen darauf beschränkt zu sein, ihre Emotionen in der einmal gelernten Art und Weise auszudrücken, auch wenn diese sich als unbefriedigend und ineffektiv erwiesen hat. Wenn Sie das in diesem Kapitel vorgestellte Schema verwenden, werden Sie Ihr Repertoire an Ausdrucksverhalten deutlich erweitern. Darüber hinaus werden Sie besser bestimmen können, was genau Ihr gewünschtes Ziel in einer bestimmten Situation ist, wie Ihre Emotionen diese Entscheidung unterstützen können, und wie Sie diese Emotionen Ihrem Ziel entsprechend ausdrücken können.

9.1 Das Ausdrücken und Unterdrücken von Emotionen

Die meisten von uns scheinen ihr Selbstkonzept, ihre Emotionen und ihr Ausdrucksverhalten in der gleichen begrifflichen „Box" ihres Bewußtseins unterzubringen:

ICH =	wer ich bin	(Selbstkonzept)
	was ich fühle	(Emotionen)
	was ich tue	(Ausdrucksverhalten)

Der Nachteil einer einzigen Box für alle drei Aspekte unserer selbst besteht darin, daß es dort ziemlich eng und ungemütlich

194

werden kann, wenn einer dieser Aspekte mit den anderen nicht vereinbar zu sein scheint. Das geschieht nicht selten dann, wenn wir eine Emotion erleben, die unserem eigenen Selbstkonzept widerspricht. Sie können z.b. einen Freund um seine neue Romanze beneiden. Wenn Ihr Selbstkonzept Ihnen Neid verbietet, werden Sie sich für „schlecht" halten, weil Sie ein solches Gefühl haben. Außerdem werden Sie vermutlich alles andere eher tun, als dieses Gefühl auszudrücken, denn wenn Sie das täten, würden Sie anderen Ihre „Schlechtigkeit" offenbaren.

Es gibt eine ganze Reihe von Emotionen, die zu erleben in unserer Kultur schon als falsch oder schlecht gilt, ganz davon zu schweigen, sie offen auszudrücken. Dazu zählen Geilheit, Verwirrung, Ärger, Neugier (in bezug auf fremde Angelegenheiten), Verantwortungslosigkeit, Überheblichkeit und Neid. Natürlich haben wir alle von Zeit zu Zeit solche Gefühle. Doch dann bemühen wir uns tunlichst, sie nicht zu zeigen.

Martha z.b. arbeitet für jemanden, der offensichtlich hohe Normen und ganz bestimmte Vorstellungen darüber hat, wie etwas zu tun ist, ihr aber nur selten explizit Auskunft über diese Normen und Vorstellungen gibt. Dies führt bei Martha zu Verwirrung und einer Menge von Fragen über ihre konkreten Aufgaben im Büro. Ein Teil von Marthas Selbstkonzept ist, daß sie bereits wissen müßte, wie etwas zu tun ist, und wenn sie sich verwirrt fühlt, bedeutet das für sie, daß sie dumm ist. Um Ihre „Dummheit" nicht ihrem Chef zu offenbaren, stellt Martha ihm nie Fragen, was immer wieder dazu führt, daß sie ihre Arbeit auf eine Weise erledigt, die ihr Chef für inkompetent hält. Einige Runden in diesem Teufelskreis, und Marthas Job wird bald nicht nur unangenehm, sondern auch beendet sein.

Das wirkliche Problem besteht hier darin, daß Martha ihre Emotionen als Beweis für die Verwirklichung ihres Selbstkonzepts auffaßt, anstatt dies an ihrem Verhalten zu überprüfen. Was Ihre Emotionen unter anderem so großartig macht, ist, daß sie Sie ständig mit Feedback darüber versorgen, was in Ihnen geschieht, und genau so sollten sie auch verstanden werden. Sich störrisch zu fühlen und sich störrisch zu verhalten sind z. B. zwei völlig verschiedene Dinge, wie wir in Kapitel 2 verdeutlicht

haben. Sie können sich störrisch verhalten und sich dabei überhaupt nicht so fühlen. Sobald Sie Ihre Emotionen als ständiges
Feedback darüber begreifen, was in Ihnen vor sich geht, tau-
schen Sie, was Ihr Erleben angeht, augenblicklich den Rücksitz,
von dem aus Sie lediglich die Fahrt verfolgen können, mit dem
Fahrersitz, von dem aus Sie entscheiden können, in welche
Richtung Ihr Erleben gehen soll.

Eine der ersten Entscheidungen, die Sie von diesem Platz aus
treffen können, ist, ob Sie eine bestimmte Emotion ausdrücken
wollen oder nicht. In der Regel entscheidet man sich, eine
Emotion nicht auszudrücken, wenn man über keine der Situation
angemessene Ausdrucksmöglichkeit verfügt, oder wenn man
glaubt, daß die Art und Weise, wie man diese Emotion zeigen
kann, mit dem eigenen Selbstkonzept unvereinbar ist. Sie sind
z. B. verliebt, können dieses Gefühl aber nur auf eine Weise
ausdrücken, die Ihr Partner grob und roh findet, und daher
entscheiden Sie sich, es nicht zu tun. Oder Sie sind verliebt,
glauben aber, daß die Art, in der Sie diese Emotion ausdrücken
können, unvereinbar damit ist, wie Sie sind und von Ihrem
Partner gesehen werden wollen. In beiden Fällen brauchen Sie
mehr Flexibilität in Ihrem Gefühlsausdruck. Dann werden Sie auf
der Grundlage Ihrer Wünsche und Bedürfnisse frei entscheiden
können, ob Sie eine Emotion ausdrücken wollen. Sie werden
nicht mehr abhängig sein von der Frage, ob diese Emotion „gut"
oder „schlecht" ist, oder Sie die Fähigkeit haben, sie gut auszudrücken.

Emotionen nicht auszudrücken wirft eine Reihe von Problemen auf. Zunächst bleibt das, was in Ihnen vorgeht, den Menschen in Ihrer Umgebung verborgen. Sie haben etwas mitzuteilen, halten es aber zurück. Doch wie in der Geschichte vom
Mann mit der eisernen Maske schwächt das Eingesperrtsein
nicht den Wunsch und das Bedürfnis nach Freiheit. Viele drük-
ken z. B. Ihren Ärger lange nicht aus. Doch der Ärger gibt
deshalb nicht auf oder verschwindet, sondern staut sich immer
mehr an, bis rasende Wut entsteht, die dann sehr wohl ausgedrückt wird. Diejenigen, die es dann abkriegen, fragen sich
verwundert, wie in aller Welt das so plötzlich kommen konnte.

Ein weiteres Problem besteht darin, daß Sie, wenn Sie Ihre Emotionen nicht ausdrücken, sich selbst die Möglichkeit nehmen, das zu bekommen, was Sie wollen. Sie ärgern sich, weil jemand zum wiederholten Male etwas tut, das Sie stört. Wenn Sie Ihren Ärger nicht zeigen, wird der Betreffende, dessen Verhalten Ihren Ärger verursacht hat, nicht wissen, daß er Sie aufregt und deshalb nicht die Gelegenheit haben, sein Verhalten zu ändern und die Störung zu vermeiden. Wenn Sie verliebt sind und Ihre Gefühle nicht zeigen, berauben Sie sich einer Möglichkeit, herauszufinden, ob die andere Person das gleiche für Sie empfindet oder empfinden möchte. (Eine der kleinen Freuden emotionaler Entscheidungsfreiheit: „Nun, Liebling, woran würdest du merken, daß du verliebt bist?")

Die gleiche Situation kann sehr leicht zu einer Verstimmung führen. Wenn Sie etwas von jemand anderem wollen, z. B. Aufmerksamkeit, Zuneigung, Respekt, Ruhe oder eine Verschnaufpause, diesen Wunsch aber nicht mitteilen, führt das häufig zu Unzufriedenheit – denn die Betreffenden werden natürlich nicht wissen, was Sie von ihnen wollen und werden deshalb wahrscheinlich nicht das tun, was Sie sich wünschen. In der Regel führt diese Unzufriedenheit zu Groll in bezug auf den anderen, auch wenn Sie ihm nie gesagt haben, was Sie von ihm wollten. Groll ist fast immer das Resultat nicht ausgedrückter Emotionen.

Drittens ist es schlicht ungesund, wenn Sie eine Emotion nicht ausdrücken. Jeder kennt die Anspannung, die entsteht, wenn wir etwas zurückhalten, das wir gerne loswerden möchten. Bücher, medizinische und psychologische Zeitschriften, und nicht zuletzt unsere eigenen Erfahrungen sind voller Beispiele dafür.

Viertens können Ihre Mitmenschen Sie nicht kennenlernen, wenn Sie nicht wissen, was Sie fühlen. Ihre Gefühle sind ein wichtiger Aspekt Ihrer selbst. Wenn Sie sie verbergen, enthalten Sie Ihrer Familie, Ihren Kollegen und Freunden die Gelegenheit vor, Ihre Gefühle – und somit *Sie selbst* – in vollem Umfang kennen und schätzen zu lernen.

Wie Sie sehen, gibt es ausreichend Gründe dafür, Ihre Emotionen auszudrücken. Das bedeutet nicht, daß Sie immer und überall alle Ihre Gefühle ausdrücken sollten. Die erste Entscheidung, die Sie treffen müssen, betrifft die Frage, ob Sie eine bestimmte Emotion ausdrücken wollen oder nicht. Es wird Situationen geben, wo der Ausdruck einer Emotion unangemessen ist, beispielsweise, wenn Sie auf einer Beerdigung Freude erleben. Vielleicht denken Sie, daß dieses Beispiel weithergeholt ist; doch gerade das kann häufig zu Problemen führen. Stellen Sie sich nur einen Moment lang vor, daß der Verstorbene zuletzt schreckliche physische und psychische Qualen litt und ihn sein Tod nicht nur davon erlöste, sondern ihn auch wieder mit verstorbenen Freunden und Angehörigen vereint, die er lange vermißt hat. Sie sehen, daß es durchaus Umstände gibt, unter denen es möglich sein kann, auch in dieser Situation Freude zu empfinden. Trotzdem können Sie zu der Einschätzung kommen, daß der Kontext nicht angemessen ist, um eine bestimmte Emotion *auszudrücken*. In diesem Fall sollten Sie mit Hilfe der Schemata, die in den zwei vorhergehenden Kapiteln beschrieben sind, eine angemessenere Emotion auswählen und sich zugänglich machen.

Trotzdem möchten wir Sie aus den vier oben erwähnten Gründen dazu ermutigen, einen kongruenten und effektiven Weg zu finden, Ihre Emotionen auszudrücken. Es wird häufig vorkommen, daß Sie Gefühle erleben, die Sie unangenehm finden und deshalb durch eine andere Emotion ersetzen wollen, wie im sechsten Kapitel beschrieben. Doch gewöhnlich ist nicht das Gefühl selbst falsch oder unangemessen, sondern nur die Art und Weise, wie Sie es ausdrücken.

9.2 Den Ausdruck von Emotionen wählen

Es ist für Sie in mehrfacher Hinsicht wertvoll, wenn Sie frei wählen können, wie Sie Ihre Emotionen ausdrücken wollen. Mehr Wahlmöglichkeiten zu haben bedeutet zugleich, daß Sie eine größere Vielfalt an Emotionen ausdrücken können, flexibler in Ihren Reaktionen auf verschiedene Situationen sind, effektiver im Erreichen Ihrer Ziele sind, und eine zufriedenstellende Kongruenz zwischen Ihrem Ausdrucksverhalten, den Umständen und Ihrem Selbstkonzept besteht. Ihr Verhalten ist ein natürlicher Ausdruck Ihrer Emotionen. Die Natürlichkeit dieses Zusammenhangs bedeutet jedoch nicht, daß Ihre Art, die betreffende Emotion auszudrücken, die einzige mögliche ist. Der überwiegende Teil Ihres emotionalen Ausdrucksverhaltens ist *gelernt*. Es ist „natürlich" in dem Sinne, daß es automatisch stattfindet! Um Ihnen besser zu verdeutlichen, was möglich ist, geben wir hier einige Vorher-Nachher Beispiele von Personen, die die Ausdrucks-Schemata eingesetzt haben, welche wir im Anschluß vorstellen werden.

Zuneigung (Freunden gegenüber)

Phil, ein Trainer von uns, konnte früher seine Zuneigung nur auf körperliche Weise zeigen (Umarmen, Streicheln, Küssen), was einigen seiner Freunde sehr unangenehm war. Nachdem er das Schema gelernt hatte, erweiterte Phil seine Ausdrucksmöglichkeiten um verbale Aussagen, kleine Geschenke, Gesten der Hilfsbereitschaft und das Verschicken von Gedichten und Artikeln, die für seine Freunde von Interesse sein konnten.

Wut (auf Freunde und Angehörige)

Bill drückte seine Wut ursprünglich durch Lautstärke aus, manchmal auch dadurch, daß er Gegenstände durch den Raum warf. Danach pflegte er in beißendem Sarkasmus Zuflucht zu suchen oder sich kochend zurückzuziehen. Viele Leute hatten Angst vor Bill und wußten nicht, wie sie ihm begegnen sollten. Nachdem Bill den Ausdruck wählen konnte, fing er an, darüber zu reden, wie er sich fühlte, was seine Gründe dafür waren, und wie seiner Meinung nach die Situation bewältigt werden könnte, anstatt wie bisher bei solchen Gelegenheiten die Beherrschung zu verlieren.

Mitgefühl

Marlene war peinlich ungeschickt darin, das Mitgefühl auszudrücken, das sie Menschen gegenüber empfand, die emotional litten. Sie mied entweder ihre Freunde, wenn diese in Nöten waren, oder überschüttete sie mit hohlen Moralpredigten. Selbst die Menschen, für die Marlene am meisten empfand, hielten sie für hartherzig. Sie hat nach besseren Ausdrucksmöglichkeiten gesucht und bietet nun ihre Hilfe an, wenn sie erwünscht ist, stellt Fragen über das, was vorgeht, um herauszufinden, wie sie am besten helfen kann, oder bleibt einfach still in der Nähe des betreffenden Freundes.

Zufriedenheit

Ob in zahlreichen Anrufen und Briefen an ihre Freunde oder in der einseitigen Unterhaltung mit einem unbekannten Bankkassierer – immer drückte Donna ihren Stolz und ihre Zufriedenheit dadurch aus, daß sie über ihre Leistungen prahlte. Bald freuten sich die Freunde nicht mehr über Donnas Erfolge, sondern nahmen ihr das ewige Prahlen übel. Da sie sich die Achtung und Zuneigung ihrer Freunde erhalten wollte, suchte Donna bei uns um Rat und das Ergebnis war, daß sie lernte, ihre Erfolge mehr auf private Art zu feiern – sei es, durch so kleine Belohnungen wie Kinogehen oder so große wie eine Urlaubsreise, je nachdem wie sie ihre Leistung einstufte. Manchmal bezieht sie Freunde in diese Feier ein und macht sie zu einem gegenseitigen Vergnügen.

Ehrgeiz

Stephen, ein Kollege von uns, verfolgte früher hartnäckig Personen, von denen er dachte, daß sie ihm beruflich von Nutzen sein könnten und ödete sie mit ausführlichen Berichten über seine Vorhaben und Bestrebungen an. Schließlich stellte er fest, daß die Personen, auf die er so zuging, ihn für aufdringlich hielten. Jetzt drückt Stephen seinen Ehrgeiz dadurch aus, daß er Projekte zu Ende führt und neue entwickelt, vor allem aber, indem er auf berufliche Gelegenheiten achtet und sich danach erkundigt – d.h. Informationen sammelt. Die Folge ist, daß andere ihn jetzt als interessiert und neugierig wahrnehmen und für jemanden halten, der zu Hoffnungen berechtigt.

Unzufriedenheit

Peter, ein Klient von uns, äußerte seine Unzufriedenheit, indem er jammerte und sich bei seinen Freunden, Angehörigen und Kollegen beklagte. Meistens waren diese Personen jedoch wenig geneigt, auf seine Klagen einzugehen oder sich länger in seiner Gegenwart aufzuhalten. Jetzt ist er entweder still, bis er etwas an der Ursache seiner Unzufriedenheit ändern kann (d.h. er entscheidet sich, seine Emotion nicht auszudrücken), oder er macht einen sarkastischen Scherz auf eigene Kosten, oder er stellt in sachlicher Weise die Gründe für seine Unzufriedenheit dar und bittet um Unterstützung.

Vorsicht

Wenn Katy, eine Freundin von uns, von ihr nahestehenden Personen um eine Zusage zu etwas gebeten wurde, zog sie sich entweder zurück oder eröffnete ein Feuer von Fragen, das auf die anderen schon fast wie ein Angriff wirkte. Die Tage dieser Flucht-oder-Kampf-Devise sind jetzt vorbei. Nun äußert Katy ihre Vorsicht, indem sie von vornherein sagt, daß sie noch keine Verpflichtung eingehen wolle, und sammelt dann Informationen. Dadurch wird ihre Vorsicht befriedigt und sie kann sich sicher fühlen.

Verlegenheit

Unser Freund Steve zog sich früher völlig zurück, wenn er verlegen wurde, selbst wenn es im Kreis von Freunden geschah. Konnte er die Situation nicht gänzlich hinter sich lassen, verhielt er sich wie ein Möbelstück. Jetzt sagt er „Oh, das ist ziemlich peinlich", macht eine selbstironische Bemerkung, die ihn und die anderen amüsiert, und lenkt dann die Aufmerksamkeit der Gruppe auf ein anderes Thema.

Sie mögen mit dem Ausdrucksverhalten, das in einigen Beispielen gewählt worden ist, nicht einverstanden sein. Vielleicht hätten Sie eine andere Wahl getroffen, weil Sie ein anderer Mensch sind, mit Ihren eigenen Lebensgegebenheiten und Ihrem eigenen Selbstkonzept. Doch diese Beispiele zeigen immerhin, daß es Ausdrucksmöglichkeiten gibt, die mit Ihren Zielen und Ihrem Selbstkonzept besser übereinstimmen, als die, die Sie gegenwärtig verwenden; zum anderen beweisen die Beispiele, daß Sie die Art, wie Sie Ihre Gefühle ausdrücken, verändern können. Das weiter unten abgedruckte Schema ermöglichte es den Personen in den Beispielen, neue und nützlichere Ausdrucksmöglichkeiten für ihre Gefühle zu finden. Wir werden das Schema anhand eines Beispiels darstellen, damit Sie die einzelnen Schritte besser verfolgen können. Stellen Sie sich vor, Sie haben einen Sohn im Teenageralter, von dem Sie gerade erfahren, daß er bereits eine sexuelle Beziehung hat. Sie explodieren, fuchteln wutentbrannt mit dem Zeigefinger und erklären ihm, daß er zu jung dafür sei, nicht wisse, was er tue, gerade dabei sei, sein Leben und möglicherweise auch das von jemand anderem zu ruinieren, usw., bis er es nicht mehr länger aushält und aus dem Haus rennt. Auch wenn Ihre Ängste berechtigt sind, so liegt es doch unmittelbar auf der Hand, daß Sie nicht die gewünschte Wirkung bei Ihrem Sohn erzielt haben. Deshalb entscheiden Sie sich, Ihr Ausdrucksverhalten in dieser Situation zu verändern.

1. Identifizieren Sie die Emotion, die Sie in unbefriedigender Weise ausgedrückt haben. (Sie sind wütend, doch Sie erkennen, daß Sie nicht Ihre Wut ausdrücken wollten, sondern Ihre Sorge darüber, daß Ihr Sohn sein Leben und das von jemand anderem ruinieren könne.)

2. Bestimmen Sie, was Sie mit dem Ausdruck dieser Emotion erreichen wollen. Wollen Sie z.B. engagiert und auf dem Sprung bleiben? Wollen Sie bestimmte Reaktionen bei anderen hervorrufen und wenn ja, welche? Wollen Sie einfach nur anderen Ihre Gefühle mitteilen? Sich kongruent verhalten? (Bezogen auf die Sexualität Ihres Sohnes, wollen Sie ihm ein Gefühl von Verantwortlichkeit und Vorsicht vermitteln?)

3. Finden Sie mindestens fünf Ausdrucksmöglichkeiten für diese Emotion. Sie können dabei eigene Erfahrungen oder fremde Beispiele wählen, oder auch völlig neue Möglichkeiten entwickeln.(Sie könnten ihn anbrüllen, ihm Bücher über

Sex zu lesen geben, ein Treffen mit einem Berater für Familienplanung arrangieren, ihn mit einer jugendlichen Mutter und ihrem Kind zusammenbringen, die ihm von ihren Problemen berichten könnte, ihn dazu bringen, eine Gruppe zu dem Thema „Sexualität Jugendlicher und Schwangerschaft" zu besuchen, ein ernstes Gespräch mit ihm führen, ihm die möglichen Folgen sexuellen Verhaltens erklären und überprüfen, ob er Sie wirklich verstanden hat.)

4. Machen Sie einen „Film" für jede dieser Möglichkeiten und sehen Sie sich darin, wie Sie dieses Gefühl erleben und es auf die jeweilige Weise ausdrücken. Entscheiden Sie, welche möglichen Ausdrucksformen am nützlichsten erscheinen, um das zu erreichen, was Sie wollen. Wenn Sie keine für nützlich und angemessen halten, kehren Sie zu dem vorhergehenden Schritt zurück und entwickeln Sie neue Möglichkeiten. (Sie entscheiden sich für das „ernste Gespräch" und halten die Gruppe über jugendliche Sexualität und die Beratung über Familienplanung als Optionen bereit, falls sich herausstellen sollte, daß Ihr Sohn seine Verantwortung oder die möglichen Folgen seiner sexuellen Aktivitäten nicht einsehen kann oder will.)

5. Spielen Sie den Film mit den Ausdrucksmöglichkeiten, die Sie gewählt haben, noch einmal durch, verfeinern Sie diese noch mehr und vergewissern Sie sich, daß es zu dem Ergebnis führt, das Sie in dieser Situation anstreben. (Stellen Sie sich vor, wie Sie das Gespräch mit Ihrem Sohn führen und ein Treffen mit dem Berater für Familienplanung als mögliche Verstärkung arrangieren. Achten Sie darauf, daß beide Möglichkeiten für Sie zufriedenstellend sind.)

6. Gehen Sie in den Film hinein, *erleben* Sie die Emotion und stellen Sie sich so vollständig wie möglich vor, wie es sein wird, wenn Sie sie auf diese Weise ausdrücken. (Sie gehen zuerst in die Gesprächssituation mit Ihrem Sohn, dann in die Situation mit der Beratung und Sie erleben, wie Sie Ihre Sorge für Ihren Sohn in diesen Situationen ausdrücken werden.)

7. Finden Sie eine zukünftige Situation, in der Sie diese Emotion wahrscheinlich wieder haben werden. (Ihr Sohn hat am nächsten Tag eine Verabredung und Sie wissen, daß Sie sich gegen Abend erneut die gleichen Sorgen um ihn machen werden.) Stellen Sie sich vor, in dieser Situation zu sein, das Gefühl zu erleben und es auf die gewünschte Weise auszudrücken.

8. Wiederholen Sie den siebten Schritt für mindestens zwei andere bevorstehende Situationen und führen Sie gegebenenfalls kleine Korrekturen an Ihrem Verhalten durch. Wenn Sie feststellen, daß es bestimmte Kontexte gibt, für die Ihr neues Ausdrucksverhalten unangemessen ist, gehen Sie für diesen Kontext die Sequenz ab Schritt 2 noch einmal durch.

Die ersten beiden Schritte dieses Formats sind wesentlich, weil Sie darin sowohl das Gefühl, das Sie erleben, als auch das Ziel, das Sie in der Situation erreichen möchten, spezifizieren müssen. Es ist wichtig, sich über beides, sowohl das Gefühl, als auch das angestrebte Ziel bewußt zu werden, um besser eine Form des Ausdrucks wählen zu können, die sowohl kongruent mit dem ist, was Sie fühlen, als auch mit dem, was Sie durch den Ausdruck Ihres Gefühls mitteilen möchten. Ihr emotionales Ausdrucksverhalten ändern zu wollen, ohne zu wissen, was Sie fühlen und was Sie erreichen wollen, wäre das gleiche wie eine Reise anzutreten, ohne sich darüber im klaren zu sein, wie und wohin man verreisen möchte.

Die Frage „Was will ich in dieser Situation?" ist ein ebenso wichtiger Schritt, da die Antwort darauf häufig die Informationen geben wird, die nötig sind, um angemessene Veränderungen durchzuführen. Doris stellte zum Beispiel fest, daß ihr häufiger Ärger auf andere damit zusammenhing, daß sie von ihnen erwartete, sich „richtig" zu ernähren, anzuziehen oder zu benehmen. Natürlich war es ärgerlich, immer wieder zu erleben, daß andere diese Dinge nicht „richtig" – und somit „falsch" – machten. Als sie das erkannt hatte, wurde ihr klar, daß sie nicht den Ausdruck ihres Ärgers, sondern das Gefühl selbst verändern und nach Möglichkeit Neugier oder Akzeptanz daraus machen mußte.

Sobald Sie wissen, wo Sie sich befinden und wohin Sie wollen, können Sie sich Wege überlegen, wie Sie dort hinkommen. Das ist die Funktion des dritten Schrittes in dem Format, in dem Sie mindestens fünf Möglichkeiten für den Ausdruck Ihres Gefühls entwickeln sollten. Sie können dafür alles zu Hilfe nehmen, was Ihr Denken darüber anregt, wie Menschen sich ausdrücken können: Ihre eigene Erfahrung, die Erfahrungen anderer, Filme, Bücher, usw. Darüber hinaus können Sie (und wir möchten Sie wirklich ermutigen, das zu tun) einfach Ihrer Phantasie freien Lauf lassen und sich ausmalen, was Sie alles tun können, um Ihre Gefühle in der Situation, die Ihnen Sorgen macht, besser auszudrücken.

Die Absicht der Schritte vier und fünf besteht darin, Ihnen die Gelegenheit zu geben, die Angemessenheit des Ausdrucksverhaltens zu überprüfen, das Sie gewählt haben. Ein Ausdrucksverhalten, das für sich allein betrachtet ideal wirken mag, kann sich im Kontext betrachtet als wenig nützlich erweisen. Barbara nahm es ihrem Mann zum Beispiel übel, daß er wegen jeder Kleinigkeit, die schiefging, sofort in Wut geriet. Sie entschied sich dafür, bei diesen Gelegenheiten einfach über ihn zu lachen. Sie war mit ihrer Wahl zufrieden, bis wir sie aufforderten, sich vorzustellen, es tatsächlich zu tun. Sie erkannte schnell, daß ihn ihr Lachen sehr verletzen könnte. Daher beschloß sie, sich andere, nützlichere Ausdrucksmöglichkeiten für ihren Unwillen zu überlegen.

Die Schritte sechs, sieben und acht führen Sie mehrere Male durch die Situation, in der Sie das betreffende Ausdrucksverhalten zeigen wollen und helfen Ihnen so, das Verhalten, das Sie gewählt haben, zu future-pacen. Indem Sie dabei so lebhaft wie möglich fühlen, sehen und hören, was Sie später erleben werden, wenn Sie sich tatsächlich mit diesem Gefühl in der Situation befinden, wird die Situation zu einem Anker für das Ausdrucksverhalten.

Wir empfehlen Ihnen dieses Format zu durchlaufen, bevor Sie es brauchen. Sie überfordern sich, wenn Sie versuchen, die notwendigen Überlegungen und Verhaltensabstimmungen durchzuführen, während Sie gerade intensiv ein Gefühl erleben und sich in der Situation befinden, die es ausgelöst hat. So überraschend es auch erscheinen mag, so ist es gewöhnlich doch einfacher, von einem Gefühl zu einem anderen zu wechseln, als den Ausdruck eines Gefühls zu verändern. Das folgende Beispiel wird Ihnen den Gebrauch und Verlauf des Ausdrucks-Formats verdeutlichen. Es ist das Transkript einer Sitzung, in der wir mit einer leitenden Angestellten gearbeitet haben, die ihren Mitarbeitern gegenüber wiederholt in Wut geraten und ausfallend geworden war, was zu einer ernsten Belastung in ihrem Verhältnis zu ihnen geführt hatte.

Autoren: Sie haben gesagt, daß Sie andere Leute anschreien, vor allem die, mit denen Sie arbeiten. Was fühlen Sie, wenn das passiert?

Arlene: Ich bin ärgerlich, und zwar richtig.

Autoren: OK. Was gefällt Ihnen nun daran nicht, wie Sie Ihren Ärger ausdrücken?

Arlene: Nun, es ist einfach nicht sehr wirksam und auch etwas würdelos, glaube ich. Es ist für keinen der Beteiligten gut.

Autoren: Was möchten Sie in diesen Situationen erreichen, indem Sie Ihren Ärger ausdrücken?

Arlene: Ich möchte den anderen Grenzen setzen – ihnen deutlich machen, daß sie mich verärgert haben.

Autoren: OK, welche fünf Möglichkeiten gibt es, Ärger anders auszudrücken, als Sie es bisher getan haben? Bewerten Sie die Möglichkeiten noch nicht, die Ihnen einfallen. Seien Sie einfach so kreativ wie Sie können.

Arlene: Mal sehen ... Hmm, ich könnte knurren, ich könnte Papiere zerreißen. Ich könnte ... ihnen geradeheraus sagen, worüber ich mich geärgert habe. Ich könnte sie streng anschauen. Das sind vier ... ich könnte tief und bedeutungsvoll seufzen.

Autoren: Gut, nehmen Sie nun eine Möglichkeit nach der anderen, und stellen Sie sich vor, daß Sie Ihren Ärger auf diese Weise ausdrücken. Wählen Sie dann die Möglichkeiten aus, die am nützlichsten sind, um anderen etwas deutlich zu machen. Welche davon sind am brauchbarsten?

Arlene: Die einzige wirklich brauchbare ist, sofort zu sagen, was mich stört, sobald ich anfange, mich zu ärgern.

Autoren: Fein. Überprüfen wir das einmal. Stellen Sie sich vor, Sie sehen einen Film, der Sie bei der Arbeit zeigt und Sie können erkennen, daß Sie sich ärgern, doch dieses Mal sagen Sie sofort, worüber Sie sich ärgern. Erreichen Sie damit, was Sie in dieser Situation wollen?

Arlene: Es ist mit Sicherheit nicht so unbeherrscht. Es ist OK. Ja. Sieht nicht einmal so schwierig aus.

Autoren: Wiederholen Sie diesen Film noch einige Male und verbessern Sie ihn solange, bis genau das erreicht ist, was Sie wollen und Sie mit dem Ergebnis zufrieden sind.

Arlene: OK. Jetzt hab ich's.

Autoren: Prima. Gehen Sie jetzt zum Schluß in das Bild hinein und erleben Sie das Gefühl, Ihren Ärger, in der Situation und stellen Sie sich vor, daß Sie ihn auf diese neue Weise ausdrücken ... Klar soweit?

Arlene: Mhhmm.

Autoren: OK. Denken Sie jetzt an eine Situation in der Zukunft, in der Sie wahrscheinlich wieder dieses Gefühl erleben werden ...

Arlene: Das ist leicht.

Autoren: ... gehen Sie in die Situation hinein, fühlen Sie Ihren Ärger und drücken Sie ihn auf diese neue Weise aus, für die Sie sich entschieden haben.

Arlene: Viel besser. Wirklich.

Autoren: Suchen Sie sich jetzt noch zwei weitere zukünftige Situationen aus und wiederholen Sie den gleichen Prozeß ... Klar?

Arlene: Klar.

Arlene hatte erkannt, daß sie eine neue Möglichkeit hatte, sich auszudrücken, wenn sie sich ärgerte, eine Möglichkeit, die kongruent war mit ihrem Selbstbild und darüber hinaus effektiver war, um ihren Mitarbeitern deutlich zu machen, worüber sie sich ärgerte. Arlene hat eine neue Möglichkeit erworben, sich auszudrücken, doch für manche Gefühle werden Sie mehrere verschiedene Ausdrucksmöglichkeiten brauchen, je nach der Situation, in der Sie sich gerade befinden.

Bill, ein anderer unserer Klienten, bietet uns ein Beispiel für einen Fall, in dem mehr als eine Ausdrucksmöglichkeit benötigt wird. Die einzige Art, auf die Bill seine Wut ausdrücken konnte, bestand darin, zu brüllen, Türen zuzuschlagen und Gegenstände herumzuwerfen, ganz gleich, wo er sich befand. Das, was er erreichen wollte, indem er seine Wut ausdrückte, war, eine Ungerechtigkeit zu beenden oder zu berichtigen. Nachdem er das Ausdrucks-Format angewendet hatte, erkannte er, daß diese Ausdrucksmöglichkeit in einer ganz bestimmten Situation angebracht war, nicht aber in allen Situationen. Schließlich mußte er fünf verschiedene Ausdrucksmöglichkeiten für Wut in fünf verschiedenen Kontexten finden. Anstatt zu brüllen und die Türen zuzuschlagen, wenn er wütend ist, richtet Bill sein Verhalten jetzt nach dem Kontext.

Als er einmal in einem Restaurant außergewöhnlich schlecht bedient wurde, ließ Bill sein Essen stehen, erklärte dem Oberkellner, Kellner und Geschäftsführer sehr freundlich, aber auch für die anderen Gäste vernehmbar, aus welchen Gründen er das Lokal verlassen werde.

Als durch ein Bauunternehmen Bills Haus beschädigt wurde und der Unternehmer sich weigerte, die Verantwortung dafür zu übernehmen, ließ Bill ihm durch seinen Anwalt unverzüglich telefonisch und brieflich mitteilen, daß er gerichtliche Schritte unternehmen werde, wenn die Schäden nicht bis zu einer bestimmten Frist behoben seien.

Als er bemerkt, daß sein Sohn später als vereinbart nach Hause kommt, weil er noch mit Freunden zusammengesessen und getrunken hat, erklärt er ihm die möglichen Gefahren dieses Verhaltens und streicht ihm einige Privilegien, bis er in anderen Bereichen Verantwortungsbewußtsein bewiesen und das verlorene Vertrauen wiedergewonnen hat.

Als er feststellt, daß seine Frau wieder eines seiner sorgsam gehüteten Werkzeuge im Freien hat liegenlassen (was sie selbst ausdrücklich bedauert), macht er ihr klar, wie wichtig ihm sein Werkzeug ist, was damit passiert, wenn es draußen herumliegt, und daß er es, falls es wieder geschieht, unter Verschluß halten wird und sie sich ihr eigenes Werkzeug wird besorgen müssen.

Als er einen Bankirrtum auf seinem Geschäftskonto entdeckt, vereinbart Bill sofort ein Treffen mit dem Leiter der Bankfiliale und verlangt, daß jede der davon betroffenen Firmen einen Brief von der Bank erhält, in dem diese ihren Fehler eingesteht.

Für Bill war jeder dieser Kontexte verschieden und verlangte eine bestimmte Form des Ausdrucks für seine Wut. Das Ausdrucks-Format zwang ihn dazu, sich auf das zu konzentrieren, was er in jeder einzelnen Situation erreichen wollte, anstatt darauf, was in der Vergangenheit passiert war. Diese Besonderheit des Formats erleichtert es, neue und befriedigendere Ausdrucksformen zu finden und einzusetzen.

Inkongruenz

Es kann Situationen geben, in denen es Ihnen unangebracht erscheinen mag, das, was Sie fühlen, auch auszudrücken. Das bedeutet, daß das, was Sie nach außen hin zeigen, nicht mit dem kongruent ist, was Sie innerlich erleben. Stellen Sie sich zum Beispiel vor, daß Sie mit einem Kind nachts auf einem unbekannten und gefährlichen Weg gehen und diese Situation in Ihnen ein Gefühl der Unsicherheit auslöst. Das Wohlbefinden des Kindes ist in Ihren Händen, und obwohl Sie sich unsicher fühlen, glauben Sie, daß Sie das Kind nur unnötig beunruhigen würden, wenn Sie Ihre Unsicherheit kongruent ausdrückten. Also versuchen Sie Ruhe und Sicherheit zu vermitteln, um ihm zu helfen.

Wie Sie sehen, hängt die Entscheidung darüber, wie Sie ein Gefühl ausdrücken und ob Sie es überhaupt ausdrücken, davon ab, was Ihr wichtigstes Ziel in der betreffenden Situation ist. Wenn Sie in die Frau eines Freundes verliebt sind und Ihre augenblickliche Beziehung zu beiden nicht gefährden wollen, ist es wahrscheinlich am besten, wenn Sie dieses Gefühl nicht ausdrücken. Oder nehmen Sie an, Sie werden in einer Kneipe von den örtlichen Rowdys provoziert. Sie empfinden Wut und sogar Verachtung für sie, doch solange es nicht Ihre Absicht ist, in eine Schlägerei zu geraten, sind Sie wahrscheinlich besser dran, wenn Sie diese Gefühle nicht sofort ausdrücken.

Unserer Erfahrung nach läßt sich Inkongruenz am besten als Signal auffassen. Es ist schwer, Gefühle zu verbergen und nicht auszudrücken. Wenn Sie zum Beispiel in die Frau Ihres Freundes verliebt sind, laufen Sie Gefahr, dieses Gefühl auf die eine oder andere Weise zu verraten. Neben der Gefahr des unbeabsichtigten Ausdrucks, wird Ihre Fähigkeit, die Situation zu genießen und aktiv an ihr teilzuhaben mit Sicherheit dadurch eingeschränkt sein, daß Sie ständig darauf achten müssen, wie Sie sich ausdrücken. Der Kontakt mit Ihren Freunden wird daher deutlich weniger angenehm und intensiv sein als er es sonst wäre. Aus diesen Gründen ist es am besten, die Notwendigkeit zur Inkongruenz als ein Signal dafür aufzufassen, daß Sie zu einem anderen Gefühl wechseln sollten.

Indem Sie zu einem anderen Gefühl wechseln, wird es Ihnen möglich, kongruent zu sein, und so Ihre volle Aufmerksamkeit auf das zu richten, was um Sie herum geschieht. Für jemand, der unsicher ist und ein Kind führt, ist es besser, sich tatsächlich sicher zu *fühlen*, als Sicherheit vorzutäuschen. Wenn das Kind bemerken sollte, daß die Sicherheit nur gespielt ist, könnte es noch beunruhigter werden, als wenn es gleich zu Beginn schon die Unsicherheit wahrgenommen hätte. Darüber hinaus beeinträchtigt die Anstrengung, nach außen hin Sicherheit darzustellen, das aktuelle Erleben der Person und nimmt sie zu einer Zeit in Anspruch, da sie ihre ganze Aufmerksamkeit auf die möglichen Gefahren des Weges richten müßte (dem eigentlichen Grund für die Besorgnis).

So wird auch der Mann, der in die Frau seines Freundes verliebt ist, eine sehr viel angenehmere Beziehung zu beiden haben, wenn er statt dessen Zuneigung, Freundschaft oder Respekt für sie empfindet. Dieses sind Gefühle, die alle frei geäußert werden können, ohne die Freundschaft zu gefährden. Der Mann, der in der Kneipe belästigt wird, ist besser dran, wenn er sich nicht zwingen muß, seine Wut und Verachtung unter Kontrolle zu halten, sondern statt dessen zu einem Gefühl der Vorsicht und Toleranz übergeht – Emotionen, die er in der Situation, in der er sich befindet, sehr viel angemessener ausdrücken kann.

Wenn Sie erkennen, daß Sie inkongruent sind oder waren, ist es an der Zeit, entweder einen Weg zu finden, ein angemesseneres Gefühl zu erleben (wenn Sie bereits wissen, welches Gefühl Sie lieber erleben möchten) oder zu den „Während"- oder „Danach"-Auswahlformaten überzugehen (wenn Sie noch nicht wissen, welches Gefühl Sie lieber erleben möchten). Die Flexibilität im Ausdruck, die Sie durch die in diesem Kapitel vorgestellten Formate gewinnen, wird es Ihnen ermöglichen, sich in befriedigender und effektiver Weise auszudrücken.

Zusammenfassung

Sie verfügen nun über ein Format, mit dem Sie Ihren emotionalen Ausdruck frei wählen können. Dieses Format ermöglicht es Ihnen, Ausdrucksmöglichkeiten zu entwickeln, die Sie früher nur bei anderen gesehen haben oder die Ihnen bisher sogar völlig unbekannt waren. Darüber hinaus gewährleistet dieses Format, daß die Ausdrucksformen, die Sie wählen, zu Ihnen passen und für die Ziele angemessen sind, die Sie in der betreffenden Situation erreichen wollen. Doch wozu die ganze Mühe?

Die einzige Möglichkeit, die andere haben, um etwas über Sie zu erfahren, ist durch den Ausdruck, den Sie wählen. Das begann bereits kurz nach Ihrer Geburt, als Ihre Eltern entschieden, daß Sie ein liebes Baby seien, weil Sie so still waren oder ein glückliches, weil Sie so viel lachten, und so weiter. Es setzt sich heute fort, wenn Ihre Freunde glauben, daß Sie schüchtern sind, weil Sie sich auf Partys so ruhig verhalten oder, daß Sie sich überlegen fühlen, weil Sie häufig lächeln, wenn sie Ihnen ihre Probleme erzählen. Doch es kann sein, daß Sie sich auf Partys eher gelangweilt als schüchtern fühlen und eher nervös als überlegen sind, wenn andere Ihnen ihre Probleme schildern. Will Rogers* räsonierte lassoschwingend über die Vorgänge in diesem Land und erklärte den Millionen von Zuhörern: „Ich weiß bloß, was darüber in der Zeitung stand." Alles was andere über Sie wissen, ist das, was sie in Ihrem emotionalen Ausdruck lesen.

Die meisten Menschen scheinen anzunehmen, daß die Art des emotionalen Ausdrucks etwas angeborenes ist. Sie gehen davon aus, daß der Ausdruck, den jemand wählt, ursächlich mit bestimmten Gefühlen und persönlichen Eigenschaften verknüpft ist. Genauso wie man weiß, daß Georges blaue Augen auf zwei rezessive Gene für Augenfarbe zurückzuführen sind, weiß man, daß sein Lächeln, wenn andere ihm über ihre Probleme erzählen, Ausdruck seiner Überlegenheitsgefühle ist. Wenn George selbst diese „Emotionsgenetik" akzeptiert, dann wird er, selbst wenn ihm bewußt ist, daß er sich anderen gegenüber nicht angemessen ausdrückt, glauben, daran nichts ändern zu können, außer seinen Freunden zu erklären, daß sein Lächeln Ausdruck von Nervosität und nicht von Überlegenheit ist.

Ausdruck ist der entscheidende Teil der Kommunikation. Er ist die Verbindung zwischen Ihnen und der Welt um Sie herum. Ausdruck kann auch die Verbindung zwischen Ihnen und Ihrem Verständnis von sich selbst sein. Vermutlich können Sie sich an

---

* Amerikanischer Humorist (1879-1935), der durch seine verbindlich-hintergründigen Kommentare zum politischen und sozialen Geschehen als „Cowboy-Philosoph" berühmt geworden ist. (Anm. des Übersetzers)

Gelegenheiten erinnern, als Sie sich selbst durch ein für Sie neues oder sehr ungewöhnliches Verhalten überrascht haben, das jedoch mit Ihren Gefühlen absolut kongruent war. Die meisten von uns erleben diese Momente, wenn sie allein sind und es sich erlauben, die Schleier der „öffentlichen Person" abzulegen. Diese Momente des unerwarteten Selbstausdrucks sind, ob angenehm oder unangenehm, mit Sicherheit aufschlußreich und bringen Sie in Kontakt mit Gefühlen, die Sie vernachlässigt hatten oder die Ihnen sogar gänzlich unbewußt waren. Selbst wenn Sie allein sind, ist es eine wertvolle Fähigkeit, den Ausdruck seiner Gefühle selbst bestimmen zu können.

Ihren emotionalen Ausdruck wählen zu können, ermöglicht es Ihnen, anderen und sich selbst gegenüber besser zu artikulieren, was für ein Mensch Sie sind. Was für eine Welt wäre es, wenn jeder darüber entscheiden könnte, wie er seine Gefühle ausdrücken möchte? Es wäre eine Welt, in der Menschen auf die wirklichen anstatt auf die vermuteten Bedürfnisse und subjektiven Erfahrungen ihrer Umgebung reagieren würden. Wir hätten täglich die wohltuende Erfahrung, von unseren Angehörigen, Freunden und Kollegen *verstanden* zu werden. Eine Gesellschaft, in der die wirklichen emotionalen Bedürfnisse und Erfahrungen der Mitglieder klar sind, ist eine Gesellschaft, in der sich Menschen verstanden und miteinander verbunden statt mißverstanden und isoliert fühlen und sich nicht mehr ängstlich, sondern mit Selbstvertrauen ausdrücken können.

10 Das Nutzen von Emotionen

Die Flexibilität, Kongruenz und Effektivität, die Sie durch die Schemata in den vorhergehenden Kapiteln gewonnen haben, machen nicht nur das Leben leichter, sie machen es auch befriedigender und lohnender. Was ist aber mit den unangenehmen Emotionen, nach denen niemand verlangt, die wir aber dennoch alle gelegentlich erleben? Sollen Sie, jetzt da Sie die Mittel zu emotionaler Entscheidungsfreiheit haben, diese so einsetzen, daß Sie alle unangenehmen Gefühle aus Ihrem Leben verbannen?

Einsamkeit, Schuld, Furcht, Überforderung, Angst, Eifersucht, Frustration, Trauer, Wut – die meisten von uns versuchen diese Gefühle zu vermeiden, denken schlecht über sich, wenn es ihnen nicht gelingt, sind in ihren am wenigsten ressourcevollen Zuständen und wünschen sich, sie ganz aus ihrem Leben vertreiben zu können. Doch es gibt einen besseren Weg als diese emotionale Chirurgie.

Im dritten Kapitel haben wir die Auffassung vertreten, daß Ihre Emotionen wie besorgte Freunde sind, die Sie darauf hinweisen, wann eine Situation Ihre Aufmerksamkeit verlangt. Sie können Ihnen etwas Unangenehmes mitteilen, oder Ihnen die Botschaft auf eine Weise überbringen, die schmerzhaft ist. Trotzdem wäre es genauso töricht, zu ignorieren, was Ihnen Ihr emotionaler Ratgeber mitzuteilen versucht, wie Ihre Beine zu amputieren, wenn sie auf einer langen Wanderung zu schmerzen beginnen, oder Ihre Nase abzuschneiden, wenn sie nach einem ganzen Tag in der Sonne einen Sonnenbrand abbekommen hat.

Ganz gleich, wie unangenehm, verhaßt oder furchtbar Ihnen eine Emotion erscheinen mag, als Signal ist sie in jedem Fall wertvoll. Wie wir im dritten Kapitel besprochen haben, wird das, was Ihnen ein emotionales Signal mitzuteilen versucht, das *funktionale Attribut* der Emotion genannt. Selbst die unangenehmsten Emotionen haben funktionale Attribute und können nützlich sein, wenn Sie auf sie als wichtige Signale Ihrer Bedürfnisse reagieren.

Ihre Emotionen nutzen zu können ist die dritte Schlüsselfähigkeit für emotionale Entscheidungsfreiheit und das Kernstück des Nutzens ist das funktionale Attribut. Sobald das funktionale Attribut einer bestimmten Emotion bestimmt ist, wird diese Emotion automatisch zu etwas Wertvollem und Nützlichem. Es ist z.b. wertvoll, Trauer, Schuld oder Frustration zu erleben – d.h. es ist wertvoll, zu wissen, wenn Sie einen Fehler gemacht haben, Ihre eigenen Werte verletzt haben oder immer noch ein Ziel verfolgen –, vorausgesetzt, daß das Bewußtwerden dieser Gefühle zum Anlaß dafür wird, die entsprechende Reaktion einzuleiten.

Allzu häufig werden diese Emotionen zwar wahrgenommen und ausgedrückt, aber es wird nicht auf sie reagiert. Es hat wenig Sinn, etwas, was Sie getan haben, zu bedauern, es sei denn, dieses Bedauern hilft Ihnen, Ihr zukünftiges Verhalten zu verändern. Es hat wenig Sinn, sich schuldig zu fühlen, es sei denn, die Schuldgefühle führen zu einer Erneuerung Ihres Willens und Ihrer Absicht, in Zukunft Ihre Standards zu erfüllen. Es hat wenig Sinn, sich frustriert zu fühlen, es sei denn, dieses Gefühl der Frustration treibt Sie zu neuen, schöpferischen Bemühungen an, Ihr Ziel zu erreichen. Das funktionale Attribut einer unangenehmen Emotion *spezifiziert, was Sie zu tun haben, um angemessen auf diese Emotion zu reagieren.*

Wie wir bereits auf verschiedene Weise in diesem Buch gezeigt haben, sind Emotionen wie Reue, Schuld, Sorge, Überforderung, Eifersucht und Wut sehr nützlich, wenn sie richtig gebraucht werden. Es wäre sogar, wie wir früher schon betont haben, ein großer Nachteil für Sie, wenn Sie diese Emotionen nicht erleben könnten. Wenn Sie keine Reue erleben könnten, würden Sie nie bemerken, daß Sie etwas hätten anders tun können und sollen. Ohne dieses Signal würden Sie die Gelegenheit versäumen, eine ähnliche Situation das nächste Mal anders zu behandeln. Ohne das Signal, das Schuldgefühle darstellen, würden Sie nicht bemerken, daß Sie einen Ihrer Werte verletzt haben und würden ihn daher vermutlich weiter verletzen. Wenn Sie sich ohne das Gefühl der Vorsicht durch das Leben bewegen würden, wäre es sehr leicht möglich, anderen ständig auf die

Zehen zu treten – oder in heißes Wasser. Wenn Sie sich nie überfordert fühlen würden, könnten Sie Ihre Zeit mit Nebensächlichkeiten vertun. Die Unfähigkeit, Eifersucht zu erleben, könnte dazu führen, daß sie Beziehungen als etwas auffassen, das austauschbar und leicht zu ersetzen ist. Wenn Sie nie wütend würden, könnte man Sie leicht für einen Fußabtreter halten. Wenn man sie unter dem Aspekt ihres Signalwertes betrachtet, bekommen selbst furchtbar unangenehme Emotionen eine Bedeutung, die es sinnvoll macht, sie zu erleben. Richtig wertvoll werden sie jedoch, wenn sie Sie zu nützlichen Zielen und sinnvollem Verhalten antreiben.

10.1 Die Generative Kette

Das beste Mittel, das wir kennen, um unangenehme Gefühle als einen Anstoß zu nutzen, um Ziele zu bestimmen und nützliche Verhaltensweisen einzuleiten, ist die *generative Kette*. Die generative Kette war die erste Technik, die wir entwickelt haben, als wir begannen, nach Wegen zu suchen, um uns von lähmenden Gefühlen zu befreien – insbesondere von solchen, die ein häufig wiederkehrendes Thema für uns darstellten. Die generative Kette verwendet das funktionale Attribut eines Gefühls, um ein Ziel zu bestimmen und „verkettet" dann das ursprüngliche Gefühl mit anderen Gefühlen, die Sie in einen ausreichend ressourcevollen Zustand führen.

Wir nennen es „verketten", weil das Ergebnis stark an eine Kette erinnert, deren Glieder aus verschiedenen Gefühlen bestehen. Es wird eine Sequenz von Gefühlen gebildet, die, sobald sie durch das Auslösen des unangenehmen Gefühls in Gang gesetzt wird, automatisch und der Reihe nach abläuft. Solche Sequenzen von Gefühlen wirken ohnehin schon in jedem von uns, nur führen sie meistens nicht zu wünschenswerten Ergebnissen.

Ein häufiges Beispiel für eine negative Sequenz ist, daß sich jemand zunächst überfordert fühlt, was dann zu Gefühlen der Inkompetenz, Hoffnungslosigkeit und schließlich Niedergeschlagenheit führt. Mit dieser Kette kann man innerhalb weniger Au-

217

genblicke Überforderung zu lähmender Niedergeschlagenheit befördern. Manche bilden eine Kette, die von einem Gefühl der Schutzlosigkeit über Sorge und Furcht zu lähmender Angst führt oder von Ungeduld zu Frustration, Wut und Zorn. Eine sehr häufige Kette führt von Eifersucht zu Wut, während das Gefühl, zurückgewiesen zu werden bei vielen von uns automatisch entweder Minderwertigkeitsgefühle oder Wut auslöst. Diese Ketten, die von einer Emotion zu einer anderen führen, sind eine direkte Folge unserer Denkprozesse, wie das nächste Beispiel zeigt.

Sheila verkörpert die Frau der achtziger Jahre, die in ihrem Leben eine Fülle von Zielen unter einen Hut zu bringen versucht – Kinder, gesellschaftliche Verpflichtungen, Fitness, finanzielle Unabhängigkeit, berufliche Verantwortung usw., usw. Für Sheila stellen diese Ziele nicht Wünsche, sondern Notwendigkeiten dar – und sie sieht sie alle ganz dicht vor sich, eine Masse sich überschneidender Aufgaben, die *alle auf der Stelle erledigt werden müssen.* Es ist kein Wunder, daß sie sich überfordert fühlt.

Da sie den Anspruch hat, alle diese Aufgaben jetzt zu lösen, ist für sie die Tatsache, daß sie sie nicht alle jetzt lösen kann, ein Beweis für ihre Inkompetenz; entsprechend fühlt sie sich auch. Denn wenn sie kompetent genug wäre, würde sie alles schaffen. Sie bestätigt sich ihre Schlußfolgerung, indem sie sich umschaut und andere sieht, die (in ihren Augen) alle diese Ziele erreichen und trotzdem noch Zeit für andere Beschäftigungen haben.

Natürlich glaubt sie, daß die Situation für sie aussichtslos sei, da alles nur an ihrer Unfähigkeit scheitert. Wenn sie in die Zukunft schaut, sieht sie keine Möglichkeit der Verbessserung und fühlt sich daher hoffnungslos, sowohl was die Situation als auch, was sie selbst betrifft.

Durch die trübe Brille der Hoffnungslosigkeit erscheint die Welt entsprechend finster. Die Vergangenheit war schrecklich und die Zukunft wird genauso sein – Sheila hat den Eindruck, als würde sie aus der Tiefe eines Brunnens in eine sternenlose, wolkenverhangene Nacht schauen. Von dort ist es kein weiter Weg mehr zu Depression.

Was Sheila von einem Glied der emotionalen Kette zum nächsten führt, sind bestimmte Wahrnehmungen und Assoziationen – die Art und Weise, wie sie über bestimmte Dinge nachdenkt. Wenn eine solche Kette von Gedanken, Gefühlen und Verhaltensweisen erst einmal zusammengeschmiedet ist, läuft sie zuverlässig und nahezu unwiderstehlich ab.

Auch wenn sie häufig zu unangenehmen Gefühlen und ressourcearmen Zuständen führen, kann man den zuverlässigen und unwiderstehlichen Charakter solcher Ketten zu seinem Vorteil und zu seiner Zufriedenheit nutzen, wenn man sich zweckmäßig orientiert. Eine zweckmäßige Orientierung ist auf lohnende, anstatt auf ressourcearme, einschränkende Ziele ausgerichtet.

Nehmen wir an, Sheila würde ihr Gefühl der Überforderung nicht als Beweis für ihre Inkompetenz, sondern als Signal dafür sehen, daß sie mehr Ziele verfolgt, als sie in der zur Verfügung stehenden Zeit erreichen kann. Mit anderen Worten, das Gefühl der Überforderung würde die Notwendigkeit anzeigen, ihre Ziele neu zu bewerten und Prioritäten zu setzen.

Da Sheila dieses wertvolle emotionale Signal, das sie erhalten hat, würdigt, verlangsamt sie ihr Tempo und überprüft ihre Ziele. Indem sie ihre Situation mit einem Gefühl der Neugier betrachtet, erkennt sie, daß einige der Ziele, die sie verfolgt, zwar angenehm, aber nicht wirklich notwendig sind und angesichts ihrer beschränkten Zeit erst einmal zurückgestellt werden können. Die verbleibenden Ziele bringt sie gemäß ihrer Bedeutung in eine Rangreihe, entscheidet, wann sie erfüllt werden können und so weiter.

Als nächstes ruft sich Sheila Situationen in Erinnerung, als sie eine Vielzahl von Zielen in wirksamer Weise verfolgt und erreicht hat. Bei einer Gelegenheit mußte sie für jedes Fach, das sie im College belegt hatte, ein Referat einreichen. Es gelang ihr nicht nur, die Fristen einzuhalten, sondern auch noch gute Referate zu schreiben. Bei einer anderen Gelegenheit hat sie ihr Kind nach einem schweren Unfall wieder gesundgepflegt, während sie gleichzeitig eine neue Stelle angetreten und die Versöhnung zwischen ihrem Mann und seinem Bruder eingeleitet hat. Die Erinnerung daran, daß sie Anforderungen bereits mehr als gewachsen war, half Sheila, Selbstvertrauen in bezug auf ihre Fähigkeiten wiederzugewinnen. Ihre früheren Leistungen zeigen ihr, daß sie eine Menge erreichen kann, sobald ihre Prioritäten klar sind.

Indem sie sich vorstellt, wie sie in der Zukunft die Ziele erreicht, die sie sich gesetzt hat, beginnt Sheila sich zuversichtlich zu fühlen, daß sie die Fähigkeit hat, ihre Ziele wirklich zu erreichen. Sheila hat gerade eine generative Kette durchlaufen. Sie wechselte von Überforderung zu einem Gefühl der Würdigung, von Würdigung zu Neugier, von Neugier zu Selbstvertrauen und von Selbstvertrauen zu Zuversicht. Die Sequenz mag etwas lang und kompliziert erscheinen, doch sie ist nicht komplizierter als die Sequenz, die jemand spontan durchläuft, wenn er sich von Überforderung zu Niedergeschlagenheit befördert. Wie schwer Ihnen diese (oder jede andere) Kette erscheint, hängt davon ab, wie vertraut Sie mit den in der Kette enthaltenen Denkmustern sind. Die Resultate, die diese Ketten ermöglichen, rechtfertigen jedoch den Aufwand, sich mit ihnen vertraut zu machen.

Die generative Kette lenkt die Aufmerksamkeit auf einen zufriedenstellenden und wirksamen Weg, und verhindert so, daß man umherirrt und sich möglicherweise im Gestrüpp verliert. Die generative Kette führte Sheila durch eine Reihe von Gefühlen, ausgehend von dem, das sie als unangenehm und einschränkend erlebte (in diesem Fall Überforderung) zu Würdigung, Neugier, Selbstvertrauen und schließlich Zuversicht. Bei jedem Gebrauch des Formats wird diese Kette fester zusammengeschmiedet. Jedes der Glieder dieser Kette ist Ausdruck der Denkmuster, die bei den einzelnen emotionalen Schritten nötig sind und wirkt gleichzeitig als Verstärkung dieser Schritte.

Das Erkennen des funktionalen Attributs ermöglicht es Ihnen, sich wieder auf ein nützliches Ziel zu orientieren und auf sinnvolle Weise auf das unangenehme Gefühl zu reagieren, das Sie erleben. Wenn Sie wissen, daß ein Gefühl der Verletzbarkeit ein

Signal dafür ist, daß Sie etwas tun müssen, um sich zu schützen, setzen Sie sich damit bereits ein Ziel, das Sie verfolgen können: *Tu etwas, um dich zu schützen.* Jedes Gefühl, das Sie darauf hinweist, daß Sie sich vor etwas schützen müssen (wie zum Beispiel Verletzbarkeit) oder einen anderen Lösungsweg finden müssen (wie zum Beispiel Ratlosigkeit) usw., ist ein Gefühl, das Sie würdigen und schätzen sollten.

Es mag zunächst merkwürdig erscheinen, Gefühle wie Verletzbarkeit, Ratlosigkeit oder Überforderung zu würdigen und zu schätzen. Denken Sie jedoch daran, daß sich vor allem die Personen außergewöhnlich gut von Krankheiten erholen, die ihre Symptome als Signale (Information, Feedback) dafür verstehen, was mit ihnen vor sich geht und wie sie zu reagieren haben. Sie haben sicher keine Freude an ihren Symptomen, aber sie sind dankbar für die Signale, die es ihnen ermöglichen, angemessen zu reagieren, anstatt diese Symptome für die Unannehmlichkeiten, die sie ihnen bereiten, zu hassen. In ähnlicher Weise sind unangenehme Emotionen „Symptome" für unser Erleben, die darauf hinweisen, was in unserem momentanen Verhalten nicht in Ordnung ist.

Mit dem Thema, das durch das funktionale Attribut der Emotion vorgegeben wird, führt Sie die generative Kette durch eine Sequenz, in der Sie zunächst neugierig darauf werden, was Sie in bezug auf das funktionale Attribut tun müssen, sich dann an Gelegenheiten erinnern, in denen Sie das bereits in anderen Kontexten getan haben und sich schließlich vorstellen, wie Sie dieses Verhalten in der Zukunft ausführen.

Die Kette soll Ihnen ermöglichen, den besten Gebrauch von dem einschränkenden Gefühl zu machen, das Sie erleben und Zugang zu den Ressourcen und Kenntnissen zu bekommen, die Ihre persönliche Geschichte zu bieten hat. Mit der generativen Kette begegnen Sie den Anforderungen der Gegenwart, nutzen die Ressourcen aus Ihrer Vergangenheit und bereiten den Weg für eine erfüllendere Zukunft.

Weiter unten finden Sie die generativen Ketten für zehn Gefühle, die besonders belastend sein können. Sie können sie alle durchgehen oder auch nur die auswählen, die von besonderem

Interesse für Sie sind. Die folgenden Beispiele zeigen, wie die generative Kette funktioniert und wie sie genutzt werden kann; Sie können diese Sequenzen nutzen, um von einem Gefühl der Ohnmacht zu Selbstvertrauen und Entschlossenheit zu kommen. Sie können jedes der Formate mit den einzelnen, numerierten Schritten im Anhang des Buches finden. Doch denken Sie daran, daß es nicht genügt, die generativen Ketten nur zu überfliegen. Um sie wirklich nutzen zu können, müssen Sie jedes Format selbst ausprobieren. Mit jedem Mal wird die Kette stärker und Sie können sich immer mehr darauf verlassen, in eine sinnvolle Richtung gezogen zu werden, wenn Ihre Gefühle Ihnen signalisieren, daß Sie Hilfe gebrauchen könnten.

10.1.1 Bedauern und Reue

John, einer unserer jungen Auszubildenden, ließ immer wieder den Ärger und die Wut, die er in seiner Arbeit angesammelt hatte, an seiner Verlobten aus. Jedesmal, wenn er sie als Punchingball für seine Gefühle benutzte, bereute er sofort danach sein Verhalten. Er brachte seine Verlobte aus der Fassung, verdarb ihnen beiden den Abend und belastete die Beziehung in unnötiger Weise. Trotzdem verging kaum eine Woche, ohne daß John wieder einen schweren Tag im Büro gehabt hatte und dann in die tränenerfüllten Augen seiner Verlobten blicken mußte, die er wegen irgendeiner Lappalie schlechtgemacht hatte.

Nachdem er die generative Kette für Bedauern und Reue kennengelernt hatte, setzte John sich hin und ging sie Schritt für Schritt durch. Er erinnerte sich zunächst an das letzte Mal, als er nach Hause gekommen war und seine Verlobte angeschrien hatte, was ihm später sehr leid tat. Indem er das wertvolle emotionale Signal beachtete, erkannte er, *daß sein Gefühl der Reue ihn wissen ließ, daß er sicherstellen mußte, daß sich ein solcher Ausbruch in der Zukunft nicht wiederholt.* Mit einem Gefühl der Neugier überlegte John, was er anders machen könnte, damit er der Art der Kommunikation, die er mit seiner

Verlobten haben möchte, näher kommt. Er sah ein, daß er seine Wut an der falschen Stelle ausließ, wenn er seine Verlobte angriff und entschied sich dafür, ihr direkt zu sagen, daß er wegen eines Vorfalls bei der Arbeit wütend ist und gerne darüber reden möchte. Bei dieser Lösung würden sie beide das Gefühl haben, etwas für ihre Beziehung zu tun, und er könnte viel ruhiger sein und sich ihr Feedback und ihre Fragen anhören, anstatt nur vor ihr zu jammern.

John war mit diesem Plan zufrieden und erinnerte sich an Gelegenheiten, bei denen er anderen seine Gefühle mitgeteilt und andere um ihre Aufmerksamkeit und Hilfe gebeten hatte. Die Erinnerung an diese Gelegenheiten machte ihn zuversichtlich in bezug auf seine Fähigkeit, das zu tun, was er vorhatte. Schließlich stellte er sich vor, wie er das nächste Mal wütend und außer sich vom Büro nach Hause kommt. John sah sich, wie er kurz davor ist, zu explodieren, dann aber seine Verlobte bei der Hand nimmt, ihr sagt, wie ihm zumute ist und sie fragt, ob sie mit ihm darüber sprechen möchte. Er wiederholte dieses Scenario so lange, bis er zuversichtlich war, es in die Tat umsetzen zu können.

Als John die generative Kette anwandte, führte er sich selbst durch eine Sequenz von Emotionen, die ihn aus dem Gefühl der Reue über Beachtung, Neugier und Sicherheit, es zu können, schließlich zu Zuversicht führte. Als er schließlich vertraut geworden war mit dieser Kette, kam er schnell und leicht von einem Gefühl der Reue zu einem Gefühl der Zuversicht in seine Fähigkeit, seine Gefühle direkt zu äußern und um Aufmerksamkeit zu bitten.

Der erste Schritt in der generativen Kette für Bedauern und Reue besteht darin, zu erkennen, daß Sie Reue erleben. Dann würdigen Sie dieses Gefühl der Reue als ein Signal dafür, daß Sie etwas tun müssen, um den gleichen Fehler in der Zukunft nicht zu wiederholen.

Werten Sie Ihren Fehler mit einem Gefühl der Neugier darüber aus, was Sie hätten tun können, um ihn zu vermeiden. Erinnern Sie sich an Fehler, die Sie gemacht haben (frühere Anlässe für Bedauern) und die Sie korrigiert haben, sobald Sie wußten, was

Sie zu tun hatten. Nutzen Sie diese Gefühle als Grundlage, um sich sicher fühlen zu können.

Stellen Sie sich zum Schluß eine zukünftige Situation vor, in der Sie genau das tun, was Sie in der Situation, die Ihr Bedauern ausgelöst hat, hätten tun sollen. Gestalten Sie diese Probe Ihres zukünftigen Verhaltens so lebendig, daß es Sie mit Zuversicht über Ihre Fähigkeit erfüllt, diese zukünftige Möglichkeit tatsächlich verwirklichen zu können.*

Diese Kette führt Sie dahin, das, was Sie bisher nur bereuen, zu korrigieren und aus der Welt zu schaffen. Sie macht Sie zuversichtlich in bezug auf die Zukunft und gibt Ihnen die Freiheit, Ihre Aufmerksamkeit anderen Dingen zuzuwenden. Das ist bei weitem besser, als herumzusitzen und für einen Fehler oder ein Unrecht, das Sie begangen haben, zu büßen. Wenn Sie häufig Reue erleben und sich dadurch einfach nur schrecklich fühlen, ohne zu wissen was Sie Nützliches tun können, dann lohnt es sich für Sie, diese generative Kette für Reue zu einer automatischen Reaktion zu machen.

10.1.2 Frustration

Frustration ist das, was Sie möglicherweise erleben, wenn Sie gerade erfahren haben, daß Sie Ihre Leistungen in Integralrechnung zwar verbessern konnten, es aber immer noch nicht für ein „Bestanden" ausreicht, was bedeutet, daß Sie den Kurs zum dritten Mal belegen müssen; oder wenn Sie erfolglos versucht haben, Ihrem scheinbar unbelehrbaren Sohn klarzumachen, daß sich Trinken und Autofahren nicht vertragen; oder wenn Sie gerade Ihre vierte Diät in diesem Jahr hinter sich gebracht haben und der neue Badeanzug immer noch nicht paßt. Kaum jemand erlebt gerne Frustration. Doch unabhängig davon, ob Sie es gerne erleben oder nicht, weist das Gefühl von Frustration Sie

---

* Wenn Sie genauere Instruktionen darüber möchten, wie Sie eine imaginierte Zukunft so wirklich werden lassen können, daß sie Ihre Gefühle beeinflußt, lesen Sie den Abschnitt „Compelling Futures" im 3. Kapitel von „KNOW HOW: Guide Programs for Inventing Your Own Best Future", von Cameron-Bandler, Gordon und Lebeau. (Erscheint in deutscher Übersetzung voraussichtlich 1991 im Junfermann Verlag.)

darauf hin, daß Sie sich immer noch bemühen, ein Ziel zu erreichen, das Sie sich vorgenommen haben. Die Bedeutung von „Frustration" – d.h. ihr funktionales Attribut – besteht darin, *Ihnen zu signalisieren, daß Sie Ihr Vorgehen, mit dem Sie versuchen, Ihr Ziel zu erreichen, ändern müssen.* Wenn Sie Frustration erleben, war Ihr bisheriger Lösungsansatz offensichtlich noch nicht erfolgreich.

Die generative Kette für Frustration beginnt damit, zu erkennen, daß Sie sich in einer bestimmten Situation frustriert fühlen. Akzeptieren Sie das Gefühl der Frustration als ein Signal, daß Sie etwas verändern müssen, z. B. noch etwas lernen müssen, Ihre Perspektive, Ihre Erwartungen oder Ihr Verhalten ändern müssen.

Nehmen Sie sich dann mit einem Gefühl der Neugier der Frage an, ob es sich noch lohnt, das Ziel zu verfolgen. Wenn nicht, lassen Sie es fallen und wenden Sie sich neuen Plänen zu. Wenn doch, fahren Sie mit dem nächsten Schritt fort.

Suchen Sie in Ihrer Vergangenheit nach Erfahrungen, bei denen Sie ähnliche Schwierigkeiten überwunden haben, indem Sie Ihren Lösungsansatz verändert haben. Fühlen Sie sich durch die Tatsache, daß Sie schon häufiger Hindernisse erfolgreich überwunden haben, beruhigt und sicher.

Stellen Sie sich schließlich vor, wie Sie in der Zukunft auf Situationen, die Sie als frustrierend erleben, reagieren, indem Sie Ihren Lösungsansatz ändern und dann Ihr Ziel erreichen. Fühlen Sie sich zuversichtlich im Hinblick auf Ihre Fähigkeiten hierfür.

Stellen Sie sich z. B. vor, wie Sie nach der nächsten Diät wieder Ihren Badeanzug anprobieren und er immer noch nicht paßt. Nehmen wir weiter an, daß Sie deswegen frustriert sind (statt enttäuscht, wütend oder hoffnungslos). Sobald Sie erkannt haben, daß Sie sich frustriert fühlen, weil Ihr Körper nicht so aussieht, wie Sie es sich wünschen, besteht der nächste Schritt darin, Ihre Frustration als Signal dafür zu nehmen, daß Sie Ihre Versuche zur Gewichtsabnahme ändern müssen.

Als nächstes überprüfen Sie, mit einem Gefühl der Neugier, ob abzunehmen und in diesen Badeanzug zu passen noch immer ein Ziel ist, das zu verfolgen sich für Sie lohnt. Wenn Sie sich dagegen entscheiden, können Sie, vielleicht mit einem Seufzer der Erleichterung, den Wunsch aufgeben, in diesem Badeanzug eine gute Figur zu machen. Wenn es weiterhin ein wichtiges Ziel für Sie bleibt, müssen Sie Beispiele aus Ihrer Vergangenheit finden, wo Sie Ihren Lösungsansatz verändert haben, um ein Ziel zu erreichen und damit Erfolg hatten. Die Suche nach solchen Beispielen wird Sie im Denken flexibler werden lassen und Sie Ihrer Fähigkeit vergewissern, Ihren Zugang zum Problem ändern zu können, um Ihr Ziel zu erreichen – in diesem Fall Gewicht zu verlieren. Gehen Sie zum Schluß in die Zukunft und stellen Sie sich vor, wie Sie mit neuen Lösungsansätzen in Situationen reagieren, die Sie frustrieren und fühlen Sie sich zuversichtlich in bezug auf Ihre Fähigkeit, das zu tun.

Wenn Sie diese Kette durchlaufen haben, werden Sie sich nicht mehr frustriert fühlen. Was noch wichtiger ist, Sie werden mit einem Gefühl der Zuversicht dahin orientiert sein, einen anderen, möglicherweise effektiveren Weg zu entdecken, der Sie zu Ihrem Ziel führt.

10.1.3 Angst

Angst können Sie erleben, wenn Sie auf dem Weg zu einer Gerichtsverhandlung sind, zu einer Krebsvorsorgeuntersuchung gehen, oder wenn Sie Ihre zukünftigen Schwiegereltern zum ersten Mal besuchen. Die Angst, die Sie bei solchen Gelegenheiten erleben, entsteht gewöhnlich dadurch, daß Sie sich eine unangenehme Zukunft vorstellen oder Ihre Vorstellungen von der Zukunft unklar sind und so negativen Möglichkeiten breiten Raum lassen. Das funktionale Attribut von Angst ist, Ihnen zu *signalisieren, daß Sie sich auf mögliche negative Folgen einer bevorstehenden Situation vorbereiten müssen.*

Wie bei allen generativen Ketten besteht der erste Schritt darin, zu erkennen, daß Sie Angst erleben. Denken Sie dann daran, daß Angst ein Signal dafür ist, sich auf ein zukünftiges Ereignis besser vorzubereiten.

Überlegen Sie mit einem Gefühl der Neugier, was Sie tun können, um sich besser vorzubereiten. Das kann bedeuten, sich zusätzliche Informationen zu verschaffen, bestimmte Fähigkeiten zu erwerben bzw. neu zu aktivieren oder ein positiv formuliertes Ziel zu finden. Erinnern Sie sich an Situationen in Ihrer Vergangenheit, in denen Sie das, was Sie nun tun müssen, bereits getan haben. Erleben Sie ein Gefühl der Zuversicht, während Sie sich an die Beispiele für diese Fähigkeit erinnern.

Stellen Sie sich abschließend vor, wie Sie sich auf die Herausforderung oder Bedrohung vorbereiten und wiederholen Sie das, bis Sie sich sicher fühlen, tun zu können, was Sie zu tun haben.

Welche Vorbereitung Sie treffen müssen, hängt davon ab, auf welches zukünftige Ereignis sich Ihre Angst bezieht. Wenn Sie besorgt darüber sind, wie eine bestimmte Person auf Ihre Einladung zum Abendessen reagieren wird, kann Ihre Vorbereitung darin bestehen, weitere Informationen zu sammeln. Diese Information kann von anderen kommen: Indem Sie sich z. B. mit dieser Person unterhalten, oder andere, die die betreffende Person kennen, fragen, wie sie ihrer Meinung nach reagieren wird. Die Information kann von Ihnen selbst kommen: Sie können in Ihren bisherigen Erfahrungen mit dieser Person nach Hinweisen dafür suchen, wie sie auf Sie und Ihre Einladung reagieren wird.

Um sich angemessen vorzubereiten, müssen Sie u.U. auch bestimmte Fertigkeiten bei sich aktivieren oder neu erwerben, damit Sie dem bevorstehenden Ereignis in befriedigender Weise begegnen können. Stellen Sie sich beispielsweise vor, Sie fühlen sich besorgt, weil Sie noch nicht wissen, wie Sie den Stoff für eine Rede am besten gliedern sollen. Wenn das Organisieren von Material etwas ist, das Sie bereits beherrschen, brauchen Sie sich diese Fähigkeit nur zu aktivieren und können mit der Arbeit beginnen. Wenn es Ihnen an dieser Fähigkeit noch mangelt, müssen Sie sich u.U. an jemanden wenden, der es Ihnen beibringen kann.

Eine angemessene Vorbereitung kann schließlich auch darin bestehen, ein negativ formuliertes Ziel in ein positiv formuliertes zu verwandeln. Der Grund für Ihre Angst liegt möglicherweise in solch einem negativ formulierten Ziel, wie z. B. „Ich möchte das nicht vermasseln", „Ich werde mich nur lächerlich machen, wenn ich es versuche" oder „Ich weiß nicht, was ich tun soll, wenn das passiert". In jeder dieser Zielformulierungen beschreiben Sie etwas, das Sie *nicht* wollen oder *nicht* tun sollen. Positiv formulierte Ziele geben Ihnen dagegen eine Richtung an. Zu wissen, wohin Sie wollen, ist sehr viel beruhigender, als zu wissen, wohin Sie nicht wollen. Sobald Sie wissen, wohin Sie wollen, werden Sie außerdem eine genauere Vorstellung davon haben, was Sie tun müssen, um dorthin zu kommen.

Wie bei allen in diesem Kapitel beschriebenen Emotionen, liegt der Wert von Besorgnis in dem Feedback, das es Ihnen bietet. Wenn Sie dieses Feedback außer acht lassen, wird Besorgnis zu einer unangenehmen oder sogar lähmenden Erfahrung. Das Ziel dieser Kette ist es jedoch, Sie zu einem Gefühl des Selbstvertrauens in Ihre Fähigkeit zu führen, alles Nötige tun zu können, um sich angemessen vorzubereiten. Dieser positive emotionale Zustand befreit Ihre Erlebnis- und Verhaltens-Ressourcen und motiviert Sie dazu, zu handeln, anstatt abzuwarten und zu zittern.

10.1.4 Hoffnungslosigkeit

Ihr Soufflé sieht auch beim zehnten Versuch wie ein Pfannkuchen aus und Sie geben die Hoffnung auf – Sie werden *nie* in der Lage sein, ein gelungenes Soufflé auf den Tisch zu bringen. Hoffnungslosigkeit können Sie auch angesichts des Alkoholproblems Ihres Mannes erleben oder bei der Partnerwahl Ihres Kindes. Das funktionale Attribut von Hoffnungslosigkeit ist, Ihnen zu signalisieren, *daß es an der Zeit ist, aufzugeben.* Wenn Sie alles getan haben, was Sie tun konnten und dies nicht ausgereicht hat, ist es an der Zeit, sich anderen Aufgaben und Zielen zuzuwenden.

Beginnen Sie die generative Kette für Hoffnungslosigkeit, indem Sie zunächst erkennen, daß Sie sich hoffnungslos fühlen.

Respektieren Sie dieses Gefühl als ein Signal dafür, daß es an der Zeit ist, ein Ziel aufzugeben, das Sie lange genug ohne positives Ergebnis verfolgt haben.

Überlegen Sie mit einem Gefühl der Neugier, ob es irgend etwas gibt, das Sie vernünftigerweise noch tun können. Wenn dies der Fall ist, dann gehen Sie zu Frustration über, um sich somit herausgefordert und entschlossen für alternative Möglichkeiten zu fühlen, die Ihnen u. U. helfen, Ihr Ziel doch noch zu erreichen. Wenn nicht, fahren Sie mit dem nächsten Schritt fort.

Erinnern Sie sich an Gelegenheiten in Ihrer Vergangenheit, bei denen Sie bestimmte Ziele, kleine oder große, aufgegeben und sich so für neue Dinge freigemacht haben. Finden Sie ausreichend Beispiele, um sich in bezug auf diese Fähigkeit zuversichtlich fühlen zu können.

Stellen Sie sich schließlich vor, wie Sie dieses unerreichbare Ziel aufgeben. Erleben Sie Zuversicht darüber, daß Sie die Fähigkeit haben, nicht erreichbare Ziele aufzugeben und Ihre Bemühungen auf andere, erreichbare Ziele zu richten.

Häufig fühlen wir uns hoffnungslos, bevor wir tatsächlich alle unsere Möglichkeiten ausgeschöpft haben. Daher ist der dritte Schritt in dieser generativen Kette sehr wichtig, wenn Sie auf ein Gefühl der Hoffnungslosigkeit reagieren; denn in diesem Schritt überprüfen Sie, ob es noch etwas gibt, das Sie versuchen könnten. Nehmen Sie z.b. an, Ihr Partner sei Alkoholiker. Sie haben ihm schon ermutigende Ratschläge gegeben, ihm gedroht, ihn angefleht, ihn ignoriert – alles ohne Erfolg. Nun haben Sie jede Hoffnung verloren, ihn jemals ändern zu können. Ihr Gefühl der Hoffnungslosigkeit signalisiert Ihnen, daß es an der Zeit ist, den Wunsch aufzugeben, Ihren Partner noch zu ändern. Doch ist es wirklich schon an der Zeit?

Bedenken Sie, bevor Sie diese Frage beantworten, was Sie noch Sinnvolles versuchen können (Schritt drei in der Kette). Wenn Ihnen nichts anderes mehr einfällt, dann ist es tatsächlich Zeit, Ihr Gefühl der Hoffnungslosigkeit zu beherzigen und das Vorhaben aufzugeben, Ihren Partner noch ändern zu wollen. Wenn Ihnen jedoch etwas einfällt, was Sie versuchen könnten, wie z. B. Kontakt mit den AA oder einer Suchtberatungsstelle aufzunehmen, dann ist es nicht angebracht, hoffnungslos zu sein. Gehen Sie statt dessen dazu über, sich herausgefordert oder entschlossen zu fühlen und so Ihre Verhaltensressourcen zu mobilisieren, um auf diese neue Weise doch noch an Ihr Ziel zu kommen.

10.1.5 Ratlosigkeit

Jeder kennt die Erfahrung, mit etwas fortfahren zu wollen, dabei aber nicht zu wissen, wie. Wenn Sie keine Worte finden, um einen Gedanken zu formulieren, den Sie mitteilen wollen, oder nicht wissen, wie Sie ein schweres Möbelstück die Treppe hinaufkriegen sollen, oder feststellen, daß Ihre Karriere seit geraumer Zeit stillsteht, kann sich lähmende Ratlosigkeit Ihrer bemächtigen und Ihnen den Willen und die Fähigkeit nehmen, weiterzumachen. Ratlosigkeit ist daher ein Signal dafür, *die bisherigen Lösungsversuche aufzugeben und einen neuen Zugang zu finden, um Ihr Ziel zu erreichen.*

Die generative Kette für Ratlosigkeit beginnt damit, daß Sie dieses Gefühl erkennen. Machen Sie sich klar, daß Sie andere Möglichkeiten in dieser Situation finden müssen und respektieren Sie dieses wichtige Signal, das Sie sich selbst gegeben haben.

Überprüfen Sie mit einem Gefühl der Neugier die Möglichkeiten, auf die Sie sich bisher beschränkt haben.

Erinnern Sie sich an frühere Gelegenheiten, bei denen Sie zunächst ratlos waren und dann auf andere Weise über die Situation nachgedacht haben und dadurch in der Lage waren, einen neuen Zugang zu finden; fühlen Sie sich zuversichtlich in bezug auf Ihre Fähigkeit, das zu tun.

Stellen Sie sich eine Situation in der Zukunft vor, in der Sie ratlos sind und dann neue Möglichkeiten entwickeln, die es Ihnen erlauben, weiterzumachen. Wiederholen Sie das einige Male und gestalten Sie diese Zukunftsvorstellungen immer lebendiger, bis Sie sich zutrauen, neue Möglichkeiten zu finden, wenn Sie sich ratlos fühlen.

Diese Kette führt Sie über die Grenzen, in denen Sie momentan denken und handeln, hinaus. Die Kette bietet Ihnen die Gelegenheit, neue Möglichkeiten zu entwickeln und sich weiter auf Ihr Ziel zuzubewegen. Diese Alternativen fordern möglicherweise auch, daß Sie sich um Rat und Hilfe von anderen bemühen.

10.1.6 Wut

Jeder von uns hat seine eigenen Kriterien, seine eigenen Maßstäbe dafür, wie Menschen sich verhalten sollten. Wenn diese Kriterien verletzt werden, reagieren wir meistens wütend. Sie können z.B. in Wut geraten, wenn Sie sehen, wie ein Kind mißhandelt wird, ein anderer Wagen sich vor Ihnen in die Spur drängt, oder Ihr Partner ein ernstes Anliegen von Ihnen ignoriert. Das funktionale Attribut von Wut ist, *Ihnen zu signalisieren, daß ein wichtiges Kriterium von Ihnen verletzt worden ist.*

Die generative Kette für Wut beginnt damit, daß Sie erkennen, daß Sie wütend sind. Erinnern Sie sich gleichzeitig daran, daß dieses Gefühl ein wichtiges Signal dafür ist, daß ein wichtiger Standard von Ihnen mißachtet wurde. (Möglicherweise haben Sie selbst dies getan.)

Überprüfen Sie mit einem Gefühl der Neugier, was Sie in Zukunft tun können, um zu verhindern, daß dieser Wert auf ähnliche Weise verletzt wird und wie Sie angemessen darauf reagieren können, wenn es trotz Ihrer Bemühungen doch wieder geschieht. Wenn Sie nicht wissen, was Sie tun können, sammeln Sie Informationen von Personen, die sich in solchen wutauslösenden Situationen angemessen verhalten können.

Erinnern Sie sich an frühere Gelegenheiten, bei denen Sie der Verletzung Ihrer Werte vorgebeugt oder angemessen darauf reagiert haben, und seien Sie zuversichtlich, das wieder tun zu können.

Stellen Sie sich eine Gelegenheit in der Zukunft vor, bei der einer Ihrer Standards mißachtet werden könnte und beobachten Sie sich selbst dabei, wie Sie etwas tun, um das zu verhindern.

Wiederholen Sie diese Situation so lange, bis Sie sicher sind, auf die gewünschte Weise reagieren zu können. Es kann passieren, daß Sie, trotz aller Bemühungen, andere nicht davon abhalten können, Ihre Standards zu verletzen. Daher sollten Sie sich auch vorstellen, wie sie verletzt werden, und wie Sie sinnvoller darauf reagieren können. (Wenn nötig, können Sie die Schemata zur Kontextualisierung und zum Zugänglichmachen bei diesem Schritt einsetzen.) Wiederholen Sie auch diese künftige Situation so oft, bis Sie davon überzeugt sind, daß Sie auf eine befriedigende und wirksame Weise reagieren können.

Nehmen Sie z.B. an, daß Sie auf der Autobahn fahren und ein anderer Wagen plötzlich rücksichtslos vor Ihnen einschert und Sie dabei gefährdet. Wie immer bei solchen Gelegenheiten werden Sie wütend auf den anonymen Fahrer. Da Sie in Zukunft nicht mehr so reagieren wollen, wenden Sie die generative Kette für Wut an. Sobald Sie Ihre Wut als wichtiges Signal für die Übertretung einer für Sie bedeutenden Norm erkannt haben, können Sie überlegen, wie Sie in Zukunft sinnvoll darauf reagieren können, wenn Sie im Verkehr geschnitten werden, oder wie Sie verhindern können, daß dies wieder geschieht. Zur Vorbeugung könnten Sie sich vornehmen, verstärkt auf überholende Fahrzeuge zu achten. Doch auch Vorsicht wird nichts daran ändern, daß manchmal jemand unvermittelt vor Ihnen einschert. Daher brauchen Sie auch eine sinnvolle Reaktionsweise, wenn es geschieht. Sie könnten beispielsweise erleichtert sein, daß Ihnen nichts passiert ist und den anderen Fahrer bedauern, dem so wenig an seinem Leben liegt. Sie können sich an andere Gelegenheiten erinnern, bei denen Sie nur knapp davongekommen sind und wie Sie sich danach erleichtert gefühlt haben. Sie können auch an Situationen denken, in denen Sie andere bedauert haben, die sich selbst gefährdeten. Gehen Sie mit der Zuversicht darüber, daß Sie so reagieren können, in die Zukunft und stellen Sie sich Situationen vor, in denen rücksichtslose Fahrer Sie gefährden und Sie mit Erleichterung und Bedauern reagieren und möglicherweise besorgt sind um die ahnungslosen Fahrer vor Ihnen, die immer noch in Gefahr sind.

Es ist uns klar, daß es nicht immer leicht sein wird, diese Kette anzuwenden, wenn man wütend ist. Doch die Mühe lohnt. Die Beschäftigung mit dem Schritt 3 in dieser Kette wird Ihnen helfen, auf nüchterne und ruhige Weise zu entscheiden, ob der Vorfall wichtig genug ist, um in Wut zu geraten.

10.1.7 Schuldgefühl

Es kommt vor, daß Sie selbst derjenige sind, der Ihre Werte verletzt. Wenn Sie nicht an den pädagogischen Nutzen von Schlägen glauben, Ihrem Kind aber trotzdem den Hintern versohlen, stehen Sie der unangenehmen Tatsache gegenüber, daß Sie Ihre eigenen Standards verletzt haben. Vielleicht halten Sie es für richtig, rücksichtsvoll zu fahren, scheren aber achtlos vor einem anderen Wagen ein, oder Sie halten es für falsch, zu lügen und ertappen sich doch dabei, wie Sie eine angebliche Verabredung vortäuschen, um einer Einladung zum Abendessen zu entgehen. Oder Sie vergessen immer wieder, Ihrem Freund zu schreiben, dem Sie noch einen Brief schuldig sind. Jedes Mal, wenn Sie einen Ihrer Werte verletzen, werden Sie sich wahrscheinlich schuldig fühlen.

Doch stellen Sie sich nur einmal vor, was geschehen würde, wenn Sie keine Schuldgefühle hätten, nachdem Sie eigene Werte verletzt haben. Die Antwort darauf zeigt Ihnen die Bedeutung und das funktionale Attribut von Schuldgefühlen. Wenn Sie keine Möglichkeit hätten, gewarnt zu werden, wenn Sie eigene Normen verletzt haben oder gerade dabei sind, sie zu verletzen, würde Ihnen das nötige Feedback fehlen, das Sie brauchen, damit Ihr Handeln in Übereinstimmung mit Ihren Überzeugungen ist. Das funktionale Attribut von Schuld ist somit, Ihnen zu *signalisieren, daß Sie in irgendeiner Weise Ihre Normen verletzt haben und etwas tun müssen, um eine Wiederholung in Zukunft zu verhindern.*

Der erste Schritt in der generativen Kette für Schuld ist, zu erkennen, daß Sie sich in einer bestimmten Situation schuldig fühlen. Mit Respekt und Würdigung sehen Sie dieses Gefühl als ein Signal für die Übertretung eines persönlichen Standards an, das sie anhält, dafür zu sorgen, daß sich dies in der Zukunft nicht wiederholt.

Überprüfen Sie mit einem Gefühl von Neugier, ob Sie den Standard, den Sie verletzt haben, weiter aufrechterhalten wollen. Wenn nicht, können Sie ihn den veränderten Gegebenheiten anpassen, ihn ersetzen oder überhaupt aufgeben.

Erinnern Sie sich an persönliche Erfahrungen, in denen Sie nach Ihren eigenen Standards gelebt haben, auch wenn es Ihnen schwerfiel. Während Sie diese Beispiele sammeln, können Sie sich zuversichtlich in bezug auf Ihre Fähigkeit fühlen, Ihre eigenen Standards zu erfüllen.

Stellen sie sich zum Schluß vor, daß Sie gemäß ihren Standards künftig in Situationen leben, in denen Sie diesbezüglich auf eine schwere Probe gestellt werden und fühlen Sie sich zuversichtlich, daß Sie die Fähigkeit haben, sich Ihren Werten gemäß zu verhalten.

Es kommt manchmal vor, daß Werte, für die wir uns selbst verantwortlich glauben und deretwegen wir Schuldgefühle haben, nicht mehr angemessen sind. Eine Frau z.B., die in der Vorstellung aufgewachsen ist, daß der Platz einer Frau in der Familie ist, kann wegen ihres Wunsches Schuldgefühle haben, aus dem Haus zu kommen und eine Karriere zu beginnen. Wenn sie um die Vierzig ist, erscheint ihr diese Überzeugung vielleicht nicht mehr angemessen. Sie mag sogar erkennen, daß sie diese Überzeugung nie wirklich geteilt hat, sondern nur versucht hat, über die Jahre hinweg ihr Verhalten danach auszurichten.

Wenn Sie entscheiden, daß der Standard in der Tat erhaltenswert ist, dann ist es für Sie angemessen, wegen der Übertretung Schuldgefühle zu haben. Es ist auch angemessen, dieses unangenehme Gefühl dafür einzustecken, Ihre Bemühungen zu intensivieren und sicherzustellen, daß Sie in der Zukunft Ihre Standards beachten. Wenn Sie jedoch entscheiden, daß er in dieser Weise nicht beibehalten werden soll, müssen Sie den entsprechenden Wertungsmaßstab entweder den neuen Gegebenheiten anpassen, ihn ersetzen oder ihn aufgeben. Denken Sie daran, daß Sie, wenn Sie einen Standard auf den neuesten Stand bringen oder ersetzen, einen neuen geschaffen haben, der genau wie der vorherige Wertmaßstab eingehalten werden muß. Es ist daher angemessen und hilfreich, die Schritte vier und fünf auf Ihre neuen Standards anzuwenden.

10.1.8 Enttäuschung

Sie packen gerade Ihr letztes Geburtstagsgeschenk aus und stellen fest, daß wieder nicht das dabei war, was Sie sich gewünscht haben. Wie fühlen Sie sich? Vermutlich enttäuscht. Sie können sich auch enttäuscht fühlen, wenn der Film, auf den Sie sich gefreut haben, sich als Reinfall entpuppt, oder wenn Ihre zwei Kleinen am Tag vor dem langersehnten Wochenende allein mit Ihrem Partner die Windpocken bekommen. Die Enttäuschung, die Sie erleben, wenn solche Ereignisse eintreten, sollte als *Signal dafür aufgefaßt werden, daß Sie Ihre Ziele neu überprüfen und möglicherweise durch solche ersetzen müssen, die unter den gegebenen Umständen leichter zu erreichen sind.*

Die generative Kette für Enttäuschung beginnt damit, zu erkennen, daß Sie sich enttäuscht fühlen. Akzeptieren Sie Ihre Gefühle der Enttäuschung als ein Signal dafür, daß Sie Ihre Ziele neu zu beurteilen haben.

Überprüfen Sie mit einem Gefühl der Neugier, ob Sie sich weiterhin um das bemühen sollen, was Sie gewollt aber nicht bekommen haben. Wenn ja, fahren Sie mit dem nächsten Schritt fort. Wenn es sich nicht länger lohnt, sich darum zu bemühen, überlegen Sie, was unter den gegebenen Umständen erstrebenswert ist und fahren Sie dann mit dem übernächsten Schritt fort.

Wenn Ihr Ziel weiterhin lohnenswert ist, erinnern Sie sich an Gelegenheiten, in denen Sie ausdauernd und schließlich erfolgreich nach einem Weg gesucht haben, das zu bekommen, was Sie wollten und fühlen Sie sich zuversichtlich in bezug auf Ihre Fähigkeit, auch diesmal dahin zu gelangen.

Wenn es an der Zeit ist, ein anderes Ziel zu wählen, erinnern Sie sich an Gelegenheiten, bei denen Sie Ihre Ziele geändert und schließlich erreicht haben, was Sie wollten. Fühlen Sie sich zuversichtlich in bezug auf Ihre Fähigkeit, dies wieder zu tun. Stellen Sie sich im letzten Schritt vor, daß Sie tun, was nötig ist, und machen Sie diese Vorstellung so detailliert und lebhaft, daß Sie sich diesbezüglich sicher fühlen.

Wie das funktionale Attribut dieser Kette verdeutlicht, ist Enttäuschung eine Gelegenheit zur Neubewertung. Es geschieht häufig, daß wir das, was wir wollen oder erwarten, nicht bekommen. Wenn wir „es" weiterhin wollen, wird das gewünschte Ziel weiter unser Erleben beeinflußen. Wenn die Person, die Sie lieben und heiraten wollen, Ihren ersten Antrag ablehnt, kann es vielleicht noch immer sinnvoll sein, sich weiter darum zu bemühen, daß sie „Ja" sagt. Andererseits ist es nicht sinnvoll, weiter einen guten Film zu erwarten, wenn dieser schon eindeutig miserabel ist. Statt dessen kann es besser sein, das Ziel zu ändern und z. B. herauszufinden, was an dem Film in technischer Hinsicht falsch war, oder zu überlegen, wie man den Rest des Abends angenehmer verbringen kann.

10.1.9 Einsamkeit

Audrey fühlte sich einsam. Sie hatte die ganze letzte Stunde versucht, ihre Einsamkeit zu ignorieren, aber nun ließ sie sich nicht länger leugnen. Als Audrey sich eingestanden hatte, daß sie sich einsam fühlte, spottete sie über sich selbst: „Jetzt bist du fünfunddreißig und kannst immer noch nicht alleine sein, ohne zusammenzubrechen. Du bist wirklich schwach, Audrey!" Doch sie war immer noch allein. Sie schaltete den Fernseher ein, um etwas Gesellschaft zu haben, doch ganz gleich, welches Programm sie wählte, überall sah sie Leute, die in Gesellschaft waren. Audrey schaltete diese Bilder aus und wandte sich dem Kühlschrank zu, um die Leere, die sie fühlte, zu füllen. Augenblicke später saß sie auf der Couch, löffelte Eiscreme direkt aus der Packung und blätterte in einer Zeitschrift. Doch auch das Essen war kein Trost. Audrey schaltete das Licht aus und ging ans Fenster. Sie stand in der Dunkelheit und sah hinüber zu den

Häusern auf der anderen Straßenseite, in deren Fenstern sich in warmer Beleuchtung die Silhouetten von Familien abzeichneten. Auf dem Bürgersteig bummelten Paare und Cliquen vorbei. „Das reicht, ich bleib nicht länger hier drin", murrte sie vor sich hin und machte sich auf den Weg in eine Kneipe, in der Hoffnung, dort jemanden zu treffen.

Einsamkeit ist ein *Signal dafür, daß wir eine bestimmte Art von Kontakt mit anderen Menschen brauchen.* Häufig verwechseln wir dabei „Kontakt" mit „Zuneigung" oder „Leidenschaft". Audrey z.b. erkannte ihre Einsamkeit als Signal dafür, daß sie Kontakt mit anderen brauchte, aber sie wußte nicht, welche *Art* von Kontakt sie brauchte. Die generative Kette für Einsamkeit beinhaltet einen wichtigen Schritt, in dem Sie beurteilen, welche Art von Kontakt Sie wollen und mit wem, so daß Sie Ihre Anstrengungen in Richtung wirklich angemessener und befriedigender Kontakte mobilisieren können.

Die generative Kette für Einsamkeit beginnt, wenn Sie erkennen, daß Sie sich einsam fühlen. Respektieren Sie Ihr Gefühl als ein Signal für Ihr Bedürfnis nach einer besonderen Art von Kontakt oder Beziehung mit jemand anderem.

Überprüfen Sie mit einem Gefühl von Neugier, welche Art von Kontakt Sie möchten und mit wem.

Finden Sie in Ihrer Erinnerung Beispiele für Gelegenheiten, bei denen Sie einen solchen Kontakt initiiert haben und fühlen Sie sich zuversichtlich in bezug auf Ihre Fähigkeit, mit anderen Kontakt herzustellen.

Gehen Sie in die Zukunft und stellen Sie sich vor, wie Sie den Kontakt herstellen, den Sie mit den ausgewählten Personen haben möchten, und steigern Sie die Lebendigkeit Ihrer Vorstellung, bis Sie sich in bezug auf Ihre Fähigkeiten sicher fühlen.

Wenn Sie diese Kette verwenden, achten Sie darauf, sich an solche Erfahrungen zu erinnern, in denen Sie den Kontakt initiiert haben. Das eine Mal z. B., als ein guter Freund Sie angerufen und gefragt hat, ob er den Abend mit Ihnen verbringen kann, mag zwar eine angenehme Erinnerung sein, und Sie vielleicht Ihrer Beliebtheit vergewissern, aber es wird Ihnen nicht helfen, angemessen auf Ihr Gefühl von Einsamkeit zu reagieren, weil es Sie eher dazu verleiten wird, darauf zu warten, daß Ihr Telefon klingelt. Es ist viel sinnvoller, sich an solche Gelegenheiten zu erinnern, bei denen Sie es waren, der angerufen hat.

10.1.10 Eifersucht

Sie haben gerade die sehr gut aussehende, geistreiche Sekretärin Ihres Mannes kennengelernt. Oder Ihre Frau ist mit Ihrer Jugendliebe zum Mittagessen ausgegangen, und nun schon vier statt der ausgemachten zwei Stunden fort. Oder Sie sind auf einer Party, und Ihr Partner wird schon seit einer Stunde von einer attraktiven und zuvorkommenden Person des anderen Geschlechts in Beschlag genommen. Solche Situationen rufen häufig Eifersucht hervor. Für viele ist emotionales Wohlbefinden eng mit der besonderen und intimen Beziehung verbunden, die sie zu ihrem Partner oder nahen Freunden haben. Eifersucht ist eine Reaktion auf die Entdeckung, daß diese besondere und intime Beziehung – und damit auch das eigene emotionale Wohlbefinden – gefährdet ist. Eifersucht ist daher ein *Signal, daß Sie etwas tun müssen, um Ihr emotionales Wohlbefinden zu schützen.*

Die generative Kette fängt an, wenn Sie merken, daß Sie eifersüchtig sind. Achten Sie auf den Signalwert Ihrer Eifersucht, und überprüfen Sie mit einem Gefühl der Neugier, ob Ihr Wohlbefinden tatsächlich in Gefahr ist. Wenn nicht, freuen Sie sich über die Tatsache, daß der Mensch, den Sie lieben, eine angenehme Zeit mit anderen verbringt. Wenn doch, fahren Sie mit den zwei letzten Schritten fort.

Erinnern Sie sich an Situationen in der Vergangenheit, in denen Sie für sich selbst gesorgt haben; finden Sie genügend Beispiele, damit Sie zuversichtlich sind, alles Nötige tun zu können, um Ihr Wohlbefinden zu bewahren.

Schauen Sie zum Schluß in die Zukunft und stellen Sie sich vor, wie Sie erfolgreich für sich selbst in Situationen sorgen, in denen Ihr Wohlbefinden tatsächlich in Gefahr ist. Achten Sie darauf, daß diese Vorstellungen lebendig genug sind, damit Sie sich wirklich sicher fühlen können.

Es gibt drei verschiedene Muster, mit deren Hilfe man Eifersucht erzeugen kann. Zwei davon können durch diese generative Kette neutralisiert werden: Zum einen können Sie, wenn Sie ein niedriges Selbstwertgefühl haben, sich für ohne weiteres ersetzbar halten. Die Welt scheint dann mit Konkurrenten für Ihre Position bevölkert zu sein. Jede neue Person, mit der Ihr Partner Kontakt hat, jedes neue Interesse Ihres Partners nehmen Sie als Bedrohung wahr. In diesem Fall kann die generative Kette Ihnen helfen, Ihr Selbstwertgefühl zu stärken. Legen Sie sich eine Liste von Situationen an, in denen sich Ihr Partner bei Ihnen offensichtlich glücklicher (oder besser verstanden oder mehr geliebt) gefühlt hat als bei jedem anderen und führen Sie diese Liste so lange weiter, bis Sie einen Zustand des Selbstvertrauens erreicht haben.*

Ein zweites Muster, das Eifersucht erzeugt, entsteht durch Kriterien, die zu besitzergreifend sind. Wenn Sie Ihren Partner als jemanden sehen, der Ihnen gehört, werden Sie jede neue und interessante Person als Eindringling in „Ihrem" Revier wahrnehmen. Mit solchen Kriterien werden Sie wahrscheinlich viel Energie darauf verwenden, Ihrem Partner ständig die Zügel anzuziehen, damit er Ihnen nicht durchgeht. Jedes Verhalten Ihres Partners, das Sie nicht zuvor selbst erlaubt haben, ist in Ihren Augen eine Herausforderung Ihrer Autorität und bedroht so Ihr Wohlbefinden. In diesem Fall ist nicht eine generative Kette, sondern eine Veränderung der Kriterien notwendig. Eines unserer Bücher, The EMPRINT Method: A Guide to Reproducing Competence (mit David Gordon) beschreibt mehrere Methoden, mit denen Kriterien überprüft und verändert werden können.

Bei dem dritten Muster von Eifersucht besteht eine tatsächliche und nicht nur eine vermeintliche Bedrohung. Wenn Sie angemessene Kriterien in Ihrer Beziehung verwenden, ein starkes Selbstwertgefühl haben und so sind, wie Sie gerne sein

---

* Der Zusammenhang zwischen niedrigem Selbstwertgefühl und Eifersucht ist so wesentlich, daß wir ein Videoband mit dem Titel „Lasting Feelings" produziert haben, das die Anwendung der generativen Kette bei Eifersucht zeigt. Wenn Sie mehr darüber erfahren wollen, schreiben Sie uns an P.O. Box 1173, San Rafael, CA 94915, und wir werden Ihnen Informationen zusenden.

möchten, und Ihr Partner erwägt in der Tat, Sie zu ersetzen, dann haben Sie allen Grund, eifersüchtig zu sein. In diesem Fall müssen Sie behutsam vorgehen. Die generative Kette ermöglicht Ihnen, Ihrem Partner alles zu geben, was Sie ihm geben können und wollen, indem sie dafür sorgt, daß Sie in den emotionalen Zuständen sind, in denen Sie sich all Ihrer Ressourcen bedienen können. Die generative Kette hilft Ihnen auch, sich auf eine notwendige Auseinandersetzung vorzubereiten. Im schlimmsten Fall können Sie sie dazu benutzen, Verhaltensweisen in Gang zu bringen, mit denen Sie Ihren Partner so gut wie sicher davon überzeugen werden, daß er mit Ihnen gemeinsam dafür sorgen muß, daß die Beziehung erhalten bleibt, vielleicht durch eine Paartherapie, oder indem Sie gemeinsam die in Leslie Cameron-Bandlers Buch *Solutions: Practical and Effective Antidotes for Sexual and Relationship Problems* dargestellten Schemata „Relationship Evaluator" und „Threshhold Neutralizer" anwenden.

Wenn Sie eine der in den vorhergehenden Kapiteln angeführten Emotionen häufiger erleben, wird es sich für Sie lohnen, die entsprechende generative Kette zu durchdenken. Selbst wenn Sie keines der angesprochenen Gefühle belastet, empfehlen wir Ihnen, die generative Kette für jedes einzelne durchzugehen und dabei eine aktuelle oder jüngere Erfahrung als Inhalt zu verwenden. Dadurch können Sie ein besonders unangenehmes Ereignis auflösen und, was noch wichtiger ist, Sie machen sich vertrauter mit den wesentlichen Mustern, die allen generativen Ketten zugrundeliegen:

Auslösung der Emotion
   ↘ Beachtung/Akzeptanz
      ↘ Neugier
         ↘ Zuversicht
            ↘ Selbstvertrauen

Um sich eine generative Kette so anzueignen, daß sie automatisch abläuft, ist es nötig, sie wiederholt anzuwenden, und dabei jedesmal ein anderes Ereignis oder eine andere Situation zum Inhalt zu nehmen. Wenn Sie sich z.B. häufig schuldig fühlen und sich die generative Kette für Schuldgefühle als eine natürliche Reaktionsweise aneignen wollen, können Sie sich zunächst auf die Tatsache beziehen, daß Sie Ihre Kinder letzte Woche nicht, wie versprochen, in den Zoo geführt haben. Beim zweiten Durchgang durch die generative Kette nehmen Sie dann als Inhalt beispielsweise Ihre Schuldgefühle darüber, daß Sie auf dem Parkplatz jemandem einen Kratzer ans Auto gemacht haben und fortgefahren sind, ohne einen Zettel zu hinterlassen. Wiederholen Sie dann die Sequenz ein drittes Mal und greifen Sie dabei auf die Gelegenheit zurück, wo Sie Ihren Eltern gegenüber die Geduld verloren haben. Sie sollen die Kette so oft durchlaufen, bis Sie entdecken, daß Sie automatisch zu dem nächsten Schritt übergehen.

Die generative Kette funktioniert nicht nur mit den Emotionen, die wir als Beispiele in diesem Kapitel verwendet haben, sondern mit jeder Emotion, die etwas Nützliches in bezug auf ihr funktionales Attribut zu bieten hat. Mit „nützlich" meinen wir, daß Sie *auf eine Weise reagieren können, in der Sie auf Ziele hin orientiert sind.* Zu häufig bemerken wir diese unangenehmen Emotionen nicht oder reagieren ungünstig und lassen so zu, daß eine Verkettung unangenehmer Gefühle entsteht. Das Leben bietet uns zahlreiche Gelegenheiten, Emotionen wie Neid, Unzulänglichkeit, Besorgnis, Unzufriedenheit, usw. zu erleben. Der Wert der generativen Kette liegt darin, daß sie diese unangenehmen Emotionen für – und nicht gegen – Sie arbeiten läßt.

Zusammenfassung

Der dritte Schlüssel zu emotionaler Entscheidungsfreiheit ist Employment: die Fähigkeit, unangenehme Emotionen auf eine Weise einzusetzen, die Ihre wichtigsten Interessen unterstützt. Die in diesem Kapitel angebotene Information zeigt Ihnen die Mittel und Wege dazu.

Sie haben nun eine neue Perspektive für unangenehme oder unerwünschte Emotionen. Sie wissen, daß diese Emotionen wertvoll sind, vorausgesetzt, Sie reagieren angemessen darauf. Um dies tun zu können, müssen Sie das *funktionale Attribut* der Emotion erkennen, das spezifiziert, was diese Emotion Nützliches für Sie leistet. Der nächste Schritt besteht dann darin, angemessen auf das funktionale Attribut der Emotion zu reagieren. Die *generative Kette* bewirkt genau das, indem Sie Ihnen eine Denksequenz und eine resultierende Sequenz von Emotionen vorgibt, die Sie von der unangenehmen Emotion zu Zuversicht in Ihre Fähigkeit führt, Ihre Ressourcen so einzusetzen, daß Sie in Zukunft angemessener reagieren können.

Wir haben die generativen Ketten für Reue, Frustration, Besorgnis, Hoffnungslosigkeit, Ratlosigkeit, Wut, Schuldgefühl, Enttäuschung, Einsamkeit und Eifersucht detailliert beschrieben. Es handelt sich dabei nicht um bloße Beispiele für Ketten – Sie können sie bei sich selbst oder bei jemand anderem anwenden, um Ihre Reaktion auf diese unangenehmen Emotionen dauerhaft zu ändern.

11 Prävention

Nachdem wir über ein ganzes Kapitel hinweg erklärt haben, warum auch unangenehme Emotionen funktionale Attribute haben, die es sinnvoll machen, sie zu erleben, können wir nun zugestehen, daß es auch Emotionen geben mag, die Sie einfach nicht wiedererleben wollen. Funktionales Attribut hin oder her, Gefühle wie Demütigung, Einsamkeit, Verzweiflung, Hilflosigkeit, Furcht, Haß, Zurückweisung oder Wertlosigkeit wollen Sie möglicherweise nicht noch einmal erleben. Es gibt einfach nichts, was es Ihnen wert machen könnte, eine dieser sehr unangenehmen Emotionen zu durchleiden. Nun, es gibt eine Möglichkeit, wie Sie genau das vermeiden können.

Wenn wir davon sprechen, das Wiederauftreten unangenehmer Emotionen zu verhindern, so meinen wir damit nicht, daß Sie diese Emotionen *nie* wieder erleben werden. Wenn es Ihnen möglich wäre, Demütigung, Furcht oder Verzweiflung bis an Ihr Lebensende zu vermeiden, würden Sie dafür einen hohen Tribut an Menschlichkeit zahlen. Diese Emotionen sind Teil des Lebens und Menschseins. Sie können sie jedoch sinnvoll und angemessen in *bestimmten Situationen* vermeiden.

Andrea fühlte sich gedemütigt. Sam, ihr Freund, hat sich letzte Nacht auf der Party betrunken und ihr vor ihren Freunden eine Szene gemacht. Manche wären in dieser Situation, angesichts Sams flegelhaften Benehmens und der kopfschüttelnd dastehenden Freunde („Arme Andrea") wütend geworden, andere hilflos, wieder andere hätten an Rache gedacht. Doch bei Andrea rief diese Situation ein tiefes und unerträgliches Gefühl von Demütigung hervor.

„Unerträglich" war hier das entscheidende Wort, denn Andrea kam zu uns, weil Sie entschlossen war, dieses Gefühl nicht noch einmal ertragen zu müssen. Wir fanden bald heraus, daß sie gewohnt war, Verantwortung für ihre Erfahrungen zu übernehmen und nicht die Auffassung vertrat, das Leben sei etwas, das mit *ihr* geschehe. Sie war vielmehr der Überzeugung, daß Sie selbst eine wichtige Rolle bei ihren Lebenserfahrungen innehat.

Ihre Demütigung durch Sams Verhalten war eine der Erfahrungen, die sie hoffte, in der Zukunft vermeiden zu können, sobald sie wüßte, was sie dafür zu tun hat. Wir stimmten mit Andreas Sicht überein und zeigten ihr einen Weg, den wir für unseren eigenen Gebrauch entwickelt hatten, um unannehmbare emotionale Erfahrungen zu vermeiden.

Zunächst baten wir Andrea, die Ereignisse des letzten Tages und des vergangenen Abends noch einmal Revue passieren zu lassen. Sie versuchte herauszufinden, was zu Sams Verhalten geführt hatte, indem Sie in Gedanken das Geschehen möglichst genau so wiederholte, wie es sich zugetragen hatte. Um ihr dabei zu helfen, schlugen wir ihr vor, diesen „Film" über Sie selbst in dieser Situation von verschiedenen Standpunkten aus zu sehen: Von ihrem eigenen, von dem Sams und dem ihrer Freunde.

Als Ergebnis dieses Rückblicks erkannte Andrea, daß sie Sam dazu gedrängt hatte, auf die Party zu gehen, obwohl er durch seine Arbeitsüberlastung erschöpft und etwas gereizt war. Sie wußte, daß er gewöhnlich in diesem Zustand nicht trinken konnte, ohne betrunken zu werden (anstatt angenehm beschwipst). Sie hatte Sam das erste Getränk aufgedrängt, sie hatte sich selbst ziemlich betrunken und ihn im weiteren Verlauf des Abends vollkommen ignoriert und sich so angeregt mit anderen unterhalten, daß es aus Sams Perspektive wie Flirten aussehen mußte. Es war eine bittere Pille, aber Andrea konnte nun einsehen, auf welche Weise sie wesentlich zu ihrer eigenen Demütigung beigetragen hatte. Andrea ist nicht der Mensch, der sich daran hochzieht, wenn er von anderen schlecht behandelt wird, und hier mußte sie feststellen, daß sie Sam und (über ihn) sich selbst schlecht behandelt hatte. Sie war fest entschlossen, das nicht wieder geschehen zu lassen.

Wir forderten Andrea dann auf, sich zu überlegen, was sie anders hätte tun können. Sie kam zu drei vorläufigen Ergebnissen: „Ich hätte Sams Zustand respektieren können und entweder alleine auf die Party gehen oder zu Hause bleiben können. Ich hätte ihn nicht zum Trinken auffordern müssen, und ich hätte mich mehr mit ihm beschäftigen oder ihn stärker in meine Gespräche mit anderen einbeziehen können."

Andrea überlegte dann auf unseren Vorschlag hin, ob sie in Zukunft diese drei Verhaltensmöglichkeiten wählen wird. Ihre Antwort war ein eindeutiges Ja! Sams Verhalten an diesem Abend war sehr untypisch für ihn, und er selbst bereute sehr, was er getan hatte – genau wie Andrea, nachdem sie nun ihren Beitrag an dieser gegenseitigen Mißhandlung erkannt hatte.

Da etwas wollen und etwas tun können zwei verschiedene Dinge sind, baten wir Andrea, sich als nächstes zu fragen, ob sie sich sicher ist, das gewünschte Verhalten zeigen zu können. Es gab nichts in diesen Verhaltensweisen, das für sie neu oder gar schwierig war. Sie konnte sich an Dutzende von Gelegenheiten erinnern, bei denen sie Sams Laune erkannt und respektiert hatte, ihn in Gespräche einbezogen hatte, usw. Ja, sie war sicher, sich in ähnlichen Situationen in Zukunft genauso verhalten zu können.

Doch *würde* sie es wirklich tun? Das war die abschließende Frage, die Andrea zu bedenken hatte. Ohne den Entschluß, auch wirklich das zu tun, was sie sich vorgenommen hatte, würden die Verhaltensweisen, die sie in ihrem Repertoire wußte, dort verborgen bleiben. Für Andrea war die Vorstellung unannehmbar, je wieder eine solche Demütigung wie auf der Party hinzunehmen, und daher antwortete sie wieder mit einem eindeutigen Ja. Sie begann, sich Situationen in der Zukunft vorzustellen, in denen Sams Laune sich nicht mit geselligen Anlässen vereinbaren ließ und stellte sich vor, wie sie seine Stimmung bemerkte und in der von ihr gewünschten Weise darauf einging.

Andreas Reaktion auf die Situation mit Sam war das Ergebnis der Anwendung des *Präventions*-Schemas, das weiter unten in diesem Kapitel abgedruckt ist. Dieses Schema ist aus den Erfahrungen von Menschen destilliert worden, die durchgängig Verantwortung für ihr eigenes Erleben übernehmen, ihre Fehler erkennen und korrigieren, um sie nicht in Zukunft wiederholen zu müssen. Wir haben immer wieder bestätigt gefunden, daß Personen, die diese Sequenz anwenden, zwar wie jeder andere auch einige der unangenehmsten Erfahrungen im Leben machen müssen, doch in der Regel nur ein oder zwei Mal, bevor sie ihr Verhalten so umorganisieren, daß Ihnen unter den gleichen Umständen solche Erfahrungen erspart bleiben.

Am sinnvollsten ist es wahrscheinlich, diese unangenehmen Erfahrungen als „Fehler" aufzufassen, die durch eine Veränderung des Verhaltens und/oder der Umstände korrigiert werden können. Die besondere Korrektur, die Sie vornehmen, wird von Ihren Antworten auf die Frage abhängen, wie Sie und andere dazu beigetragen haben, diese unerwünschte Emotion hervorzurufen. Andrea z.b. stellte fest, daß ihre Demütigung die Folge davon war, daß sie es versäumt hatte, auf Sams Stimmung und Bedürfnisse Rücksicht zu nehmen, ihn zum Trinken angehalten und ihn ignoriert hatte. Die Korrekturen, die sie daher in ihrem Verhalten vornehmen mußte, zielten darauf, Sams Stimmung und seine Bedürfnisse zu erkennen und zu respektieren, ihn nicht mehr zum Trinken anzuhalten und sich zu bemühen, ihn in Gesellschaft in ihre Gespräche mit anderen einzubeziehen.

Stellen Sie sich vor, Andrea wäre bei der Überprüfung, was ihr demütigendes Erlebnis bewirkt hatte, darauf gekommen, daß Sam *jeden*, nicht nur sie, gedemütigt hatte, als er müde und betrunken war. Das wäre eine andere Situation, die andere Korrekturen ihres Verhaltens erfordern würde, um nicht wieder von ihm gedemütigt zu werden. In diesem Fall hätte sich Andrea entscheiden können, in Zukunft nicht in Sams Nähe zu sein, wenn er trinkt.

Nehmen Sie beispielsweise weiter an, Andreas Überprüfung hätte ergeben, daß Sam jeden demütigte – sie inbegriffen –, wann immer sich die Gelegenheit dazu bot. Mit dieser Information würde Andrea vermutlich zu der Schlußfolgerung kommen, daß der sicherste Weg, von Sam nicht wieder gedemütigt zu werden, darin besteht, ihn überhaupt nicht mehr um sich zu haben. In diesem Fall ist der Fehler, der korrigiert werden muß, ihre generelle Anwesenheit in Sams Nähe.

Manchmal ist die entsetzliche Emotion, die Sie erleben, nicht die Folge Ihres Verhaltens. Allein die Tatsache, daß Sie in einer bestimmten Situation sind, schafft schon die Voraussetzung für Unannehmlichkeiten – so wenn Andrea weiterhin bei einem

Mann bliebe, der sie bei jeder Gelegenheit demütigt. Wie es nach katholischer Auffassung Sünde ist, sich freiwillig der Gelegenheit zur Sünde auszusetzen, so wäre es bereits eine Sünde, sich weiter einer Situation auszusetzen, in der Ihnen schlechte Behandlung gewiß ist.

Beachten Sie, daß keine der Wahlmöglichkeiten, die wir für Andrea dargestellt haben, die Forderung enthält „Verändere Sam!". Es ist tatsächlich am besten, so vorzugehen, als hätten Sie relativ wenig Kontrolle, wenn es darum geht, andere zu verändern. Wenn Ihr Ziel darin besteht, dafür zu sorgen, daß Sie nie wieder eine bestimmte emotionale Reaktion ertragen müssen, und das Erreichen dieses Zieles davon abhängt, daß andere Personen sich in einer für sie untypischen, ihrem Wesen nicht entsprechenden Weise verhalten, ist es so gut wie sicher, daß Sie Ihr Ziel nicht erreichen werden. Andrea veränderte *ihre* Reaktionen, anstatt zu versuchen, Sam zu ändern. Es ist richtig, daß Sam sich infolge Andreas Veränderung tatsächlich änderte, doch das war keine Bedingung für Andrea, um ihr Ziel erreichen zu können. Solange andere Personen nicht das Wissen und den Wunsch haben, sich in genau der von Ihnen erwarteten Weise zu ändern, ist es unwahrscheinlich, daß sie das tun, was Sie wollen und wann Sie es wollen. Es ist daher das Beste, wenn die Veränderungen, die Sie vornehmen, Veränderungen bei Ihnen selbst sind.

Berücksichtigen Sie diese Überlegungen, wenn Sie das Schema zur Vermeidung wiederkehrender unangenehmer Emotionen verwenden.

1. Identifizieren Sie die Emotion, die Sie erleben, und überzeugen Sie sich davon, daß es eine ist, die Sie in einer ähnlichen Situation nicht wieder erleben wollen.

2. Lassen Sie in Ihrem Kopf einen Film von den Ereignissen ablaufen, die stattfanden, bevor und während Sie die Emotion erlebten. Bestimmen Sie, ob Sie etwas, und wenn ja, was Sie selbst zu diesem Vorfall beigetragen haben. Betrachten Sie Ihr Verhalten von mindestens zwei Standpunkten aus – Ihrem eigenen und dem eines anderen.

3. Wiederholen Sie diesen inneren Film von dem, was geschehen ist, und bestimmen Sie, ob, und wenn ja, welche äußeren Gründe (Umstände, das Verhalten anderer Leute, usw.) dazu beigetragen haben, daß Sie die unangenehme Emotion erlebten.

4. Kombinieren Sie Ihre Antworten aus den zwei vorhergegangenen Schritten und überlegen Sie sich ein Alternativ-Verhalten (eine Korrektur), das es Ihnen unmöglich machen würde, die unerwünschte Emotion in der betreffenden Situation wieder zu erleben.

5. Überprüfen Sie, ob Sie dieses andere Verhalten wirklich ausführen können, indem Sie in Ihrer persönlichen Geschichte nach Beispielen suchen, in denen Sie es gezeigt haben, auch wenn es unter anderen Umständen war. Sie können sich auch dadurch vergewissern, daß Sie das Alternativ-Verhalten ausführen können, indem Sie sich daran erinnern, wie Sie andere dabei erlebt haben – und dabei denken, daß Sie es ebenso gut können. Wenn Sie weder ein eigenes noch ein stellvertretendes Beispiel finden, gehen Sie zurück zu Punkt 4 und suchen Sie ein einfacheres oder vertrauteres Verhalten. (Wenn die benötigten Verhaltensweisen nicht in Ihrem derzeitigen Repertoire, für das gewünschte Ergebnis aber unverzichtbar sind, werden Sie sie lernen müssen, ohne daß Sie vielleicht in dieser Zeit die emotionsauslösende Situation vermeiden können.) Stellen Sie sich zur eigenen Überprüfung folgende Frage: Wie wissen Sie, daß Sie das notwendige Alternativ-Verhalten ausführen *können*?

6. Werden Sie das Alternativ-Verhalten auch wirklich ausführen? Ist es hinreichend verbindlich für Sie? Machen Sie einen Film, in dem Sie sich sehen, wie Sie das notwendige Verhalten erfolgreich ausführen.
Wiederholen Sie dann diesen Film, diesmal aus Ihrer Perspektive in der Situation, und sehen, hören und fühlen Sie, was Sie sehen, hören und fühlen würden, wenn Sie tatsächlich dort wären. Achten Sie darauf, daß Ihr Film lebendig

und reich an Details ist. Prüfen Sie sich mit der Frage: Wie wissen Sie, daß Sie dieses Verhalten wirklich ausführen werden? (Denken Sie daran, daß es nicht darum geht, aus einer unerwünschten Emotion herauszufinden, wenn sie schon da ist, sondern darum, diese Emotion überhaupt zu verhindern.)

In den folgenden Beispielen wenden wir das Präventions-Schema für einige unangenehme Emotionen an. Die Beispiele sind nicht nur dazu gedacht, zu verdeutlichen, wie das Schema funktioniert, Sie sollten sie auch dazu verwenden, das Schema für sich zu erlernen, indem Sie die einzelnen Schritte für jede der vorgestellten Emotionen selbst durchlaufen.

11.1 Enttäuschung

Für Jill, eine Klientin von uns, gab es Enttäuschungen und ENTTÄUSCHUNGEN. Jill lernte diese zweite Kategorie kennen, als sie am Morgen nach ihrem Geburtstag alleine am Küchentisch saß und niemand – nicht einmal ihre Schwester, die ihr sehr nahe stand – angerufen hatte, um ihr zu gratulieren. Die Tatsache, daß selbst ihre Schwester den Geburtstag vergessen hatte, war eine niederschmetternde Enttäuschung für Jill. Zwei Monate später vergaß ihr Mann ihren Hochzeitstag, was Jill wiederum fürchterlich enttäuschte. Diese Erfahrung war so unangenehm, daß sie beschloß, so etwas nie wieder mitmachen zu müssen. Jill wandte das Präventions-Schema an und erkannte, daß sie weder die Anlässe für Enttäuschungen förderte, noch die Vergeßlichkeit ihrer Angehörigen bedeutete, daß diese ihr gegenüber gleichgültig waren, oder sie nicht liebten. Jill sah ein, daß manche Menschen sich einfach keine Daten merken können, oder nicht auf den Kalender schauen, und sie deshalb selbst dafür sorgen mußte, daß sie sich an bestimmte Tage erinnern. Also beschloß Jill, entweder recht deutliche aber charmante Hinweise auf nahende Geburts- und Jahrestage oder andere wichtige Gelegenheiten an alle zu verschicken, die sich daran erinnern sollten, oder aber ihre Feiern selbst zu organisieren. Jill konnte auf die Zuneigung der ihr nahestehenden Menschen rechnen, also teilte sie ihnen direkt ihre Bedürfnisse mit.

Wann haben Sie eine starke Enttäuschung erlebt? Erinnern Sie sich an eine Gelegenheit, als Sie stark enttäuscht waren – so enttäuscht, daß Sie dieses Gefühl in so einer Situation nie wieder erleben wollen.

Erinnern Sie sich daran, was vor und während Ihrer Enttäuschung geschah, und überlegen Sie, ob Sie etwas getan haben, das zu Ihrer Enttäuschung beigetragen hat. Haben Sie es beispielsweise versäumt, sich nach besten Kräften für das, was Sie wollten, einzusetzen? (Sie brauchten eine Eins in der Biologieprüfung, sind aber ins Kino gegangen, anstatt zu lernen.) Haben Sie Ihren eigenen Erfolg in irgendeiner Weise sabotiert? (Sie haben vergessen, einen wichtigen Kunden zurückzurufen und ihn dadurch verärgert.) Haben Sie mangelndes Urteilsvermögen gezeigt hinsichtlich der Wahl Ihrer Ziele, der Durchführung Ihrer Pläne oder der Berücksichtigung von Unwägbarkeiten? (Sie wollten Ihre Freundin mit einem romantischen Abend zu Hause überraschen, obwohl sie häufig unvorhergesehen zu geschäftlichen Terminen muß; Sie haben ein Picknick für das erste Wochenende im März geplant, ohne sich überlegt zu haben, was Sie bei regnerischem Wetter tun können.)

Lassen Sie die Ereignisse noch einmal Revue passieren und suchen Sie nach Umständen, die möglicherweise zu Ihrer Enttäuschung beigetragen haben. Hat das Verhalten anderer Personen oder haben äußere Gegebenheiten Einfluß auf Ihre Enttäuschung gehabt?

Verwenden Sie das, was Sie nun über die Entstehung Ihrer Enttäuschung wissen, um eine Liste mit alternativen Verhaltensweisen zu machen, die eine erneute Enttäuschung verhindern können. All jene Bedingungen, die von den Umständen oder von dem Verhalten anderer Personen abhängen, müssen in ihrer Bedeutung stark beschränkt oder durch Alternativen ersetzt werden. Wenn Sie z.B. enttäuscht sind, weil ein Freund die Bücher, die er von Ihnen geliehen hat, nicht zurückbringt, müssen Sie u.U. zu einem Alternativ-Verhalten greifen und ihm so lange keine Bücher mehr ausleihen, bis er die bereits entliehenen zurückgebracht hat. Vergewissern Sie sich, daß Sie das Alternativ-Verhalten ausführen können. Wie wissen Sie, daß Sie es können? Vielleicht haben Sie es früher schon einmal ausgeführt, oder haben andere gesehen, die es getan haben, oder Sie können sich vorstellen, es ohne Schwierigkeiten zu tun.

Überlegen Sie, *ob* Sie das Alternativ-Verhalten ausführen werden oder nicht. Machen Sie einen Film von der Zukunft, in dem Sie sich in einer potentiell enttäuschenden Situation sehen, die der ersten enttäuschenden Situation ähnlich ist und in der Sie das Alternativ-Verhalten ausführen. Wiederholen Sie den Film, und gehen Sie dabei in das Geschehen hinein, so daß Sie sehen, hören und fühlen können, was Sie erleben, wenn Sie sich in der Situation befinden. Verändern Sie Ihr Verhalten und wiederholen Sie den Film so oft wie nötig, bis Sie sicher sind, daß Sie das Alternativ-Verhalten ausführen werden.

11.2 Scham

Bobbi, eine gute Freundin von uns, genoß so richtig das unterhaltsame Treffen mit ihren alten Jugendfreundinnen und plauderte dabei unversehens einige Details über die Eheschwierigkeiten einer gemeinsamen Bekannten aus – Dinge, die diese ihr im Vertrauen erzählt hatte. Es war nicht das erste Mal, daß Bobbi etwas, das ihr im Vertrauen mitgeteilt worden war, weitererzählt hatte. Als sie erkannte, daß sie es wieder getan hatte, wäre sie vor Scham am liebsten in den Boden versunken. Früher hätte sie es als peinlich empfunden und dann verdrängt, aber jetzt, nachdem sich diese Erfahrungen gehäuft hatten, zog es sie wie ein Sog in bisher unbekannte Untiefen von Schamempfinden. Als sie sich wieder etwas gefangen hatte, beschloß Bobbi, das nicht noch einmal durchmachen zu müssen.

Als sie die Evaluationen in dem Schema anwandte, entdeckte sie, daß sie nicht aus Bosheit so geschwätzig war. Es hatte eher damit zu tun, daß sie scheinbar unfähig war, den vertraulichen Charakter mancher Informationen im Bewußtsein zu behalten und außerdem sehr gerne Informationen und Geschichten mit anderen austauschte.

Wie ist es bei Ihnen? Erinnern Sie sich an eine Gelegenheit, als Sie sich geschämt haben – so sehr, daß Sie dieses Gefühl in einer ähnlichen Situation nicht noch einmal erleben möchten. Haben Sie etwas getan oder unterlassen, was dann zu diesem Schamgefühl geführt hat, und wenn ja, was? Hat Sie z.B. eine Fehleinschätzung überhaupt erst in diese Situation gebracht? Haben Sie sich fehl am Platz gefühlt? Haben Sie sich auf einem für Sie unsicheren Gebiet bewegt? (Nach einem zweiwöchigen Tanzkurs bei Arthur Murrays haben Sie sich als Tänzer für die Aufführung eines Broadway-Musicals am Ort beworben.) Haben Sie eigene oder fremde Signale ignoriert oder übersehen, die Sie darauf hinwiesen, daß Sie dabei waren, einen Fehler zu machen? (Sie haben sowohl die Signale Ihres Körpers als auch die Warnungen Ihrer Freunde ignoriert, als diese Ihnen sagten, Sie hätten zuviel getrunken.) Haben Sie u.U. Gedankenlesen betrieben und sich eingeredet, daß andere schreckliche Dinge über Sie denken? (Sie bilden sich ein, daß die anderen Teilnehmer an ihrem Aerobic-Kurs Sie für fett und schlapp halten.)

Nachdem Sie sich die Ereignisse noch einmal vergegenwärtigt haben, überprüfen Sie, ob es äußere Umstände oder Handlungen anderer Personen gab, die zu Ihrem Schamgefühl beigetragen haben.

Nachdem Bobbi kurz darüber nachgedacht hatte, kam ihr zunächst in den Sinn, die Freunde zu bitten, ihr nichts mehr zu erzählen, was nicht alle wissen durften. Das funktionierte auf Anhieb gut und Bobbi nutzte die „Verschnaufpause", um ihre Verschwiegenheit bei bestimmten Informationen zu üben, bis sie die Fähigkeit entwickelt hatte, Vertrauliches für sich zu behalten.

Machen Sie eine Liste mit Alternativ-Verhaltensweisen, die verhindern können, daß Sie sich erneut schämen müssen – z.B. maßvoller zu trinken, anstatt peinlich betrunken zu sein; oder Ihre Bedenken auf eine annehmbare Art zu äußern, anstatt in beschämender Weise zu brüllen und zu toben. Überzeugen Sie sich davon, daß Sie diese Alternativ-Verhaltensweisen ausführen können. Wie wissen Sie, daß Sie es können?

Überlegen Sie, wann Sie die Alternativ-Verhaltensweisen ausführen *werden*? Machen Sie einen Film, in dem Sie sich in einer potentiell beschämenden Situation befinden, ähnlich der, die diesen Prozeß in Gang gebracht hat, und reagieren Sie mit dem Alternativ-Verhalten. Wiederholen Sie den Film und gehen Sie jetzt in das Geschehen hinein, sehen, hören und fühlen Sie, was Sie erleben werden, wenn Sie das nächste Mal in einer solchen Situation sind. Verändern und wiederholen Sie den Film solange, wie für Sie nötig ist, um sicher zu sein, daß Sie das Alternativ-Verhalten ausführen werden.

11.3 Wut

Als das Wachs von den halb heruntergebrannten Kerzen auf das Tischtuch tropfte, blies Jane sie wütend aus und schaltete die Deckenleuchte wieder ein. Sie hatte sich solche Mühe gegeben, ein wunderbares Essen für einen romantischen Abend vorzubereiten und nun hatte Steve sich verspätet. Als er schließlich nach Hause kam, wäre er durch die Heftigkeit von Janes Wut-Attacke fast wieder zur Tür hinausgeschleudert worden. Jane zitterte noch, als der erste Ausbruch vorüber war. Genaugenommen zitterten jetzt beide und einige Tage lang blieb ihr Zusammensein unerfreulich. Als Jane sich später an diesen schrecklichen Abend und die darauffolgenden Tage erinnerte, beschloß sie, nie wieder in eine so schäumende Wut zu geraten. Sie entschied sich, unsere Hilfe in Anspruch zu nehmen.

Als Jane untersuchte, welche Faktoren zu ihrer Wut beigetragen hatten, fiel ihr als erstes auf, daß sie ein besonderes Essen gekocht und Pläne für den Abend gemacht hatte, die davon abhingen, daß Steve zu einer bestimmten Zeit zu Hause sein würde. Als zweites fiel ihr auf, daß sie es versäumt hatte, sich von Steve eine verbindliche Zusage darüber geben zu lassen, wann er an diesem Abend zu Hause sein würde. Sie war einfach davon ausgegangen, daß er zu dem gewünschten Zeitpunkt schon käme. Sie erinnerte sich auch daran, daß es jedesmal einen guten Grund dafür gegeben hatte, wenn er zu spät gekommen war. Schließlich sah sie ein, daß Steve in seiner Arbeit als

Drucker bleiben muß, bis der „run" beendet ist, ganz gleich, wie lange es dauert.

Nehmen Sie ein eigenes Beispiel für eine Gelegenheit, bei der Sie heftig wütend waren, und die Sie nie wieder so erleben wollen. Überlegen Sie, was sich ereignete, bevor und während Sie wütend waren, und ob Sie etwas getan oder unterlassen haben, das zu ihrer Wut beigetragen hat. Hatten Sie z.B. realistische Erwartungen? Haben Sie das, was geschehen ist, unnötigerweise persönlich genommen? Haben Sie es versäumt, dafür zu sorgen, daß sich Ihre Erwartungen erfüllen können, haben Sie die Voraussetzung dafür geschaffen?

Können Sie, wenn Sie sich diese Ereignisse wieder vergegenwärtigen, Umstände oder Handlungen anderer Personen ausmachen, die zu Ihrer Wut beigetragen haben?

Jane wußte, daß sich an Steves Arbeitsbedingungen wenig ändern läßt. Deshalb entschied sie sich für eine Reihe von Alternativ-Verhaltensweisen, die sie ausführen konnte, um die Wiederholung einer ähnlichen Situation zu vermeiden. Als erstes traf sie eine Absprache mit Steve, daß er sie anruft, wenn er weiß, daß er erst spät nach Hause kommen wird. (Er hatte angenommen, daß es nicht nötig sei, anzurufen, da sie seine Arbeitsbedingungen ja kennt.) Zusätzlich entschloß sich Jane, keine Pläne für sie beide zu machen, ohne zuvor eine Zusage von Steve darüber zu haben, daß er zu einer bestimmten Zeit zu Hause ist. Zu guterletzt beschloß sie, sich künftig bei Verspätungen von Steve bewußt zu machen, daß „er hier wäre, wenn er könnte".

Welche Alternativ-Verhaltensweisen würden es Ihnen ersparen, wieder in Wut zu geraten? Verwenden Sie die letzten zwei Schritte des Präventions-Schemas, um sicherzustellen, daß Sie sie ausführen können und werden.

11.4 Unzulänglichkeit

Jim war in Nöten, auch wenn es niemand auf der Party merkte. Nach außen hin lächelte er zwar erwartungsgemäß, führte beiläufige Gespräche mit anderen, und schien mit besonderem

Vergnügen im Garten auf und ab zu gehen, in seinem Inneren quälte ihn jedoch ein Gefühl der Unzulänglichkeit. Auch das selbstauferlegte Exil im Garten verschaffte ihm keinen Trost, denn allein die Tatsache, daß er dort war, bewies seine Unzulänglichkeit im Umgang mit anderen. Als er so in der Dunkelheit dastand, abseits von seinen Freunden, beschloß Jim, daß er sich nie wieder so fühlen wolle.

Als Jim das Präventions-Schema anwandte und die Ereignisse des vergangenen Abends noch einmal Revue passieren ließ, erkannte er, daß ihm auf der Party nichts geschehen war, was dieses Gefühl der Unzulänglichkeit gerechtfertigt hätte. Er kannte das Haus, er war dem Anlaß entsprechend angezogen, Freunde sowie Unbekannte waren freundlich und warmherzig. Ihm fiel auf, daß er schon, bevor er auf die Party gekommen war, damit begonnen hatte, sich vorzustellen, wie ungeschickt er sich verhalten und ausdrücken würde und wie die anderen sich wegen seiner Unbeholfenheit von ihm abwenden würden. Er hatte auf diese Vorstellungen und nicht auf die Personen bei der Party reagiert. In der Folge begann Jim, darauf zu achten, wann er solche Vorstellungen entwickelte und sie dann so zu verändern, daß er einen charmanten und aufgeschlossenen Jim sah, der von anderen anerkannt und geschätzt wird. Anstatt zu projizieren und sich unzulänglich zu fühlen, konnte er so Selbstvertrauen und Wohlbefinden ausdrücken. Seine Umgebung reagierte natürlich positiv darauf und bot ihm zahlreiche und eindeutige Gelegenheiten für seine Selbstbestätigung.

Vermutlich können auch Sie sich an eine Gelegenheit erinnern, bei der Sie sich schmerzlich unzulänglich fühlten. Unzulänglichkeit erfordert Ihre aktive Teilnahme. Haben Sie unangebrachte Vergleiche mit anderen angestellt? (Sie spielen erst seit einem Jahr Tennis und vergleichen trotzdem Ihre Fähigkeiten mit denen von Spitzenspielern.) Sind Sie durch eine Fehleinschätzung überhaupt erst in diese Situation gekommen? (Sie haben die Schule noch nicht abgeschlossen, Sie haben keine Arbeit, Ihre Freundin ist schwanger und Sie beschließen zu heiraten.) Waren die Ziele, die Sie sich gesteckt haben, unrealistisch? (Sie sind gerade als Direktionsassistent in eine Firma gekommen und wollen innerhalb weniger Jahre zum Generaldirektor des Unternehmens aufsteigen.) Haben Sie eigene Stärken und Vorzüge ignoriert? (Sie verlieren den Mut bei dem Gedanken, zur Schulbank zurückzukehren und vergessen dabei, daß Sie früher ein guter Schüler waren.) Verwenden Sie das Präventions-Schema, um das Verständnis, die Erfahrungen und das Verhalten zu erwerben, die es Ihnen erlauben, ein beständiges Gefühl von Zulänglichkeit aufrechtzuerhalten. Sie verdienen es.

11.5 Zusammenfassung

Als Kind haben Sie wahrscheinlich eine Phase gehabt, in der Sie nicht ins Bett gehen wollten, weil es Gespenster in Ihrem Schrank gab. Zumindest brauchten Sie ausreichend Licht im Zimmer, um die Gespenster fernzuhalten. Das Zubettgehen war in dieser Zeit ein gefährliches Unternehmen. Auch als Erwachsene haben wir immer noch unsere emotionalen Gespenster, nur sind sie jetzt nicht mehr im Schrank, sondern sind zu der vorwurfsvollen Person geworden, die dafür sorgt, daß wir uns schämen, zu dem Kollegen, dessen ständige Sticheleien hinter unserem Rücken uns wütend machen und zu dem Freund, der uns regelmäßig demütigt, wenn er betrunken ist.

Sie haben nun die Möglichkeit, diese Gespenster zu verjagen, Sie kennen ein Schema, das es Ihnen erlaubt, das Wiederauftreten von emotionalen Erfahrungen, die für Sie eindeutig und uneingeschränkt unangenehm sind, zu verhindern. Das Präventions-Schema ist angemessen, wenn die Vorteile, die Ihnen eine Emotion bietet, den Preis, den Sie (in Ihrem Erleben) dafür zahlen müssen, einfach nicht wert ist.

Das Präventions-Schema bietet Ihnen die Möglichkeit, sich selbst zu schützen. Sich vor sehr unangenehmen Emotionen schützen zu können, wird Ihnen ein Gefühl der Sicherheit geben, da die Gespenster dann nicht mehr in den Schränken der Welt lauern, bereit, sich auf Ihre Emotionen zu stürzen. Mit dem Wissen und der Kontrolle werden Sie auch das Selbstvertrauen in Ihre Fähigkeit haben, sich sicher in der Welt zu bewegen und sie neugieriger zu erforschen, als Sie es sich sonst erlaubt hätten.

Wie würde es auf der Welt aussehen, wenn wir alle die Fähigkeit hätten, uns davor zu schützen, in die Klauen unserer emotionalen Gespenster zu fallen? Die Menschen wären glücklicher, ohne Zweifel. Was jedoch noch wichtiger ist: Wir könnten uns mit mehr Zuversicht und Vertrauen in die verschiedenen Untiefen des Lebens wagen, da wir wüßten, daß ein eingeklemmter Zeh nicht unseren Untergang bedeutet. Mit diesem Wissen können wir mutiger im Erforschen unseres Erlebens sein und so Dinge entdecken, die uns ansonsten verborgen geblieben wären.

12 Ausblick

Es ist anzunehmen, daß Sie Ihren Lebensunterhalt nicht mehr auf die gleiche Weise verdienen wie noch Ihre Eltern. Wenn Sie eine Frau sind, waren oder sind Sie vermutlich berufstätig. Wahrscheinlich leben Sie nicht mehr in dem gleichen Ort, in dem Sie aufgewachsen sind, Sie nehmen vermutlich an Wahlen teil, haben Ihren Arbeitsplatz gewechselt oder sind zurück auf die Schulbank gegangen, um einen höheren Abschluß nachzuholen oder einen anderen Beruf zu erlernen. Es ist auch nicht unwahrscheinlich, daß Sie zumindest schon einmal daran gedacht haben, sich scheiden zu lassen, weil Sie sich mit Ihrem Partner nicht verstanden haben. Alle diese Freiheiten erscheinen Ihnen vermutlich selbstverständlich.

Natürlich gibt es auch heute noch Plätze auf der Welt, wo dieses Ausmaß an Wahlfreiheit unbekannt ist. Gehen Sie nur ein paar hundert Jahre in der Geschichte zurück, und Sie werden sehen, daß es damals *keinen* Ort auf der Welt gab, wo diese Wahlfreiheit herrschte. Im feudalen Europa z.B. wurden Sie Kupferschmied, wenn Sie als Sohn eines Kupferschmieds geboren wurden. Wenn Ihr Vater Edelmann war, wurden Sie auch Edelmann. Wenn er Bettler war, wurden Sie auch Bettler. Der Bettler und der Kupferschmied werden sicher von einem Leben als Edelmann geträumt haben, vielleicht wünschte sich sogar der Edelmann gelegentlich, sein gestärktes Hemd gegen eine Lederschürze eintauschen zu können, aber niemand wird diese Träumereien ernst genommen haben. Es waren Luftschlösser, weiter nichts, und jedermann wußte das. Die Frauen waren in einer ähnlichen, nur noch etwas beengteren Lage, denn unabhängig davon, ob sie in Armut oder Reichtum geboren waren, bestand ihr Schicksal darin, Kinder zu bekommen und den Haushalt zu führen.

Schauen Sie sich an, wie Menschen seit dem Beginn organisierter Gemeinwesen vor tausenden von Jahren gelebt haben und Sie werden erkennen, daß unsere Vorfahren in den meisten Fällen wenige Kilometer von ihrem Geburtsort aufgewachsen, dort alt geworden und gestorben sind. Eine andere Möglichkeit kam für sie überhaupt nicht in Betracht. Sie folgten den Fußstapfen ihrer Eltern, lebten so wie diese gelebt hatten, arbeiteten so wie diese gearbeitet hatten und glaubten an das, was diese geglaubt hatten. Die Gesetzgebung war in den Händen einiger weniger. Alle anderen waren im Grunde Leibeigene, die dem Willen ihrer Landesherren zwar ohne Begeisterung, aber dennoch ergeben, gehorchten. Und auch hier kam für sie keine andere Möglichkeit in Betracht. Über weite Strecken der Menschheitsgeschichte war das Leben des Einzelnen von außen bestimmt.

Dann kam Amerika, mit seiner Unabhängigkeitserklärung, seiner Bill of Rights (den ersten zehn Zusatzartikeln zur Verfassung; Anm. des Übersetzers) und der Idee, daß der Einzelne für sein Schicksal selbst verantwortlich ist. Ob durch Zufall, göttliche Fügung oder menschliche Inspiration, das koloniale Amerika förderte den Gedanken, daß jeder frei ist, aus seinem Leben das zu machen, was er will. Zum ersten Mal wurde die persönliche Kontrolle über das eigene Schicksal ein Grundzug einer Gesellschaft. Natürlich wurde diese Forderung in der Wirklichkeit nicht vollständig eingelöst – der 13., 15. und 19. Zusatzartikel zur Verfassung waren noch nötig, um die Selbstbestimmung für Minderheiten und Frauen gesetzlich zu verankern –, und noch immer gibt es Menschen, denen es leichter fällt, Leibeigene zu sein oder Leibeigene zu „besitzen" als in Entscheidungsfreiheit zu leben. Doch zumindest ist jetzt die Idee überall verbreitet und nicht mehr rückgängig zu machen. Auch wenn Sie sich entscheiden, dort zu leben und zu sterben, wo Sie geboren wurden, die gleiche Arbeit auszuüben und dem gleichen Glauben anzuhängen wie schon Ihre Eltern, so können Sie es nicht mehr als gegeben hinnehmen, daß Sie es tun *mußten*. Wenn wir heute in die Fußstapfen unserer Eltern treten, dann deshalb, weil wir uns so entscheiden.

Wir halten es heute für selbstverständlich, daß wir unsere Arbeit und unseren Beruf frei wählen können, es uns freisteht, Wohlstand zu erwerben, soweit es uns möglich ist, unsere Partner auszusuchen und wieder verlassen zu können, wenn wir mit der Beziehung nicht mehr zufrieden sind, leben können, wo immer wir wollen, bestimmen können, wer uns wie regiert, usw. Nur wenige Menschen in der Geschichte haben je so viel Einfluß auf ihr Schicksal gehabt, wie wir heute in den Vereinigten Staaten. Durch Film und Fernsehen, als unseren Botschaftern, findet der Gedanke von dem Recht und der Fähigkeit zur Selbstbestimmung ständig weitere Verbreitung überall auf der Welt.

In den meisten Fällen beschränkt sich diese Freiheit jedoch auf solche äußere Faktoren wie Beruf, Politik, Partner, usw. Die Mehrzahl der Menschen lebt ihren Gefühlen gegenüber weiterhin in einer feudalen Beziehung; ihre Gefühle sind für sie etwas, das mit ihnen passiert. So wie sich der Kupferschmied gewünscht haben mag, ein Patrizier zu sein, so wünscht sich ein eifersüchtiger Mensch heute Vertrauen und Sicherheit, ein gelangweilter Mensch Anregung und ein einsamer Mensch Verbundenheitsgefühle. Doch das sind Sehnsüchte, Träume. Sie können unsere Gedanken bestimmen, doch wir können nur wenig tun, um diese Träume zu verwirklichen.

Der Kupferschmied war jedoch im Irrtum. Es gab damals wie heute nichts, was jemanden von Geburt an zum Patrizier und den anderen nur zum Kupferschmied, Bettler oder Bader gemacht hätte. Durch die Fähigkeit zu lernen, kann auch der Verstand des Kupferschmieds die doppelte Buchführung begreifen, so wie die Hände eines Patriziers in der Lage sind, eine Finne zu benutzen, um ein Kupfertablett zu bearbeiten. Die apriorische Sichtweise, daß Ihr Leben durch die Umstände ihrer Geburt bestimmt wird – eine Anschauung, die sich im wesentlichen auch aus dem Standpunkt der Vererbungstheorie ergibt –, begrenzt, sobald sie akzeptiert ist, automatisch alles, was Sie an Veränderungen überhaupt für möglich halten können.

Die eifersüchtigen, gelangweilten oder einsamen Träumer, die sich danach sehnen, Vertrauen, Anregung und Gesellschaft zu haben, irren sich ebenfalls. Indem sie ihren Gefühlen gegenüber den „genetischen" Standpunkt einnehmen, haben sie ihre Erfahrung mit eingebildeten, unsichtbaren Zäunen eingegrenzt. Wenn sie nur die Hand ausstrecken und an diesem Zaun rütteln würden, könnten sie sehen, wie er zusammenfällt. So jedoch erscheint er wirklich und von Anfang an gegeben. Den meisten kommt es daher gar nicht in den Sinn, diese Zäune zu überprüfen, und wenn sie es doch tun, wissen sie nicht, wie sie es anstellen sollen.

„Die Intelligenz der Gefühle" ist ein Handbuch, eine Anleitung, um die Realität und den Nutzen dieser emotionalen Zäune zu testen. Wir haben unsere Forschungen mit der Feststellung begonnen, daß Emotionen eine Struktur hinsichtlich der beteiligten Wahrnehmungs- und Denkprozesse haben (die „Komponenten"), und es diese Struktur ist, die die Emotionen, die Sie zu einem bestimmten Zeitpunkt erleben, erzeugt und aufrechterhält. Als nächstes haben wir die Komponenten untersucht, die die Struktur von Emotionen bilden und festgestellt, wie Vergangenheit, Gegenwart, Zukunft, Erfahrung von Beteiligung, Kriterien, usw. das Muster unserer emotionalen Erfahrung bestimmen.

Doch Entscheidungsfreiheit über Ihre Emotionen bedeutet mehr, als nur von einer Emotion zur anderen wechseln zu können. Der Wechsel der Emotionen sollte sich lohnen und für die Situation, in der Sie sich befinden und für das Ziel, das Sie verfolgen, angemessen sein. Darum haben wir die Beziehung zwischen Emotionen und dem Kontext, in dem sie auftreten, untersucht. Wir kamen zu dem Schluß, daß die Angemessenheit emotionalen Erlebens nicht eine absolute und stabile Größe ist, sondern davon abhängt, wer Sie sind, welche Bedürfnisse Sie haben und in welchem Kontext Sie sich gerade befinden. Mit diesem Gedanken im Marschgepäck waren wir schließlich soweit, uns mit der angemessenen Auswahl von Emotionen für neue (Vorher), aktuelle (Während) und wiederkehrende Kontexte (Danach) zu befassen.

Jede noch so große Wahlmöglichkeit ist nicht mehr als ein angenehmer Gedanke, solange sie nicht irgendwie verwirklicht wird. Wir wandten uns daher den verschiedenen Verfahren des Zugangs zu Emotionen zu, u.a. *dem Anschalten von Emotionen, dem Ankern und dem Durchbrechen von Ursache-Wirkungs-Zusammenhängen.* Eine dieser Techniken war das *Umformen*, das man als Herzstück emotionaler Entscheidungsfreiheit bezeichnen kann, weil es unmittelbar auf der Tatsache beruht, daß unsere Emotionen das gleichzeitige Erleben einer bestimmten Anzahl von Komponenten sind.

Doch es ist eine Sache, etwas zu sagen und eine andere, verstanden zu werden. Ihre Emotionen sind ein grundlegender und wesentlicher Aspekt Ihrer Identität; die einzige Möglichkeit, die andere haben, um etwas über Sie und das, was mit Ihnen vorgeht, zu erfahren, ist in Ihrem Ausdrucksverhalten gegeben. Wir beschäftigten uns daher mit dem emotionalen Ausdruck, der die Nahtlinie zwischen Ihnen und dem Rest der Welt ist.

Wir wandten uns dann dem finsteren Bereich schrecklicher Emotionen zu, über die wir keine Kontrolle zu haben scheinen, und stellten fest, wie sie zu bändigen und, wenn nötig, zu vermeiden sind.

Nun verfügen Sie über das Know-How. Vielleicht tun Sie sich noch nicht leicht mit den einzelnen Konzepten, Unterscheidungen und Schemata, doch das sind relativ niedrige Hürden, die Sie mit etwas Überlegung und gezieltem Üben bald überwunden haben dürften. Das größte Hindernis liegt bereits hinter Ihnen. Wenn Sie zurückschauen, können Sie u.U. noch einen flüchtigen Blick davon erhaschen. Es war die Überzeugung, daß Emotionen etwas sind, das mit Ihnen geschieht. Sie können sich nun darauf freuen, daß Sie die Gefühle haben werden, die Sie sich wünschen, daß Sie im Einklang mit sich leben können, sich auf eine Weise ausdrücken können, die von anderen verstanden wird, und daß Sie die Freiheit haben, Ihr emotionales Schicksal selbst zu bestimmen.

Sie können jetzt Ihre Hand ausstrecken und mit einer Berührung Ihre emotionalen Zäune auflösen. Es gibt jedoch nach wie vor noch zahlreiche Gefühls-Kupferschmiede, -Patrizier und -Bettler, die sich mehr wünschen, aber versuchen, mit dem auszukommen, was sie haben. Wir sind fest davon überzeugt, daß der Fortschritt der allgemeinen Gefühls-Kommunikation und der persönlichen emotionalen Zufriedenheit uns in eine Ära des Verständnisses, der Toleranz und Kooperation führen würde, die jede vorangegangene Periode friedlicher und aufgeklärter Koexistenz in den Schatten stellen würde. Wir verwenden einen so großen Teil unserer Energie darauf, mit unseren unangenehmen und unangemessenen Emotionen fertig zu werden und mit dem verzerrten emotionalen Ausdruck anderer zurechtzukommen, daß wir ohne diese Lasten die Freiheit hätten, unsere ungeteilte und gemeinsame Aufmerksamkeit darauf zu richten, die Gegenwart und Zukunft so zu gestalten, daß sie unseren Vorstellungen ähnelt. Um dieses Zieles willen hoffen wir, daß die Gedanken und die Methoden, die in diesem Buch vorgestellt worden sind, nicht auf einem verstaubten Bücherregal vergessen werden, sondern in die Hände jedes Kupferschmieds gelangen werden, der, wenn er in den Spiegel schaut, einen Patrizier zurücklächeln sieht.

Die Formate auf einen Blick

Kapitel 3: Emotionen sind die Quelle

Emotionen sind unsere allgemeine subjektive Reaktion zu einem bestimmten Zeitpunkt.

Emotionen unterscheiden sich von den Körperempfindungen, die zur gleichen Zeit auftreten können.

Emotionen unterscheiden sich von den Verhaltensweisen, die sie auszulösen helfen.

Emotionen unterscheiden sich von den Bewertungen, die wir über sie anstellen.

Die vier Schlüsselfähigkeiten für emotionale Wahlfreiheit:

Plazieren: Die Fähigkeit, auf Lebensumstände mit angemessenen und nützlichen Emotionen zu reagieren.

Ausdrücken: Die Fähigkeit, den Ausdruck von Emotionen zu wählen.

Nutzen: Die Fähigkeit, unangenehme Emotionen zu nutzen, um nützliche Verhaltensweisen und angenehme Emotionen zu erzeugen.

Vorbeugen: Die Fähigkeit, sich selbst vor zu belastenden und lähmenden Erfahrungen zu schützen.

Kapitel 4: Die Struktur der Gefühle

Emotionen haben eine Struktur.

Die Kenntnis der Struktur führt zu angemessenen Reaktionen.

Die Kenntnis der Struktur erlaubt es, die Emotionen zu wechseln.

Die Kenntnis der Struktur macht alle Emotionen zugänglich.

Kapitel 5: Die Teile des Puzzles

Die Bestandteile der Gefühle:

- Zeitrahmen
- Modalität
- Beteiligung
- Intensität
- Vergleich
- Tempo
- Kriterien
- Chunkgröße

Kapitel 6: Orientierung auf Ihre Emotionen

Plazieren → Orientieren Auswählen Zugänglich machen
Ausdrücken
Nutzen
Vorbeugen

Format zur Orientierung auf die Folgen Ihrer Gefühle:

1. Finden Sie zunächst eine vertraute Begebenheit. Stellen Sie sich vor, Sie befänden sich in dieser Situation. Machen Sie diese Vorstellung so detailliert und konkret wie möglich. Was sehen Sie? Was hören Sie?

2. Wenn Sie sich die Szene klar vorstellen können, wählen Sie eine Emotion. Stellen Sie sich dabei vor, Sie hätten dieses bestimmte Gefühl. Wie würden Sie sich verhalten?
Folgende Frage kann bei Ihren Überlegungen hilfreich sein: Welche Folgen wird es haben, wenn ich mich in dieser Situation fühle?

3. Wählen Sie, wenn Sie Ihre Reaktion eingehend untersucht haben, nunmehr eine andere Emotion und stellen Sie sich vor, diese in dem gleichen Kontext zu erleben. Wie ändert sich Ihre Reaktion auf die Situation mit diesem neuen Gefühl?

4. Halten Sie die Situation konstant, während Sie danach beliebig viele Emotionen ausprobieren und dabei die Änderungen in Ihrem Verhalten beobachten.

Kapitel 7: Die Auswahl von Emotionen

Auswahl-Format „Nach der Situation":

1. Finden Sie eine Erfahrung, bei der Sie jetzt wegen Ihrer Gefühle und/oder Ihres Verhaltens in dieser Situation unzufrieden sind; untersuchen Sie dann, was geschehen ist, indem Sie sich fragen „Was ist passiert?" und „Was wollte ich?" (Die Antworten auf diese Fragen können Emotionen, Verhaltensweisen und Ziele enthalten).

2. Bestimmen Sie, wie Sie gerne gehandelt hätten.

3. Raten Sie nun, welche Emotion Sie brauchen würden, um genau dieses Verhalten hervorrufen zu können.

4. Wenn Sie eine Emotion gefunden haben, von der Sie glauben, daß Sie Ihnen geholfen hätte, sich so zu verhalten, wie Sie es wollten, stellen Sie sich vor, eine ähnliche Situation wiederhole sich in der Zukunft. Halten Sie die Emotion, die Sie gewählt haben konstant und stellen Sie sich vor, wie sie Ihr Erleben und Verhalten beeinflussen wird. Berücksichtigen Sie bei Ihren Überlegungen die Reaktionen Ihrer Umwelt, die Wahrung Ihres eigenen Wohlbefindens und Ihre Effektivität beim Erreichen des gewünschten Zieles. Wenn Ihnen die gewählte Emotion unangemessen oder unzureichend erscheint, kehren Sie zu Punkt 3 zurück und wählen Sie entweder eine andere Emotion, oder fügen Sie der bereits gewählten eine neue hinzu.

5. Wenn die gewählte Emotion die gewünschte Absicht in der besonderen Situation erfüllt, sorgen Sie dafür, daß Sie in der Lage sind, sich das nächste Mal in einer vergleichbaren Situation so zu fühlen, wie Sie sich fühlen wollen. (Wie Sie

Zugang finden zu bestimmten Gefühlen, ist Gegenstand des nächsten Kapitels.)

Auswahl-Format „Während der Situation":

1. Wenn Sie merken, daß Ihre augenblickliche Erfahrung unbefriedigend ist, benennen Sie Ihr Gefühl und Ihr Verhalten in der Situation.

2. Atmen Sie tief ein und treten Sie dann innerlich einen Schritt zurück. (Stellen Sie sich vor, Sie könnten für einen Augenblick zu einem unbeteiligten Beobachter werden und sich selbst in dieser Situation sehen.) Fragen Sie sich aus dieser unbeteiligten Perspektive: „Was will ich? Welches Ziel will ich erreichen?"

3. Wählen Sie eine oder mehrere Emotionen, die für das, was Sie wollen, in der augenblicklichen Situation nützlicher sind.

4. Identifizieren Sie, welche Verhaltensweisen die *natürlichen Konsequenzen* der Emotion sind, die Sie gewählt haben. D.h. welche Verhaltensweisen zeigen Sie gewöhnlich, wenn Sie diese Emotion erleben? Werden diese Verhaltensweisen das bewirken, was Sie beabsichtigen? Wenn nicht, kehren Sie zu Schritt 3 zurück und wählen Sie eine andere Emotion für diesen Kontext.

5. Stellen Sie sich vor, die Emotion, die Sie gewählt haben, zu erleben und überlegen Sie, wie sich die Situation wahrscheinlich weiterentwickeln wird, wenn Sie diese Emotion erleben. Berücksichtigen Sie bei Ihren Überlegungen die Reaktionen Ihrer Umwelt, die Wahrung Ihres eigenen Wohlbefindens und Ihre Effektivität beim Erreichen Ihres gewünschten Zieles. Wenn die gewählte Emotion nicht ausreicht, kehren Sie zu Schritt 3 zurück und fügen Sie eine weitere Emotion, die Sie für nützlich halten, hinzu.

6. Wählen Sie dann eine Möglichkeit, sind die gewünschte(n) Emotion(en) in der betreffenden Situation zugänglich zu machen.

Ich bestelle hiermit:

Anz.	Autor/Titel	Preis

Bitte geben Sie diese Karte Ihrem Buchhändler – oder senden Sie sie an den Verlag.

Anschrift oder Stempel der Buchhandlung

Absender:

Name/Vorname

Straße

PLZ   Ort

Datum/Unterschrift

Antwortkarte

Junfermann-Verlag
Postfach 18 40

4790 Paderborn

Auswahl-Format „Vor der Situation":

1. Beschreiben Sie die Situation und gehen Sie dabei besonders darauf ein, was vertraut, und was neu und ungewohnt ist.

2. Überlegen Sie, was Sie in dieser Situation erreichen wollen, selbst wenn es nur darum geht, die Zeit angenehm zu verbringen, hilfsbereit zu sein, oder sich zu schützen.

3. Entscheiden Sie, wie Sie sich in dieser Situation fühlen wollen.

4. Identifizieren Sie die Verhaltensweisen, die natürliche Konsequenzen der gewählten Emotion sind. D.h. welches Verhalten zeigen Sie üblicherweise, wenn Sie diese Emotionen erleben?
Sind dies die Verhaltensweisen, die Sie in der zukünftigen Situation haben wollen? Sind Sie mit dem Ziel, das Sie sich für die Situation gesteckt haben, vereinbar? Wenn nicht, kehren Sie zu Punkt 3 zurück und wählen Sie eine andere Emotion, die Sie in dieser Situation erleben wollen.

5. Stellen Sie sich vor, wie sich die zukünftige Situation weiterentwickeln wird, wenn Sie die gewählten Emotionen erleben. Berücksichtigen Sie dabei die Reaktionen anderer, die Wahrung Ihres eigenen Wohlbefindens und Ihre Effektivität in bezug darauf, das gesetzte Ziel zu erreichen. Wenn das Gefühl, das Sie gewählt haben, nicht ausreicht, um Ihre Bedürfnisse zu erfüllen, kehren Sie zu Punkt 3 zurück und fügen Sie eine Emotion hinzu, die Sie für angemessen halten.

6. Wählen Sie eine Möglichkeit, um Zugang zu dem Gefühl zu finden, das Sie in dieser zukünftigen Situation haben wollen.

Kapitel 8: Sich Emotionen zugänglich machen

Es gibt vier Methoden, um sich Emotionen zugänglich zu machen: Emotionen „anschalten", ankern, Unterbrechen von Ursache-Wirkungs-Zusammenhängen und Umformen von Emotionen.

Möglichkeiten, um eine Emotion „anzuschalten":

– Eine Erinnerung
– Eine Vorstellung
– Veränderung der Körperhaltung
– Umlenkung der Aufmerksamkeit
– Veränderung des Zeitrahmens
– Veränderung der Intensität
– Veränderung des Tempos
– Veränderung der Beteiligung
– Veränderung der Kriterien
– Veränderung der Chunkgröße

Stellen Sie fest, was noch fehlt und was bereits gegeben ist.

Format zum „Anschalten" von Emotionen:

1. Bestimmen Sie, wie Sie sich fühlen wollen. (Diese Information können Sie durch eines der drei Selektions-Schemata gewinnen.)

2. Fragen Sie sich: „Was kann ich hier und jetzt (oder in der zukünftigen Situation) tun, um diese Emotion zu erzeugen?"

3. Finden Sie in Ihrer persönlichen Geschichte Wege, die Sie oder eine andere Person zu der gewünschten Emotion hingeführt haben.

4. Wählen Sie die Methode, die Ihnen am geeignetsten erscheint.

5. Setzen Sie die Methode in die Tat um. Wenn das Ergebnis Sie nicht zufriedenstellt, kehren Sie zu Schritt 3 und 4 zurück und wählen Sie einen anderen Weg, um einen Zugang zu dem gewünschten Gefühl zu bekommen.

Format zum Selbst-Ankern:

1. Bestimmen Sie ein Gefühl, das Sie erleben wollen.

2. Erinnern Sie sich an eine Zeit, in der Sie dieses Gefühl intensiv erlebt haben. Wenn Sie eine entsprechende Situation vor Augen haben, falten Sie Ihre Hände zusammen. (Sie können auch jede andere unterscheidbare Berührung als Signal verwenden, z.B. Ihr Ohrläppchen mit Daumen und Zeigefinger greifen oder Ihren Nasenrücken berühren.)

3. Erleben Sie die erinnerte Situation von neuem, indem Sie sehen, was Sie damals gesehen, hören, was Sie damals gehört, und vor allem das fühlen, was Sie damals gefühlt haben.

4. Sobald Sie das gewünschte Gefühl wieder intensiv erleben, verstärken Sie langsam den Druck Ihrer Hand, während Sie das Gefühl weiter konstant halten. Dadurch wird die Berührung als Anker für das Gefühl etabliert.

5. Orientieren Sie sich wieder auf Ihre augenblickliche Umgebung, während Sie weiter den Druck aufrechterhalten und so die gewünschte Emotion bewahren. Wenn die Emotion durch die Orientierung auf die Gegenwart schwächer wird, kehren Sie zu den Schritten 3 und 4 zurück, vertiefen Sie sich wieder in die Erinnerung und ankern Sie sie von neuem.

6. Lösen Sie die Berührung und genießen Sie das Gefühl. Wenn das Gefühl schwächer wird, wiederholen Sie die Berührung, um das Gefühl wieder aufleben zu lassen. Wiederholen Sie das so lange, bis Sie sowohl die Emotion mit dem Anker hervorrufen, als auch nach Aufheben des Ankers eine Zeitlang bewahren können.

7. Testen Sie Ihren Anker später, indem Sie die Berührung wiederholen. Wenn der Anker nicht die gewünschte Emotion herbeiführt, durchlaufen Sie die ganze Technik von neuem und sorgen Sie dafür, die Erinnerung so intensiv wie möglich werden zu lassen. Wenn nötig, ergänzen Sie sie durch andere Erinnerungen.

Format zum Unterbrechen von Ursache-Wirkungs-Zusammen-hängen:

1. Finden Sie heraus, was dazu führt, daß Sie eine Emotion erleben, die unangenehm oder unangemessen ist (mit anderen Worten: Finden Sie die Ursache!).

2. Wählen Sie eine Möglichkeit, um die Wirkung dieser Ursache aufzuheben, indem sie entweder a) Ihre Perspektive ändern und die Situation rückschauend aus der Zukunft oder als unbeteiligter Zuschauer betrachten oder b) Ihre Aufmerksamkeit auf einen anderen Reiz richten oder c) die Situation physisch verlassen.

3. Ziehen Sie sich auf die Weise aus der Situation zurück, die Sie gewählt haben. Wenn Sie sich noch immer überwältigt fühlen, kehren Sie zu dem zweiten Schritt zurück und wählen Sie eine andere, u.u. dramatischere Möglichkeit, die Ursache-Wirkungs-Beziehung zu unterbrechen.

4. Nachdem Sie die Wirkung des Reizes neutralisiert haben, können Sie, wenn Sie wollen, das „Während"-Schema verwenden und sich eine andere Zugangsmöglichkeit eröffnen.

Übung zum Umformen von Emotionen:

1. Identifizieren Sie eine Emotion, die Sie gerade erleben.

2. Identifizieren Sie die wesentlichen Komponenten dieser Emotion, indem Sie sich die Frage stellen: „Woher weiß ich, daß ich _____erlebe und nicht ein anderes Gefühl?"
Mit anderen Worten, wenn Sie den Zeitrahmen, das Tempo, die Modalität, den Grad Ihrer Beteiligung, die Intensität, die Übereinstimmung/Nichtübereinstimmung, die Kriterien und die Chunkgröße überprüfen, was scheint dann wesentlich zu sein, um die Emotion zu dem zu machen, was sie ist?

3. Verändern Sie eine der wesentlichen Komponenten in ihrer Qualität oder Quantität.

4. Achten Sie darauf, wie sich Ihre Emotionen als Folge der Variation verschiedener Komponenten Ihres Erlebens verändern.

Format zum Umformen von Emotionen:

1. Bestimmen Sie die wesentlichen Komponenten, die einer unerwünschten Emotion zugrundeliegen.

2. Verändern Sie die Ausprägung der Komponenten eine nach der anderen.

3. Überprüfen Sie, ob diese Veränderung die gewünschte Emotion erzeugt.

4. Fahren Sie mit der Veränderung der wesentlichen Komponenten der erwünschten Emotion so lange fort, bis Sie die gewünschte Emotion erleben.

Kapitel 9: Ausdruck von Emotionen

Ausdrucks-Format:

1. Identifizieren Sie die Emotion, die Sie in unbefriedigender Weise ausgedrückt haben.

2. Bestimmen Sie, was Sie mit dem Ausdruck dieser Emotion erreichen wollen.

3. Finden Sie mindestens fünf Ausdrucksmöglichkeiten für diese Emotion. Sie können dabei eigene Erfahrungen oder fremde Beispiele wählen, oder auch völlig neue Möglichkeiten entwikkeln.

4. Machen Sie einen „Film" für jede dieser Möglichkeiten und sehen Sie sich darin, wie Sie dieses Gefühl erleben und es auf die jeweilige Weise ausdrücken. Entscheiden Sie, welche möglichen Ausdrucksformen am nützlichsten erscheinen, um das zu erreichen, was Sie wollen. Wenn Sie keine für nützlich

und angemessen halten, kehren Sie zu dem vorhergehenden Schritt zurück und entwickeln Sie neue Möglichkeiten.

5. Spielen Sie den Film mit den Ausdrucksmöglichkeiten, die Sie gewählt haben, noch einmal durch, achten Sie diesmal noch mehr auf die Feinabstimmung Ihres Verhaltens, und vergewissern Sie sich, daß es zu dem Ergebnis führt, das Sie in dieser Situation anstreben.

6. Gehen Sie in den Film hinein, *erleben* Sie die Emotion und stellen Sie sich so vollständig wie möglich vor, wie es sein wird, wenn Sie sie auf diese Weise ausdrücken.

7. Finden Sie eine zukünftige Situation, in der Sie diese Emotion wahrscheinlich wieder haben werden. Stellen Sie sich vor, in dieser Situation zu sein, das Gefühl zu erleben und es auf die gewünschte Weise auszudrücken.

8. Wiederholen Sie den siebten Schritt für mindestens zwei andere bevorstehende Situationen und führen Sie gegebenenfalls kleine Korrekturen an Ihrem Verhalten durch. Wenn Sie feststellen, daß es bestimmte Kontexte gibt, für die Ihr neues Ausdrucksverhalten unangemessen ist, gehen Sie für diesen Kontext die Sequenz ab Schritt 2 noch einmal durch.

Kapitel 10: Nutzen von Emotionen:

Jede generative Kette hat das folgende Muster:

Auslösung der Emotion
   ↘ Beachtung/Akzeptanz
     ↗ Neugier
      ↘ Zuversicht
       ↘ Selbstvertrauen

Generative Kette für Bedauern und Reue:

1. Der erste Schritt der generativen Kette besteht darin, zu erkennen, daß Sie Reue oder Bedauern erleben.

2. Würdigen Sie dieses Gefühl der Reue als ein Signal dafür, daß Sie etwas tun müssen, um den gleichen Fehler in der Zukunft nicht zu wiederholen.

3. Werten Sie Ihren Fehler mit einem Gefühl der Neugier darüber aus, was Sie hätten tun können, um ihn zu vermeiden.

4. Erinnern Sie sich an Fehler, die Sie gemacht haben (frühere Anlässe für Bedauern) und die Sie korrigiert haben, sobald Sie wußten, was Sie zu tun hatten. Nutzen Sie diese Gefühle als Grundlage, um sich sicher fühlen zu können.

5. Stellen Sie sich zum Schluß eine zukünftige Situation vor, in der Sie genau das tun, was Sie in der Situation, die Ihr Bedauern ausgelöst hat, hätten tun sollen. Gestalten Sie diese Probe Ihres zukünftigen Verhaltens so lebendig, daß es Sie mit Zuversicht über Ihre Fähigkeit erfüllt, diese zukünftige Möglichkeit tatsächlich verwirklichen zu können.

Generative Kette für Frustration:

1. Die generative Kette für Frustration beginnt damit, zu erkennen, daß Sie sich in einer bestimmten Situation frustriert fühlen.

2. Akzeptieren Sie das Gefühl der Frustration als ein Signal, daß Sie etwas verändern müssen, z.b. noch etwas lernen müssen, Ihre Perspektive, Ihre Erwartungen oder Ihr Verhalten ändern müssen.

3. Nehmen Sie sich dann mit einem Gefühl der Neugier der Frage an, ob es sich noch lohnt, das Ziel zu verfolgen. Wenn nicht, lassen Sie es fallen und wenden Sie sich neuen Plänen zu. Wenn doch, fahren Sie mit dem nächsten Schritt fort.

4. Suchen Sie in Ihrer Vergangenheit nach Erfahrungen, bei denen Sie ähnliche Schwierigkeiten überwunden haben, indem Sie Ihren Lösungsansatz verändert haben. Fühlen Sie sich durch die Tatsache, daß Sie schon häufiger Hindernisse erfolgreich überwunden haben, beruhigt und sicher.

5. Stellen Sie sich schließlich vor, wie Sie in der Zukunft auf Situationen, die Sie als frustrierend erleben, reagieren, indem Sie Ihren Lösungsansatz ändern und dann Ihr Ziel erreichen. Fühlen Sie sich zuversichtlich im Hinblick auf Ihre Fähigkeiten hierfür.

Generative Kette für Besorgnis:

1. Erkennen Sie, daß Sie besorgt sind.

2. Denken Sie dann daran, daß Besorgnis ein Signal dafür ist, sich auf ein zukünftiges Ereignis besser vorzubereiten. Würdigen Sie diese Emotion als lebenswichtiges Signal.

3. Überlegen Sie mit einem Gefühl der Neugier, was Sie tun können, um sich besser vorzubereiten. Das kann bedeuten, sich zusätzliche Informationen zu verschaffen, bestimmte Fähigkeiten zu erwerben bzw. neu zu aktivieren oder ein positiv formuliertes Ziel zu finden.

4. Erinnern Sie sich an Situationen in Ihrer Vergangenheit, in denen Sie das, was Sie nun tun müssen, bereits getan haben. Erleben Sie ein Gefühl der Zuversicht, während Sie sich an die Beispiele für diese Fähigkeit erinnern.

5. Stellen Sie sich abschließend vor, wie Sie sich auf die Herausforderung oder Bedrohung vorbereiten und wiederholen Sie das, bis Sie sich sicher fühlen, tun zu können, was Sie zu tun haben.

Generative Kette für Hoffnungslosigkeit:

1. Erkennen Sie, daß Sie sich hoffnungslos fühlen.

2. Respektieren Sie dieses Gefühl als ein Signal dafür, daß es an der Zeit ist, ein Ziel aufzugeben, das Sie lange genug ohne positives Ergebnis verfolgt haben.

3. Überlegen Sie mit einem Gefühl der Neugier, ob es irgend etwas gibt, das Sie vernünftigerweise noch tun können. Wenn

dies der Fall ist, dann gehen Sie zu Frustration über, um sich somit herausgefordert und entschlossen für alternative Möglichkeiten zu fühlen, die Ihnen u. U. helfen, Ihr Ziel doch noch zu erreichen. Wenn nicht, fahren Sie mit dem nächsten Schritt fort.

4. Erinnern Sie sich an Gelegenheiten in Ihrer Vergangenheit, bei denen Sie bestimmte Ziele, kleine oder große, aufgegeben und sich so für neue Dinge freigemacht haben. Finden Sie ausreichend Beispiele, um sich in bezug auf diese Fähigkeit zuversichtlich fühlen zu können.

5. Stellen Sie sich schließlich vor, wie Sie dieses unerreichbare Ziel aufgeben. Erleben Sie Zuversicht darüber, daß Sie die Fähigkeit haben, nicht erreichbare Ziele aufzugeben und Ihre Bemühungen auf andere, erreichbare Ziele zu richten.

Generative Kette für Ratlosigkeit:

1. Erkennen Sie, daß Sie sich ratlos fühlen.

2. Machen Sie sich klar, daß Sie andere Möglichkeiten in dieser Situation finden müssen, und respektieren Sie dieses wichtige Signal, das Sie sich selbst gegeben haben.

3. Überprüfen Sie mit einem Gefühl der Neugier die Möglichkeiten, auf die Sie sich bisher beschränkt haben.

4. Erinnern Sie sich an frühere Gelegenheiten, bei denen Sie zunächst ratlos waren und dann auf andere Weise über die Situation nachgedacht haben und dadurch in der Lage waren, einen neuen Zugang zu finden; fühlen Sie sich zuversichtlich in bezug auf Ihre Fähigkeit, das zu tun.

5. Stellen Sie sich eine Situation in der Zukunft vor, in der Sie ratlos sind und dann neue Möglichkeiten entwickeln, die es Ihnen erlauben, weiterzumachen. Wiederholen Sie das einige Male und gestalten Sie diese Zukunftsvorstellungen immer lebendiger, bis Sie sich zutrauen, neue Möglichkeiten zu finden, wenn Sie sich ratlos fühlen.

Generative Kette für Wut:

1. Erkennen Sie, daß Sie wütend sind.

2. Würdigen Sie dieses Gefühl als ein wichtiges Signal dafür, daß ein wichtiger Wert von Ihnen mißachtet wurde. (Möglicherweise haben Sie selbst dies getan.)

3. Überprüfen Sie mit einem Gefühl der Neugier, was Sie in Zukunft tun können, um zu verhindern, daß dieser Wert auf ähnliche Weise verletzt wird und wie Sie angemessen darauf reagieren können, wenn es trotz Ihrer Bemühungen doch wieder geschieht. Wenn Sie nicht wissen, was Sie tun können, sammeln Sie Informationen von Personen, die sich in solchen wutauslösenden Situationen angemessen verhalten können.

4. Erinnern Sie sich an frühere Gelegenheiten, bei denen Sie der Verletzung Ihrer Werte vorgebeugt oder angemessen darauf reagiert haben, und seien Sie zuversichtlich, das wieder tun zu können.

5. a. Stellen Sie sich eine Gelegenheit in der Zukunft vor, bei der einer Ihrer Werte mißachtet werden könnte und beobachten Sie sich selbst dabei, wie Sie etwas tun, um das zu verhindern. Wiederholen Sie diese Situation so lange, bis Sie sicher sind, auf die gewünschte Weise reagieren zu können.
   b. Es kann vorkommen, daß Sie, trotz Ihrer Bemühungen, andere nicht daran hindern können, Ihre Werte zu verletzen. Stellen Sie sich daher auch vor, daß das geschieht und wie Sie daraufhin sinnvoll reagieren können (möglicherweise müssen Sie dafür die Formate in den Kapiteln zu Kontextualisierung und zum Zugänglichmachen zu Rate ziehen). Wiederholen Sie auch diese Situation so lange, bis Sie sicher sind, auf diese sinnvolle und wirksame Weise reagieren zu können.

Generative Kette für Schuld:

1. Erkennen Sie, daß Sie sich schuldig fühlen.

2. Sehen Sie dieses Gefühl als ein Signal an für die Übertretung eines persönlichen Wertes, das Sie anhält, dafür zu sorgen, daß sich dies in der Zukunft nicht wiederholt.

3. Überprüfen Sie mit einem Gefühl von Neugier, ob Sie die Norm, die Sie übertreten haben, weiter aufrechterhalten wollen. Wenn nicht, können Sie diese Norm den veränderten Gegebenheiten anpassen, Sie ersetzen oder überhaupt aufgeben.

4. Erinnern Sie sich an persönliche Erfahrungen, in denen Sie Ihre eigenen Werte erfüllt haben, auch wenn es Ihnen schwer fiel. Während Sie diese Beispiele sammeln, können Sie sich zuversichtlich in bezug auf Ihre Fähigkeit fühlen, Ihre eigenen Werte zu erfüllen.

5. Stellen sie sich zum Schluß vor, daß Sie Ihre Werte künftig in Situationen erfüllen, in denen Sie auf eine schwere Probe gestellt werden, und fühlen Sie sich überzeugt davon, daß Sie die Fähigkeit haben, sich Ihren Werten gemäß zu verhalten.

Generative Kette für Enttäuschung:

1. Erkennen Sie, daß Sie sich enttäuscht fühlen.

2. Akzeptieren Sie Ihre Gefühle der Enttäuschung als ein Signal dafür, daß Sie Ihre Ziele neu zu beurteilen haben.

3. Überprüfen Sie mit einem Gefühl der Neugier, ob Sie sich weiterhin um das bemühen sollen, was Sie gewollt aber nicht bekommen haben. Wenn ja, fahren Sie mit Schritt 4a fort. Wenn es sich nicht länger lohnt, sich darum zu bemühen, überlegen Sie, was unter den gegebenen Umständen erstrebenswert ist und fahren Sie dann mit dem Schritt 4b fort.

4. a. Wenn Ihr Ziel weiterhin lohnenswert ist, erinnern Sie sich an Gelegenheiten, in denen Sie ausdauernd und schließlich erfolgreich nach einem Weg gesucht haben, das zu bekommen, was Sie wollten, und fühlen Sie sich zuversichtlich in bezug auf Ihre Fähigkeit, auch diesmal dahin zu gelangen.

b. Wenn es an der Zeit ist, ein anderes Ziel zu wählen, erinnern Sie sich an Gelegenheiten, bei denen Sie Ihre Ziele geändert und schließlich erreicht haben, was Sie wollten. Fühlen Sie sich zuversichtlich in bezug auf Ihre Fähigkeit, dies wieder zu tun.

5. Stellen Sie sich im letzten Schritt vor, daß Sie tun, was nötig ist, und machen Sie diese Vorstellung so detailliert und lebhaft, daß Sie sich diesbezüglich sicher fühlen.

Generative Kette für Einsamkeit:

1. Erkennen Sie, daß Sie sich einsam fühlen.

2. Respektieren Sie Ihr Gefühl als ein Signal für Ihr Bedürfnis nach einer besonderen Art von Kontakt oder Beziehung mit jemand anderem.

3. Überprüfen Sie mit einem Gefühl von Neugier, welche Art von Kontakt Sie möchten und mit wem.

4. Finden Sie in Ihrer Erinnerung Beispiele für Gelegenheiten, bei denen Sie einen solchen Kontakt initiiert haben und fühlen Sie sich zuversichtlich in bezug auf Ihre Fähigkeit, mit anderen Kontakt herzustellen.

5. Gehen Sie in die Zukunft und stellen Sie sich vor, wie Sie den Kontakt herstellen, den Sie mit den ausgewählten Personen haben möchten, und steigern Sie die Lebendigkeit Ihrer Vorstellung, bis Sie sich in bezug auf Ihre Fähigkeiten sicher fühlen.

Generative Kette für Eifersucht:

1. Erkennen Sie, daß Sie sich eifersüchtig fühlen.

2. Respektieren Sie Ihre Eifersucht als Signal dafür, daß Sie etwas tun müssen, um Ihr Wohlbefinden zu schützen.

3. Überprüfen Sie mit einem Gefühl der Neugier, ob Ihr Wohlbefinden tatsächlich in Gefahr ist. Wenn nicht, freuen Sie sich über die Tatsache, daß der Mensch, den Sie lieben, eine angenehme Zeit mit anderen verbringt. Wenn doch, fahren Sie mit den Schritten 4 und 5 fort.

4. Erinnern Sie sich an Situationen in der Vergangenheit, in denen Sie für sich selbst gesorgt haben; finden Sie genügend

Beispiele, damit Sie zuversichtlich sind, alles Nötige tun zu können, um Ihr Wohlbefinden zu bewahren.

5. Schauen Sie zum Schluß in die Zukunft und stellen Sie sich vor, wie Sie erfolgreich für sich selbst sorgen in Situationen, in denen Ihr Wohlbefinden tatsächlich in Gefahr ist. Achten Sie darauf, daß diese Vorstellungen lebendig genug sind, damit Sie sich wirklich sicher fühlen können.

Kapitel 11: Vorbeugung

Vorbeugungs-Format:

1. Identifizieren Sie die Emotion, die Sie erleben, und überzeugen Sie sich davon, daß es eine ist, die Sie in einer ähnlichen Situation nicht wieder erleben wollen.

2. Lassen Sie in Ihrem Kopf einen Film von den Ereignissen ablaufen, die stattfanden, bevor und während Sie die Emotion erlebten. Bestimmen Sie, ob etwas, und wenn ja, was Sie selbst zu diesem Vorfall beigetragen haben. Betrachten Sie Ihr Verhalten von mindestens zwei Standpunkten aus – Ihrem eigenen und dem eines anderen.

3. Wiederholen Sie diesen inneren Film von dem, was geschehen ist, und bestimmen Sie, ob, und wenn ja, welche äußeren Gründe (Umstände, das Verhalten anderer Leute, usw.) dazu beigetragen haben, daß Sie die unangenehme Emotion erlebten.

4. Kombinieren Sie Ihre Antworten aus den zwei vorhergegangenen Schritten und überlegen Sie sich ein Alternativ-Verhalten (eine Korrektur), das es Ihnen unmöglich machen würde, die unerwünschte Emotion in der betreffenden Situation wieder zu erleben.

5. Überprüfen Sie, ob Sie dieses andere Verhalten wirklich ausführen können, indem Sie in Ihrer persönlichen Geschichte

nach Beispielen suchen, in denen Sie es gezeigt haben, auch wenn es unter anderen Umständen war. Sie können sich auch dadurch vergewissern, daß Sie das Alternativ-Verhalten ausführen können, indem Sie sich daran erinnern, wie Sie andere dabei erlebt haben – und dabei denken, daß Sie es ebenso gut können. Wenn Sie weder ein eigenes noch ein stellvertretendes Beispiel finden, gehen Sie zurück zu Punkt 4 und suchen Sie ein einfacheres oder vertrauteres Verhalten. (Wenn die benötigten Verhaltensweisen nicht in Ihrem derzeitigen Repertoire, für das gewünschte Ergebnis aber unverzichtbar sind, werden Sie sie lernen müssen, ohne daß Sie vielleicht in dieser Zeit die emotionsauslösende Situation vermeiden können.) Stellen Sie sich zur eigenen Überprüfung folgende Frage: Woher wissen Sie, daß Sie das notwendige Alternativ-Verhalten ausführen *können*?

6. Werden Sie das Alternativ-Verhalten auch wirklich ausführen? Ist es hinreichend verbindlich für Sie? Machen Sie einen Film, in dem Sie sich sehen, wie Sie das notwendige Verhalten erfolgreich ausführen.

7. Wiederholen Sie dann diesen Film, diesmal aus Ihrer Perspektive in der Situation, und sehen, hören und fühlen Sie, was Sie sehen, hören und fühlen würden, wenn Sie tatsächlich dort wären. Achten Sie darauf, daß Ihr Film lebendig und reich an Details ist. Prüfen Sie sich mit der Frage: Woher wissen Sie, daß Sie dieses Verhalten wirklich ausführen werden? (Denken Sie daran, daß es nicht darum geht, aus einer unerwünschten Emotion herauszufinden, wenn sie schon da ist, sondern darum, diese Emotion überhaupt zu verhindern.)

Literatur

Cameron-Bandler, Leslie, Solutions: Practical and Effective Antidotes for Sexual and Relationship Problems. San Rafael, CA: FuturePace, 1985; (siehe auch: *Cameron-Bandler, Leslie:* Wieder zusammenfinden, NLP – neue Wege der Paartherapie. Paderborn: Junfermann, [4]1989.)

Cameron-Bandler, Leslie; Gordon, David; Lebeau, Michael. Know How: Guided Programs for Inventing Your Own Best Future. San Rafael, CA: FuturePace, 1985.

Cameron-Bandler, Leslie, Gordon, David; Lebeau, Michael. The EM-PRINT Method: A Guide to Reproducing Competence. San Rafael, CA: FuturePace, 1985.

Cousins, Norman. Anatomy of an Illness. New York: Bantam Books, 1980.

–. The Healing Heart. New York: W.W. Norton & Co., 1983.

Darwin, Charles. The Expression of the Emotions in Man and Animals. Chicago, IL: The University of Chicago Press, 1965. (Original 1972). Dt.: Der Ausdruck d. Gemütsbewegungen bei den Menschen und den Thieren. Stuttgart: Schweizbarthsche Verlagsbuchhandlung, 1899.

Eliot, Robert S. and Breo, Dennis L. Is It Worth Dying For? New York: Bantam Books, 1984.

Enright, John. Therapy Without Resistance. Tiburon, CA: Enright Press, 1980.

Gould, Stephen Jay. The Mismeasure of Man. New York: W.W. Norton & Co., 1981.

Hall, Edward T. The Silent Language. Garden City, NY: Doubleday & Co., 1959.

–. The Hidden Dimension. Garden City, N.Y: Doubleday & Co., 1966.

–. Beyond Culture. Garden City, NY: Anchor Press/Doubleday, 1976.

–. The Dance of Life. Garden City, NY: Anchor Press/Doubleday. 1983.

Hofstadter, Douglas R. Godel, Escher, Bach: An Eternal Golden Braid. New York: Vintage Books, 1979; dt.: Gödel, Escher, Bach. Stuttgart: Klett-Cotta, [9]1986.

Kuhn, Thomas S. The Structure of Scientific Revolutions. Chicago, IL: The University of Chicago Press, 1970; dt.: Die Struktur der wissenschaftlichen Revolution. Frankfurt: Suhrkamp, 1979.

Lynch, James J. The Language of the Heart. New York: Basic Books, 1985; dt.: Die Sprache des Herzens – Wie unser Körper im Gespräch reagiert. Paderborn: Junfermann, 1987.

Mandler, G. Mind and Emotion. Melbourne, FL: Kreiger, 1982; dt.: Denken und Fühlen. Paderborn: Junfermann.

Miller, George A.; Galanter, Eugene; Pribram, Karl. Plans and the Structure of Behavior. New York: Holt, Rinehart and Winston, 1960.

Newell, Allen; Simon, Herbert A. Human Problem Solving. Englewood Cliffs, NJ: Prentice-Hall, 1972.

Ornstein, Robert E. The Psychology of Consciousness. New York: Harcourt Brace Jovanovich, 1977; (siehe auch: *Ornstein, Robert E.* MULTIMIND. Paderborn: Junfermann, 1989.)

Plutchik, R.; Kellerman, H., eds. Theories of Emotion, vol. 1 of Emotion: Theory, Research, and Experience. New York: Academic Press, 1980.

Polya, George. Patterns of Plausible Inference. Princeton, NJ: Princeton University Press, 1954.

Pribram, Karl. Languages of the Brain. Englewood Cliffs, NJ: Prentice-Hall, 1971.

Watzlawick, Paul; Beavin, Janet Helmick; Jackson, Don D. Pragmatics of Human Communication. New York: W.W. Norton & Co., 1967; dt.: Menschliche Kommunikation. Bern: Huber, [7]1985.

Weiterführende und vertiefende NLP-Bücher

Andreas, Steve und Connirae. Gewußt wie – *Arbeit* mit Submodalitäten und weitere NLP-Interventionen *nach Maß*. Paderborn: Junfermann, [2]1990.

Bandler, Richard. Veränderung des subjektiven Erlebens. Paderborn: Junfermann, [3]1990.

–. *Will MacDonald.* Der feine Unterschied – NLP-Übungsbuch zu den Submodalitäten. Paderborn: Junfermann, 1990.

–. *Grinder, John.* Neue Wege der Kurzzeit-Therapie – Neurolinguistische Programme. Paderborn: Junfermann, [8]1989.

–. –. Metasprache und Psychotherapie – Die Struktur der Magie I. Paderborn: Junfermann, [5]1988.

–. –. Kommunikation und Veränderung – Die Struktur der Magie II. Paderborn: Junfermann, [5]1989.

–. –. Reframing – Ein ökologischer Ansatz in der Psychotherapie (NLP). Paderborn: Junfermann, [3]1989.

Dilts, Robert; Grinder, John; Bandler, Richard; Cameron-Bandler, Leslie; DeLozier, Judith. Strukturen subjektiver Erfahrung – Ihre Erforschung und Veränderung durch NLP. Paderborn, Junfermann, [3]1989.

Stahl, Thies. Triffst du 'nen Frosch unterwegs ... Paderborn: Junfermann, [3]1990.

Information zur Aus- und Fortbildung in NLP sowie in „Integrative Self Analysis" in Deutschland

Trainer-Gemeinschaft Neurolinguistisches Programmieren (TGNLP)

TGNLP Sekretariat
c/o Barbara Conrad
Augustenstraße 46, Rgb.
8000 München 2
Tel.: 0 89 /52 89 00 (9-13 Uhr)

c/o
Dipl.-Psych. Thies Stahl
Eulenstraße 70
2000 Hamburg 50

Information zur Aus- und Fortbildung in NLP in Österreich

Österreichisches Trainingszentrum für Neurolinguistisches Programmieren

Dr. Brigitte Gross, Dr. Siegrid Sommer, Dr. Helmut Jelem,
Mag. Peter Schütz
Teybergasse 1/19
A-1140 Wien
Tel.: (43) 2 22/8 94 00 17

Information zur Aus- und Fortbildung in NLP in der Schweiz

Werner Herren
Beratungsdienst
Metzgergasse 4
CH-5000 Aarau
Tel.: 0 64 /22 61 61

Robert Dilts, Richard Bandler, John Grinder u.a.
Strukturen subjektiver Erfahrung

Ihre Erforschung und Veränderung durch NLP

3. Auflage 1989, 291 Seiten, DM 39,80 – ISBN 3-87387-229-3

Neben einer gründlichen Einführung in das NLP-Strategiemodell finden sich in diesem Buch eine Fülle von praxisrelevanten Beispielen strategieverändernder Interventionsmuster, die neben Psychotherapeuten auch Medizinern, Managern, Lehrern, Rechtsanwälten und anderen professionellen Kommunikatoren einen völlig neuen Zugang zu den Fähigkeiten und dem inneren Reichtum der Menschen bieten, mit denen sie arbeiten.

„Wenn die Werkzeuge, die mit NLP entwickelt wurden, in anderen Gebieten angewendet werden und die Zahl der NLPler zunimmt, werden wir noch zu Lebzeiten Wunder bestaunen können, die ebenso großartig sind wie die Landung auf dem Mond und die Ausrottung der Pocken." – *Robert Dilts*

Manuela Brinkmann
Unterwegs zur Vollkommenheit:
Rolfing und NLP – Körper und Geist

1989, 200 Seiten, DM 34,80 – ISBN 3-87387-013-4

Erstmalig werden in diesem Buch die Möglichkeiten der Kombination von NLP als Psychotherapie und Rolfing als Körpertherapie ausführlich erörtert und zur Diskussion gestellt.

Die wichtigste Erfahrung, die aus der Arbeit mit NLP und Rolfing resultiert, ist die kinästhetische Trance, ein Zustand, in dem sich verblüffende Heilungen in Gang setzen lassen.

 JUNFERMANN VERLAG